OBSERVAÇÕES, PESQUISAS E ANOTAÇÕES SOBRE ESPIRITUALIDADE

OBSERVAÇÕES DE UM PESQUISADOR SOBRE O FATO DA NATUREZA "ESPIRITUALIDADE" EM VÁRIOS GRUPOS DIFERENTES E EM PESSOAS DIVERSAS

Editora Appris Ltda.
1.ª Edição - Copyright© 2023 do autor
Direitos de Edição Reservados à Editora Appris Ltda.

Nenhuma parte desta obra poderá ser utilizada indevidamente, sem estar de acordo com a Lei nº 9.610/98. Se incorreções forem encontradas, serão de exclusiva responsabilidade de seus organizadores. Foi realizado o Depósito Legal na Fundação Biblioteca Nacional, de acordo com as Leis nos 10.994, de 14/12/2004, e 12.192, de 14/01/2010.

Catalogação na Fonte
Elaborado por: Josefina A. S. Guedes
Bibliotecária CRB 9/870

P814o
2023
	Pontes, Estevão Gutierrez Brandão
	    Observações, pesquisas e anotações sobre espiritualidade : observações de um pesquisador sobre o fato da natureza "espiritualidade" em vários grupos diferentes e em pessoas diversas / Estevão Gutierrez Brandão Pontes. – 1. ed. – Curitiba : Appris, 2023.
	    224 p. ; 23 cm.
	
	    ISBN 978-65-250-4692-1
	
	    1. Espiritualidade. 2. Crescimento espiritual. 3. Pesquisa. I. Título.
	
	                                                           CDD – 204

Appris
editora

Editora e Livraria Appris Ltda.
Av. Manoel Ribas, 2265 – Mercês
Curitiba/PR – CEP: 80810-002
Tel. (41) 3156 - 4731
www.editoraappris.com.br

Printed in Brazil
Impresso no Brasil

Estevão Gutierrez Brandão Pontes

OBSERVAÇÕES, PESQUISAS E ANOTAÇÕES SOBRE ESPIRITUALIDADE

OBSERVAÇÕES DE UM PESQUISADOR SOBRE O FATO DA NATUREZA "ESPIRITUALIDADE" EM VÁRIOS GRUPOS DIFERENTES E EM PESSOAS DIVERSAS

FICHA TÉCNICA

EDITORIAL	Augusto V. de A. Coelho
	Sara C. de Andrade Coelho
COMITÊ EDITORIAL	Marli Caetano
	Andréa Barbosa Gouveia (UFPR)
	Jacques de Lima Ferreira (UP)
	Marilda Aparecida Behrens (PUCPR)
	Ana El Achkar (UNIVERSO/RJ)
	Conrado Moreira Mendes (PUC-MG)
	Eliete Correia dos Santos (UEPB)
	Fabiano Santos (UERJ/IESP)
	Francinete Fernandes de Sousa (UEPB)
	Francisco Carlos Duarte (PUCPR)
	Francisco de Assis (Fiam-Faam, SP, Brasil)
	Juliana Reichert Assunção Tonelli (UEL)
	Maria Aparecida Barbosa (USP)
	Maria Helena Zamora (PUC-Rio)
	Maria Margarida de Andrade (Umack)
	Roque Ismael da Costa Güllich (UFFS)
	Toni Reis (UFPR)
	Valdomiro de Oliveira (UFPR)
	Valério Brusamolin (IFPR)
SUPERVISOR DA PRODUÇÃO	Renata Cristina Lopes Miccelli
REVISÃO	Ana Lúcia Wehr
DIAGRAMAÇÃO	Jhonny Alves dos Reis
CAPA	Eneo Lage

Dedico àqueles vários segmentos espiritualistas diferentes e aos vários pesquisadores espiritualistas independentes, que já percebem que alcançar o Deus interno (o Corpo Crístico) pode ser algo muito gostoso e prazeroso e, quando o alcançamos por meio do silêncio da mente, mantendo-a no presente, alcançamos o Amor. Dedico, portanto, àqueles que percebem que é vazio fazer apologia do karma. O karma (lei da ação e da reação) existe, mas, se você correr a favor do rio da vida e beneficiar a si e aos outros com prazer, não precisa fazer apologia dele.

Agradeço à Helena P. Blavatsky e à Society for Psychical Research (SPR), na Inglaterra, e a Allan Kardec, por, no século XIX, com suas concordâncias e discordâncias, o que é natural, desbravarem e pesquisarem espiritualidade, fato da natureza, um reino da natureza, como o reino animal, vegetal e mineral, desfazendo, com a pesquisa, um trauma cultural que durou séculos no Ocidente.

Dedico esta obra aos antigos druidas. Se Júlio Cesar não os tivesse dizimado, e depois a inquisição, matado outras pessoas, tudo no Ocidente teria sido diferente, antes e após os europeus terem invadido as Américas.

Dedico aos verdadeiros pajés em todos os continentes, aos negros e à amada cultura africana, que faz parte de todos nós, e todas as culturas que lidam com este fato da natureza, procurando o bem coletivo, pois este bem coletivo é o seu próprio bem.

O grande trunfo que me enriqueceu a vida foi ver, analisar, sentir cada grupo, sem pré-concepções. Isso me permitiu enriquecer como pessoa, com o modo como cada grupo vê e lida com espiritualidade, esta, um fato da natureza.

(O autor)

PREFÁCIO

Com muita satisfação, recebi o convite do Dr. Estevão Gutierrez Brandão Pontes para escrever este prefácio ao seu livro *Observações, pesquisas e anotações sobre espiritualidade*. O referido livro trata de várias questões referentes à espiritualidade, tais como o karma, a reencarnação, a mediunidade etc. É um livro que vai agradar ao público leitor sobre a temática nele tratada.

A palavra karma, ou carma, é de origem sânscrita e significa "ação". Muitas pessoas pensam que o karma se adquire em uma vida passada, frutificando na vida presente. Não é bem assim.

Adi Shankaracharya, ou simplesmente Shankara, foi um metafísico, teólogo, monge errante e mestre espiritual indiano. Foi o principal formulador doutrinal do Advaita Vedânta, ou Vedânta não dualista. Segundo a tradição, foi uma das almas mais excelsas que já encarnaram neste planeta, chegando a ser considerado uma encarnação do deus hindu Shiva. Shankara classifica o karma em três categorias, a saber[1]:

a. Prarabda Karma: contraído em vida passada e frutificado na presente vida;

b. Samcita Karma: contraído na presente vida e frutificado na presente vida;

c. Âgami Karma: contraído na presente vida e frutificado na vida futura.

Como pode um karma ser gerado na presente vida e frutificar também na presente vida?

Imaginemos um professor de Matemática que lecionou durante 40 anos, aposentando-se logo depois. Aposentado, sai da cidade e vai morar em uma chácara na qual passa a cultivar rosas. Então, o que acontece? Tudo para por aí? É claro que não. Esse professor aposentado continua a receber cartas dos seus editores, os direitos autorais pelos seus livros, a visita de ex-alunos, convites para palestras etc. Essa

---

[1] SHAKARACHARYA, Adi. *Viveka-Chudamani – A Joia Suprema da Sabedoria*. Brasília: Editora Teosófica, 1992. p. 169.

"locomotiva" enorme que o professor pôs em movimento não vai parar com a sua aposentadoria. Os frutos do seu trabalho vão acontecer na presente vida. Esse é um exemplo do Samcita Karma.

Quando nos relacionamos com pessoas ou coisas de modo emocional, um "elo" de ligação aparece. Isso é o karma. Essas emoções ficam ligadas ao nosso corpo sutil, ou perispírito. Quando reencarnamos, essas emoções passam para a vida subsequente, integrando o nosso inconsciente. O karma pode ser mudado! Por exemplo, há uma técnica do Hatha Yoga chamada "Nadi Shodam Pranayama", uma técnica respiratória polarizada entre as narinas. Ela pode afetar e até mudar o nosso karma.

Há vários caminhos espirituais que podem ser seguidos. Um caminho espiritual pode ou não ser uma religião. O Yoga não é uma religião, mas é um caminho espiritual. Penso que o nosso caminho espiritual é aquele "do nosso coração". Podemos ler e estudar a literatura sagrada dos diversos caminhos espirituais, mas devemos ter apenas um caminho espiritual: o do nosso coração.

O ser humano, sob o ponto de vista espiritual, é algo pronto e acabado. Segundo o Hinduísmo, a nossa essência mais íntima é aquilo que se chama de Atman, algo idêntico ao Absoluto Brahmâm. Não há, na literatura ocidental, uma palavra para descrevê-lo. O Supremo e nós temos a mesma natureza.

A Mundaka Upanishad tem um verso muito interessante, que diz: "O que é Aquilo que após ser conhecido, todas coisas se tornam conhecidas?"[2]

Como o Atmam é idêntico ao Absoluto Brahmâ, quem despertou seu Atmam adquire um conhecimento infinito, ou seja, conhece tudo!

Esperamos que este livro do Dr. Estevão possa contribuir para a espiritualização da sociedade.

Curitiba, verão de 2023
Carlos Alberto Tinoco
Engenheiro civil, mestre em Educação e doutor em História da Educação, com uma tese sobre o Yoga. Autor de diversos livros.

---

[2] TINOCO, Carlos Alberto. *As Upanishads*. São Paulo: [s. n.], 1996. p. 194.

APRESENTAÇÃO

A intenção deste novo livro é que o leitor possa passear pelas reflexões do autor, formado em Parapsicologia, que, antes e depois da sua formação, de pós-graduação em Parapsicologia[3], passou por vários grupos que lidam com o fato da natureza espiritualidade, e *possa tornar-se um pesquisador* e, assim, fazer sua própria pesquisa e suas próprias reflexões, tornando-se ele mesmo, um pesquisador para crescer como pessoa. A intenção é que cada um se construa e tenha o prazer de aprender, na diversidade de locais que há na humanidade. A grande vantagem da humanidade é a diversidade, pois, vendo o diverso, se aprende e se apreende o diferente e assim se cresce, vendo ângulos que não víamos. Ver o diferente não é politicamente correto, ver o diferente é riqueza, pois, com o diferente, se cresce por se aprender diferentes ângulos do viver, desde que o diferente seja ético é válido. E o que é ético? É o que traz bem-estar a mim e à coletividade.

Se o livro anterior do autor, *Células Tronco, Bebês de Proveta e Lei: Onde Há Vida – Uma Análise Legal, Jurisprudencial e Científica Parapsicológica*[4], tinha intenção de comprovação científica sobre um fato da natureza, mediante várias pesquisas, para daí refletir sobre suas consequências sociais e jurídicas, esta obra tem a intenção de que o leitor vá a campo e faça suas *próprias pesquisas* e reflexões e cresça com elas como pessoa, fazendo-lhe bem.

Há toda uma metodologia de pesquisa na formação em Parapsicologia, na pós-graduação e no curso livre, sobre como pesquisar locais espiritualistas e religiosos. Preferiu-se, nesta obra, não se limitar a questões acadêmicas, mas trazer para o leitor uma leitura agradável e suave, para que possa refletir a cada página, para verificar que o diverso pode fazê-lo crescer e refletir.

Penso que uma falha na formação ocidental é a não educação para nossas *potencialidades,* no alcance do EU superior. Há uma auto-flagelação, como se ela fosse meritória, um mérito de autoflagelar. Tal

---

[3] O autor é advogado com três pós-graduações em Direito em diversas instituições jurídicas e uma pós-graduação em Parapsicologia na Unibem, em Curitiba/PR.

[4] O livro está presente em várias universidades e Tribunais ao redor do mundo físico e em arquivo PDF.

situação é desnecessária no meu entender. Esse fato cultural também será abordado no livro, bem como ver além disso.

Outra reflexão: quem pensa diferente não é seu inimigo. Muitas vezes, ele, diferente, viu algo que você não viu, e assim você pode crescer como pessoa. É natural que pessoas pensem diferentemente. Cada pessoa tem um sentimento diferente, um pensamento diferente sobre a situação vivida, e é natural que ela tenha percepções diferentes das tuas. Na troca desse diferente é que se cresce.

Prefiro não ganhar nenhum valor com a venda deste livro, físico ou *e-book*, fazendo o caminho do bem-estar para coletividade. A porcentagem da venda de cada livro físico ou e-book, que viria para mim, autor, doei para o Hospital Pequeno Príncipe[5], em Curitiba/PR, hospital referência no tratamento de crianças. O Pix para doação para o hospital, até o momento, é doacoes@hpp.org.br[6]. A editora ficará a cargo do depósito dos valores, da porcentagem, pela venda de cada livro e e-book, na conta do hospital.

Neste segundo livro de minha autoria, *Observações, Pesquisas e Anotações Sobre espiritualidade – Observações de um Pesquisador Sobre o Fato da Natureza "espiritualidade em Vários Grupos Diferentes e em Pessoas Diversas*, 25% sobre o valor das obras impressas comercializadas dentro da plataforma da editora e 10% sobre o valor das obras impressas comercializadas fora da plataforma da editora, inclusive eventos e congressos, e 10% sobre o valor das obras digitais comercializadas dentro ou fora da plataforma da editora, inclusive eventos e congressos, valor que, por contrato com a Editora Appris, seria direcionado a mim, autor, doei para o Hospital Pequeno Príncipe, localizado na cidade de Curitiba/PR, a ser depositado diretamente pela Editora Appris na conta bancária daquele Hospital, como eu disse, instituição que, penso, todo Paraná e Brasil deveria ajudar. Para mim, autor, por minha livre e espontânea vontade não ficarei com nada em valores (0% zero por cento-nada).

Penso que espiritualidade e dinheiro não se misturam. Vivo do meu trabalho honesto como advogado e dele tiro meu sustento e pago minhas contas como todos fazem. Estudei para isso, tenho

---

[5] Ver em: https://pequenoprincipe.org.br/

[6] Este Pix foi informado através do Facebook do referido hospital cuja página está no site do hospital acima.

três pós-graduações em Direito, trabalho para isso. Estudei e atuo em várias áreas do Direito há muitos anos.

O que aprendi na pós-graduação em Parapsicologia permitiu-me extrair conceitos que estão presentes neste livro como pesquisador. Como este livro tem a intenção de fazer as pessoas saírem a campo e pesquisarem, para construírem *sua própria visão de mundo* sobre espiritualidade, para assim, crescerem como pessoa, resolvi seguir o caminho da doação, que é aquele que espalha frutos em benesse de energia boa a quem faz e recebe. Como sugestão ao leitor amigo, para que também o faça criando um fluxo intenso de bondade e prosperidade, quando se ajuda alguém, pois, na sociedade, todos nos interdependemos. Fica o depósito desses valores para o hospital *a cargo da Editora, como eu disse.* Penso que toda pessoa deveria ajudar os hospitais e as entidades filantrópicas. Toda pessoa deveria ajudar hospitais de sua comunidade e outros, seja com mantimentos, seja com doação de energia solar e eólica residencial, seja por meio de trabalho voluntário ou o que for. Minha contribuição é singela, mas é de coração para despertar outras e reforçar as que já ocorrem.

Que este livro lhe ajude a ser mais feliz, CONSTRUINDO-SE com sua *própria* visão de mundo. Construa-se pesquisando. *Indo.* Essa é a intenção desta leitura. Que você vá e se construa vendo, analisando e sentindo o que só você virá, analisará e só você sentirá, porque cada um é único.

O Autor.

SUMÁRIO

PRÓLOGO..15

CAPÍTULO I
ESCLARECIMENTOS DO AUTOR: O MOTIVO DO LIVRO E OBJETIVO
PARA O QUAL FOI ESCRITO..16

CAPÍTULO II
POR QUE, NO OCIDENTE SE FAZ APOLOGIA AO KARMA E À NOSSA
SUPOSTA INFERIORIDADE?..18

CAPÍTULO III
ESPIRITUALIDADE E PRAZER:...35

CAPÍTULO IV
AUXÍLIO AO PRÓXIMO E MOVIMENTOS ESPÍRITA E
ESPIRITUALISTAS EM GERAL: CARIDADE E AUXÍLIO SE ESPALHAM
POR TODA PARTE...38

CAPÍTULO V
VER AS CAPACIDADES *PSI* COM NATURALIDADE. VER SEM
ENCANTAMENTO QUE PODE GERAR DEPENDÊNCIA...............................43

CAPÍTULO VI
A MINHA ADMIRAÇÃO POR EMMANUEL E A IMPORTÂNCIA DOS
ROMANCES MEDIÚNICOS PSICOGRAFADOS POR CHICO XAVIER
E SUA CARACTERÍSTICA ATEMPORAL..46

CAPÍTULO VII
HISTÓRIA ESPIRITUAL DO OCIDENTE – *Por que nos outros países do
Ocidente não há de forma tão forte como no Brasil a noção desse fato da
natureza espiritualidade (seres vivos em outro nível de frequência)? Uma
análise histórica para saber por que o hoje é assim*......................50

CAPÍTULO VIII
SEPARAÇÃO ENTRE CIÊNCIA E RELIGIÃO OCORRIDA NO
OCIDENTE...57

CAPÍTULO IX
KARDEC – PARA ONDE FOI O ESPÍRITO DE PESQUISA DO
PESQUISADOR NA ATUALIDADE CONTEMPORÂNEA?...............61

CAPÍTULO X
SENTIMENTO INTERNO RELIGIOSO DIFERENTE DE RELIGIÃO......68

CAPÍTULO XI
A ESSÊNCIA DO *SENTIMENTO* RELIGIOSO.............................72

CAPÍTULO XII
PENSAMENTO: ENERGIA ATIVA...78

CAPÍTULO XIII
VITIMIZAÇÃO PARA QUÊ?..80

CAPÍTULO XIV
WALDO VIEIRA E O MOVIMENTO ESPÍRITA E OUTROS LOCAIS
ESPIRITUALISTAS E EDUCAÇÃO OCIDENTAL.........................84

CAPÍTULO XV
SUGESTÕES QUE AJUDAM QUALQUER PESSOA A MANTER O
EQUILÍBRIO E BEM-ESTAR...93

CAPÍTULO XVI
DEMOCRACIA DENTRO DO LOCAL ESPIRITUALISTA DIFERENTE
DE TEOCRACIA...94

CAPÍTULO XVII
ARTIGOS DE LEI..96

CAPÍTULO XVIII
ESPÍRITO DESENCARNADO IGUAL A NÓS DIFERENTE DE ESPÍRITO
DESENCARNADO DITO SUPERIOR, TRATADO COMO SANTO
CATÓLICO...98

CAPÍTULO XIX
MINHA APRENDIZAGEM SOBRE ESPIRITUALIDADE EM DIVERSOS
GRUPOS..107

CAPÍTULO XX
SEGUIR A SI MESMO – É VOCÊ E O UNIVERSO 137

CAPÍTULO XXI
SUGESTÕES A DIVERSOS LOCAIS ESPIRITUALISTAS ESPALHADOS
PELO GLOBO E PARA VOCÊ/METAS PARA O SÉCULO XXI 138

CAPÍTULO XXII
PESSOAS VARIADAS, ENSINAMENTOS PRECIOSOS.................143

CAPÍTULO XXIII
HISTÓRIAS SOBRE A MEDIUNIDADE 181

CAPÍTULO XXIV
ARTIGOS 184

CAPÍTULO XXV
ENCANTAMENTO COM A PSI E A INFANTILIDADE 219

CONCLUSÃO.. 222

PRÓLOGO

Haverá um tempo em que a maior ocupação das pessoas será descobrir e utilizar as capacidades que tem dentro de si, pelo contato com o EU superior[7], o corpo Crístico, que está em nós. Podemos senti-lo mantendo a mente e os sentidos no presente. Descobrindo prazer em encontrar o Deus interno em si, o ser sente prazer no auxílio a todos e prazer no desenvolvimento moral. Agora há cada vez mais, e haverá no futuro instituições com a finalidade de aprimoramento individual e coletivo e as pessoas sentirão prazer no que fazem.

Assim como o garimpeiro que procura removendo a areia do leito do rio para achar o ouro sem mercúrio; assim como o antropólogo que se despe de si mesmo, para analisar outra cultura sem vê-la a partir da sua, pois sabe que as preciosidades de outras culturas podem ser vistas quando entendemos o modo como aquela cultura vê o mundo e o universo, sem fazer pré-julgamentos a partir da sua cultura, assim agiu o autor quando frequentou vários grupos espiritualistas diferentes. O Diferente é riqueza, pois com o diferente você aprende novos modos de ver, e então você cresce.

O Autor.

---

[7] Kathleen Vande Kieft se refere ao Eu Superior, como fonte interior. A "Casa do Jardim", Centro Espírita em Porto Alegre - RS, refere-se a ele como **CORPO ATMICO, ATMAN OU ESPÍRITO ESSÊNCIA dessa forma:** *"Alguns o chamam de "Eu Crístico, Eu Cósmico, ou eu Divino e constitui a Essência Divina presente em cada criatura. A linguagem humana é incapaz de descrever objetivamente o espírito. A milenar filosofia védica parece-nos mais esclarecedora. Brhaman, o Imanifesto, transcendente e eterno, ao se manifestar, torna-se imanente em sua temporária ação; os indivíduos d'Ele emanados contém sua essência, assim como o pensador está em seus pensamentos. Assim, somos idênticos à Deus pelo Ser (Essência), mas diferentes d'Ele, pelo existir. Deus não "existe". Deus é, eternamente presente. Daí porque Jesus afirmou "Vós Sois deuses". O evoluir do Homem consiste em viver e experenciar em todos os níveis da criação, desde o físico até o Divino ou Espiritual, para, desta experiência, recolher conhecimento e percepções que propiciam o desenvolvimento harmonioso de seu intelecto e sensibilidade de maneira a tornarem-no sábio e feliz. Ao longo de sua jornada evolutiva a criatura humana sofre sucessivas "mortes" e vai perdendo seus corpos, sem perder os "valores" inerentes a cada um deles. É como a flor que na sua expressão de beleza pura, contém a essência do vegetal por inteiro."* fonte: http://www.casadojardim.com.br/apometria1.htm. Assim esse corpo, o Eu superior, pode ser sentido através do silêncio da mente, agora, pois nós somos deuses! Nós somos divinos. Ele sempre É.

CAPÍTULO I

ESCLARECIMENTOS DO AUTOR: O MOTIVO DO LIVRO E OBJETIVO PARA O QUAL FOI ESCRITO

Se você tem anos de prática espiritualista, em qualquer grupo, este livro é para você. Para que reflita e ajude a *aperfeiçoar* esses elementos tão importantes para realidade social brasileira e mundial, que é o contato com a natureza e o fato da natureza espiritualidade. Mas se você está começando e é interessado em pesquisar, para, no futuro, ser experiente, este livro também é para você.

Há outros tantos segmentos espiritualistas que estudam esse fato da natureza que é espiritualidade com seus métodos, pesquisas e concepções diversas: Rosacruz, Umbanda, Candomblé, Espiritismo (doutrina codificada por Allan Kardec), Gnose, religiões xintoístas, milhares de formas indígenas (pajés), de lidar com o fato da natureza e tantos outros. Todos os povos do mundo lidaram com esse fato da natureza com ou sem conhecimento sobre ele, misturando com seus costumes e sua cultura. Seres vivos em outro nível de frequência, extrafísco, plano espiritual, como queiram chamar, é fato da natureza, é só mais um reino, como o reino animal vegetal e mineral e, como é praxe na natureza, interage com os demais reinos. Por uma questão cultural no Ocidente, esse fato da natureza foi visto como algo temeroso e eterno (inferno), ou distante e sublime (céu). Em vários povos, o conhecimento desse fato da natureza, sem fantasias, ficava restrito a elites para dominar a população.

Fazendo esse pequeno apanhado histórico, dizemos que a intenção de escrever este livro é para que o leitor veja que há diferentes modos de lidar com esse fato (reino) da natureza, seres vivos em outro nível de frequência (onde há milhares de espécies, não somente humanos desencarnados), e que essa variedade de grupos em lidar com esse reino da natureza é positiva. O diferente é riqueza, pois, com o diferente, você aprende novos modos de ver, então você cresce. Basta ter ética (amar) e técnica (que é saber o que está fazendo), para lidar com esse fato da natureza. A intenção é também que o leitor retire do pensamento a comparação "o meu é melhor que o teu", que é raciocínio tipicamente ocidental. Por que não pode haver vários "melhores" e um aprender com o outro?

Uma noção básica em Antropologia é não comparar, mesmo que de forma inconsciente, a sua realidade ou visão de mundo com a do outro, ou não ver a partir da sua. Essa visão pode ser muito preciosa e útil, pois nos abre para novas perspectivas, nos abre um universo infinito de conhecimento nos libertando de ideias como "melhor que" (o "meu" ou isso ou aquilo, melhor que) ou "pior que", visualizando, assim, positivamente que o outro tem uma visão de outra parte da realidade que desconhecíamos.

Assim como aqueles vários cegos de nascença, quando tateiam o elefante em várias partes diferentes de seu corpo, e alguém os pergunta: como é o elefante? Quem tocou no rabo dirá que é fino, quem tocou na tromba dirá que é grosso, quem tocou nas patas dirá que parece um tronco, quem tocou na barriga dirá que é áspero. Todos eles estão corretos. A diferença entre eles é que enxergam a realidade de forma diferente.

Ver esta realidade de ângulos diferentes, estando todos certos, é uma das intenções deste livro. Diferentes modos de ver. Despindo-se de si para ver o outro.

CAPÍTULO II

POR QUE, NO OCIDENTE SE FAZ APOLOGIA AO KARMA E À NOSSA SUPOSTA INFERIORIDADE?

Um dos modos de ver o fato da natureza é em função do karma (lei de ação e reação) e de nossa suposta inferioridade. Não estou dizendo que o karma não existe, pelo contrário, ele existe, mas não é necessário só ver em função dele. As pessoas devem refletir sobre leis da natureza como karma etc., não só repetir o que ouvem. A ignorância é fundamental para manter o fanatismo e as ditaduras, sejam religiosas, sejam políticas, pois ignorância é falta de conhecimento. E quando se mantém as pessoas com falta de conhecimento, domina-se facilmente com lendas e superstições que, na verdade, se fossem estudadas, veria que algumas têm origem em um fato da natureza facilmente explicável. Assim, o karma não pode ser usado como medo, mas esclarecido como fato da natureza, o qual não há necessidade de fazer apologia como forma de medo. Deve-se fazer apologia do Amor. Quem ama sabe que o karma existe, mas não faz apologia dele. O karma também não pode ser usado como chantagem emocional, lidando com as emoções das pessoas na base do medo. Como já vi em alguns lugares quando uma pessoa discordava do líder do grupo, este líder usava de chantagem emocional com o karma, dizendo "você tem que ficar aqui, sob minha proteção (na verdade, julgo mascarado), pois tens muito karma. Se esse líder fosse líder moral, ele ajudaria esse discípulo a amar; ambos se locupletando com o Amor e se extasiando de alegria e felicidade, causando bem-estar a ambos. Ajudá-lo-ia a amar aquele que esse aprendiz porventura prejudicou, se isso ocorreu, e não a ficar nesse ou aquele lugar, e depender dos ensinamentos desse ou daquele médium ou espírito, como forma de "quitar" seu karma. Não há necessidade de ficar em nenhum templo, pois o interior de cada um já é um templo, e quando se ama e se sente prazer em viver já está no lugar certo. Ajudaria a esclarecer que o que vale é o templo interior e que a reforma íntima traz muito prazer.

Prefiro muito mais ver espiritualidade como fato da natureza, que como religião ou ligado a uma questão religiosa, apesar de todas as significações diferentes, positivas e negativas, que esta última palavra, religião, tem. Religião, muitas vezes, pressupõe comportamentos pré-concebidos, aos quais as pessoas devem se moldar, ou ideias e frases prontas que pressupõem comportamentos. Prefiro deixar a cada ser a sua liberdade, pois, sendo livre, ele é feliz na capacidade de amar e ser feliz consigo, e quem é feliz consigo mesmo, ama a vida e aos outros.

O karma, lei da natureza, funciona assim:

Tudo é energia. Matéria é energia condensada. Seu corpo é energia condensada. Seu corpo físico foi plasmado por você, pelo seu corpo energético que, junto do DNA, moldou o feto, desde a concepção até o final da gravidez. Este corpo energético emite frequências como tudo na natureza (ferro quente emite calor, torre de transmissão transmite, onda de rádio, gelo emite frio, mente emite pensamento que, por sua vez, é energia). Assim, seu corpo energético, como tudo na vida, emite ondas, frequências. A suas frequências atraem situações e pessoas que estão na sua frequência de pensamento e a frequência (vibração) que seu corpo energético emite. Como a lei da compensação da homeopatia, os iguais se atraem. Se você ocasionou determinada situação agora ou em encarnação anterior pela lei da atração (frequência), vai atrair situação semelhante por sintonia de frequência. É lei da natureza – *frequências iguais se atraem*. Não é castigo divino, não é imposição, só lei da natureza. Você pode mudar esta situação a todo momento. Não há necessidade de passar necessariamente por esta ou aquela situação. Se você elevar seu pensamento em uma frequência mais alta, mais rápida (com menor comprimento de onda portanto), como o Amor, NÃO HÁ NECESSIDADE de passar por determinadas situações, pois você aumentou sua frequência e modificou a frequência do seu corpo energético.

Assim você é seu Deus, você é quem cria e cocria com o divino. Não há necessidade de fazer apologia do karma como alguns fazem ou usam para manipular as pessoas pelo medo ou por chantagens emocionais do tipo "você tem muito karma", "se você não pertencer a este grupo, ou ajudar aquele espírito, terá karma". Como iguais se atraem, a vontade de ajudar tem que partir de ti, do teu interior pela compreensão e pelo *prazer* em ajudar. Auxiliar e ver os frutos do teu auxílio frutificando pode ser uma coisa muito prazerosa. Enfrentar situações, aprimorando-se, para ver situações boas frutificarem, pode ser duplamente prazeroso: pelos potenciais que descobre em si e pelo prazer de ver coisas boas acontecendo pelas suas mãos. Não precisa fazer apologia do karma. É melhor sempre pensar num sentido positivo, de coisas boas sendo construídas. Não de fazer algo para fugir de um castigo.

A apologia do karma, usada como forma de medo e punição, associada à questão que ficou forte no inconsciente do Ocidente, de que somos inferiores à Criação, e não parte dela, que somos inferiores a Deus, e não parte dele, geram muitos problemas. Tal noção é utilizada em alguns lugares que se dizem espiritualistas para manter poder com determinado indivíduo, insinuando que as pessoas, para "quitar seu karma", têm que ficar ligadas a um líder ou uma entidade. Tal atitude é forma de manipulação desonesta e vil.

Na verdade, não necessita preocupar-se em quitar karma, mas, sim, em descobrir o EU interno através do silêncio da mente, para, então, *prazerosamente*, amar e agir no Amor. Então, num sentido positivo, de construção, e não em um sentido negativo de apologia do karma, culpa e sofrimento e nossa suposta inferioridade, como se faz apologia no Ocidente.

Muitas vezes, nossa mente entra em zona de conforto, num comportamento que é melhor aceitar socialmente o que está a nosso redor, até mesmo para ser aceito. Mas, muitas vezes, quando vemos a natureza de um ângulo diferenciado, diferente do aceito pela massa, coletividade e zona de conforto, crescemos e fazemos os que estão à nossa volta crescerem, bem como toda coletividade que não viu em um primeiro momento o fato da natureza do ângulo que a pessoa desbravadora viu. Assim, não quero dizer que o karma (ação e reação) não exista, pelo contrário, ele existe, mas o que quero dizer, e que a mente ocidental entenda, é que não se precisa estudar espiritualidade somente em função dele e de nossa suposta inferioridade, raciocínio tipicamente ocidental. Quero dizer que, se descobrirmos nossas infinitas potencialidades internas, andamos a favor do rio da vida, então beneficiamos a nós, os que estão à nossa volta e aqueles que porventura nós prejudicamos. A raiz do raciocínio do Ocidente é que somos inferiores, estar encarnado é ser inferior, pecador, culpado. Esse raciocínio, somado à noção de karma, gera um comportamento de autoflagelação meritória danoso: tenho que sofrer para merecer.

Refiro-me a autoflagelação, mostrar às pessoas que, se está sofrendo, é uma forma de manipulação, como aquele familiar que faz questão de se fazer de vítima para manter a família sob seu controle e sua atenção para manipulá-la. Não me refiro a casos saudáveis, nos quais as pessoas precisam de auxílio e querem sair de um estado patológico para um estado mais saudável numa relação de afeto para com quem a ajudou. Refiro à apologia do sofrimento como forma de manipulação, chamar a atenção, ou, no caso de um grupo ou uma sociedade que valoriza o sofrimento, em que mostrar que está sofrendo também para ser aceito e valorizado é visto como algo meritório (sangrou na cruz, coroa de espinhos, tenho que sofrer para pagar).

A *apologia* do karma parece-nos aquele conto que se conta popularmente

Em uma determinada população próxima a uma floresta, todos comiam carne de peixe cru e todos estavam satisfeitos com isso. Determinado dia, um camponês deixou vários peixes que pescou em um local, na mata, caiu um raio na floresta e ela pegou fogo rapidamente queimando os peixes. Este camponês, apesar de triste com essa situação, comeu um dos peixes queimados e achou gostoso, muito mais gostoso do que peixe cru. Foi então à população do pequeno povoado, e disse-lhes do sabor, da diferença e das delícias da carne de peixe assada pelo fogo. Logo a notícia se espalhou pela aldeia e pelas aldeias próximas: a população não precisava mais comer carne de peixe cru, carne assada era mais gostosa, saborosa, salgadinha e tinha variedades: rabo de peixe, mais assado e menos assado, tostado e outras.

Logo especialistas viram que foi um raio que pôs fogo a floresta. Começaram a pôr números de peixes pescados para serem assados quando caísse um raio. Logo designaram pessoas especialistas em raios e tempestades e estes, designaram assessores especialistas em vento, que designaram por sua vez meteorologistas. Eram tantos funcionários para ver quando a tempestade cairia e quando o raio certo cairia no local certo para assar a quantidade certa de peixes, que se criou uma autarquia, um órgão federal, nomeado pelo chefe das aldeias para que especialistas pudessem discutir sobre tempestades, vento, raios e tudo para assar as carnes dos peixes. Enfim, em torno de um evento, criaram-se milhares de especialidades, bem como empregos especializados com dezenas de empregados para análise de queda de raios que assassem os porcos.

Não mais que de repente, um aldeão, simples e sábio, inventou uma churrasqueira e.....percebeu que pondo carvão e fogo, as carnes das variedades de peixe queimariam com tranquilamente e assariam. Melhor! Os raios não precisariam cruelmente matar os peixes que se debatiam após a pesca! Ele foi espalhar a notícia: não se precisava de estruturas, cargos, hierarquias, órgãos públicos para que pegasse fogo na floresta e assar os peixes! Bastava colocar carvão numa churrasqueira e assar!

Quando foi espalhar a notícia, foi visto como perigo ao emprego de todos e as famílias, de todas aqueles empregos e status formados ao longo dos anos em torno de porcos assados na floresta. Então, vendo-se não aceito e visto como um perigo ao status, sumiu por vontade própria da aldeia e nunca mais foi visto.

Com a *apologia* do karma acontece a mesma coisa: o karma existe, mas não precisa ser usado como forma de temor impingido a outros, como pecado (usado pela Igreja como sinônimo de culpa); não se precisa fazer apologia do karma. Conheço bons estudos de como o karma funciona, mas não se precisa ver a vida só em função dele, mas, sim, de uma forma positiva de construção, antes de pensar em karma, alcançando o EU interno e, assim, sentindo Amor, pois somos co-deuses. Após conseguir sentir Amor, não se precisa preocupar com karma porque se Ama. Não há necessidades, tampouco de fazer chantagem emocional dizendo que tem que ficar ligado àquele local, grupo, espírito, médium, e muito menos guru para se quitar o karma. O karma, lei da ação e reação, existe, mas não se precisa ver as coisas só em função dele. Pergunto: não é melhor, como no Budismo e nos ensinamentos orientais, ver tudo em função de alcançar o EU superior para daí amar? Sim. Na verdade, é você e o Universo! É você e a visão única e singular que cada um de nós tem do universo. Se alguém for realmente Mestre, ele *não vai querer que você dependa dele,* mas, sim, que você alcance o seu EU Superior em você, para ele alcançar o Dele, para que vocês compartilhem. Há maravilhosos ensinamentos no Ocidente para alcançar o EU superior, como a prece profunda e de coração, agradecendo a beleza da vida e da natureza, por exemplo, mas há toda uma apologia do sofrimento e da inferioridade do ser humano. Pior quando isso é associado ao karma.

O karma negativo ocorre quando você anda contra o fluxo da vida. Mas só devemos enfocar isso? E quando alcança o EU interno e anda a favor nas milhares de possibilidades prazerosas que seu EU interno proporciona? Você foi criado para isso. E pode fazer isso agora.

Aí então, não precisa preocupar-se com karma. Melhor que falar e estudar contra ir ao fluxo da vida é estudar como amar e ir a favor. Se for contra o rio da vida, o karma lhe atingirá; e se for a favor? Não é melhor enfocar o positivo?

Deve a pessoa descobrir em Si, na religião e na doutrina, seja ela qual for, não a doutrina estanque de fazer com que a pessoa viva em torno dela. A doutrina espiritualista, seja qual for, é uma ferramenta para que cada um descubra seus potenciais interiores, o contato com seu EU superior como bem sabe a maioria dos grupos orientais, nos quais o trauma europeu sobre nossa suposta inferioridade não ficou tão forte, pois diferentemente das Américas e da África, os europeus só invadiram a Ásia no século XIX, mais tarde do que os dois outros continentes que receberam o trauma europeu de fazer apologia da inferioridade humana perante a criação.

Ah, educação ocidental! Como eu queria que você enfocasse todas as potencialidades que nós temos e todos os nossos potenciais! Agora, vindo de diversas eras, alguns orientais reencarnam no Ocidente para ensinar isto: *O Poder do Agora,* de Osho, o livro *A Fonte Interior,* de grupos espiritualistas. Como disse a você, e você sabe, em alguns locais do Oriente, há ainda medo e fanatismo, como há no Ocidente, mas a educação oriental antiga dá mais foco no Deus interno.

Várias tribos africanas têm noções profundas de natureza e integração do homem com a Criação e a natureza. Vários grupos orientais, como o Budismo, o Osho, os Iogues, trabalham com as potencialidades que o ser humano tem e todas as nossas capacidades divinas por meio de milhares de métodos: mantendo a mente no presente. Paramahansa Yogananda, em seu livro *Autobiografia de um logue,* menciona uma monja que se alimenta de prana (seja verdade ou não). Há treinamentos por parte de saddhus hindus de treinamento da mente e de sua força. Ao contrário do raciocínio de que somos deuses, o raciocínio ocidental baseia-se em nossa suposta inferioridade, e a partir daí a apologia do karma, e que só podemos alcançar o divino através de milhares de encarnações de experiência; e se quisermos evoluir, temos que suportar o sofrimento. Há também a noção positiva de que, tendo frequência maior de amor e paz, podemos alcançar bons estados, mas, em geral, é feita apologia da nossa suposta inferioridade e do sofrimento (sangrou na cruz como ele, coroa de espinhos).

Diz-se que Jesus ensinou durante três anos, dos 30 aos 33 anos, Amor, paz e auxílio aos perseguidos, doentes, prostitutas. Se ele foi um ser tão positivo que fez tantas coisas positivas, por que há no Ocidente apologia do sofrimento dele só no final da vida: "sangrou na cruz coroa de espinhos"? Porque interessava, como dominação de massa, que as pessoas se autoflagelassem, se sentissem culpadas, pois assim é mais fácil dominar. É mais fácil dominar quem não sabe de suas potencialidades, se sente culpado e inferior e não sabe que tem ligação direta com o Criador e que há um corpo Crístico dentro de si que é a essência de si mesmo (imagem e semelhança de Deus), bem como é mais fácil dominar pessoas que veem os fenômenos mediúnicos, fenômenos naturais, como algo pertencente a só um grupo limitado de "pseudoeleitos", como era na idade média europeia.

Assim, há um estigma em alguns grupos espiritualistas do Ocidente, de que temos que sofrer encarnações para pagar, temos que vestir nossa coroa de espinhos, isso é uma herança do Catolicismo em pôr o ser do ponto de vista inferior para submeter os crentes a uma autoridade superior, o Papa etc. Isso foi passando de geração em geração e foi trazido a movimentos espiritualistas do Ocidente de forma inconsciente.

É preciso que cada um de nós, que fazemos parte do movimento espírita e de outros movimentos espiritualistas do Ocidente, encarnados e desencarnados, perguntemos a nós mesmos se não herdamos essas noções de culpa por uma questão antropológica cultural sem sentir, ou seja, de forma inconsciente. Perguntemo-nos: devo enfocar que há um Deus dentro de mim e sou parte dele e ele é parte de mim e posso acessá-lo agora através do **silêncio** interior e da mente e da observação da perfeição natureza, ou devo fazer um velho discurso de que todos temos que pagar ao longo das encarnações? É melhor acessar esse Deus agora.

Há muitos livros e lições espíritas e espiritualistas no Ocidente que enfocam positivamente a pessoa que construiu bons frutos à humanidade para quitar seu karma, mas há, também, essa herança enfadonha inconsciente em alguns locais de apologia de nossa inferioridade e sofrimento.

Às vezes, somos de forma inconsciente induzidos a pensar na lei da "ação e reação" (karma) de forma como se Deus ou essa lei tivesse um tacape e qualquer erro, leva-se um soco na cabeça. Isso é vício vindo de política religiosa arcaica, na qual era forte a noção de pecado "culpa". A palavra karma refere-se a uma lei da natureza; estar contra a corrente das coisas e Dharma é estar a favor dessa corrente. Quando a palavra "karma" veio para o Ocidente, a cultura ocidental a associou a pecado, "culpa", utilizado como técnica de manipulação de massa (pecado-culpa).

Ao invés de pensar em não errar, é melhor pensar em acertar! É até uma questão de neurolinguística. Estar a favor da corrente da vida. Estamos aqui para isso! Veja alguém que anda a favor da vida e vive em Dharma: Gangaji. Procure mais sobre essa mestra no YouTube [8]! A nossa essência é acertar, há um Deus interno agora!

Não há necessidade mais desse vício que ocorreu no Ocidente de que há um Deus externo sempre a nos vigiar, punindo a qualquer erro com pecado, karma, ou seja, lá o que for. O sentido da vida é acertar, esse é o caminho certo do rio, onde a correnteza leva. Não há necessidade de se ter ninguém que te comande: pastor, médium, espírito, líder, extraterrestre, padre etc. Melhor do que pensar "não vou errar", é "vou acertar", pois esse é o caminho natural da vida, para onde o rio da vida corre naturalmente, o caminho do acerto. Há um Deus em você agora, e você pode utilizá-lo agora. Não precisa passar milhares de encarnações na dor, pagando etc. O sentido da vida não é pagar, é amar. Amando, você está de acordo com a corrente do rio. O sentido da vida não é viver em função do karma. O karma, lei da ação e reação, é uma consequência, mas não se precisa fazer apologia dela ou da sua inferioridade, pois não somos inferiores, temos potencial grande dentro de nós.

---

[8] Um dos vídeos de Gangaji no YouTube: https://www.YouTube.com/watch?v=fo9aRoe2fxY

Melhor do que autoflagelação meritória e dizer que somos inferiores, ou que falhamos, são as milhares de noções sobre as milhares de potencialidades que cada um de nós tem. Ao invés de se autoflagelar, é melhor ver num sentido positivo o que você pode construir. É até uma questão de neurolinguística: ao invés de reprimir o ruim (pecado medo, culpa, castigo ou ficar se autoflagelando ao fazer apologia do seu erro), é muito mais proveitoso, e dá muito mais resultado, elogiar o bom.

Assim, devemos aproveitar as várias escolas diferentes, principalmente, no Oriente, que, portanto, não foram contaminadas pela autoflagelação meritória e apologia de um ser humano inferior (sic) do Ocidente (trauma europeu para as Américas e África). Há falhas no Oriente também, mas essas heranças de autoflagelação não ficaram tão fortes no extremo Oriente.

As escolas do Oriente que sabem de nossa potencialidades internas são o Budismo com o Chi; Peter Kelder com seu livro *A Fonte da Juventude,* ensinando como utilizar seus chakras para ficar saudável[9]; Osho que tenta aproveitar as melhores potencialidades humanas, limpando o que a cultura nos faz fazer como robôs; o livro *A Fonte Interior* da autora Kathleen Vande Kieft; e tantas outras escolas Yogues e outras, que ensinam sobre nossas potencialidades e milhares de modos de chegarmos a elas, ao invés de fazer apologia de nossos supostos erros ou da inferioridade no Ocidente por causa do trauma europeu.

Seguindo o mesmo raciocínio, de ver as coisas em função de positividades (acertar produzir, encobrir o mal com o bem etc.), podemos dividir os modos de enfocar espiritualidade como fato da natureza de duas formas: uma positiva e outra negativa, sobre essa fato da natureza que é vida após a morte do corpo físico e antes do nascimento.

É preciso tornar a linguagem quando se estuda espiritualidade mais positiva. Há um ramo de estudo que se preocupa com isso, com o fim de alcançar maior entendimento e ação pelas pessoas ouvintes de um discurso, ou leitores de obras: a neurolinguística.

Vejamos exemplo de linguagem que não trará eficácia, trazendo mais angústia:

---

[9] KELDER, Peter. **A Fonte da Juventude**. Ed. Círculo do Livro, 1998.

> **Frase 1:**
>
> O problema deste país é falta de educação. As pessoas não têm educação, jogam lixo na rua, não se respeitam, só pensam em si mesmas.

Agora a mesma frase em um sentido mais positivo que levará à ação e passa uma mensagem subliminar positiva, gerando bem-estar nos ouvintes ou naqueles que a lerão:

> **Frase 2:**
>
> A solução para este país é educação! Se dermos educação às pessoas e crianças, em especial, elas aprenderão desde a reciclar o lixo, se respeitar e poderão, no futuro, auxiliar umas às outras.

As duas frases visualizam uma situação presente sobre a questão da educação e as consequências delas. A frase 1 deixará pessoas mais angustiadas e deprimidas e gerará sentimento de revolta. A frase 2 incutirá uma ideia de que é possível melhorar no futuro e gerará atitude, pois passa a noção de que, se o presente não é bom, ele pode ser melhorado. É uma frase positiva já plantando semente pró-futuro e incentivando comportamento.

Da mesma forma, é preciso raciocinar sobre esse fato da natureza que é espiritualidade num sentido positivo.

É preciso raciocinar sobre o karma: é o objetivo da vida amar e ser amado. Então, por que devo fazer apologia do karma se eu aprender a amar agora, não precisarei passar por questões kármicas, e se passar por questões difíceis, encará-las-ei com nível de consciência mais elevado, vendo-os como aprendizado para um fim. Exemplo de frases com focos diferentes sobre o karma:

> **Frase 1:**
>
> Sei que a finalidade da vida é alcançar o meu interior, há um Deus em mim e, com Amor, posso encobrir o mal que fiz agora, pois há um Deus em mim. Há Amor em tudo e estou vivo para ser feliz. Se Deus é perfeito, é natural que ele me faça perfeito, possível de alcançar esta perfeição. Deus me fez para ser feliz, o Karma pode ser resolvido com Amor.
>
> **Frase 2:**
>
> Tenho muito Karma, tenho que pagar, tenho que sofrer. Eu fui tanta coisa ruim em outras encarnações. Tenho que esperar o revés da vida.

A frase 1 enfoca uma visão de quem conhece o karma (lei da ação e reação), mas tem uma visão positiva de autor sobre a própria vida.

A frase 2 enfoca uma visão submissa, visão de um Deus superior que guia os mortais, visão herdada de religiões do passado que utilizavam medo como técnica de manipulação de massa por meio do sentimento de culpa e inferioridade.

Vejamos outra comparação com uma visão otimista, portanto, de acordo com as leis universais e outra de submissão:

> Frase 1:
>
> Sei que há grande potencial em mim, não é interessante apegar-se demasiadamente à vaidade, a coisas passageiras, como beleza física ou objetos lindos, pois sei que isso é transitório. Posso me achar bonito(a), o que é ótimo, mas não me apego a isso, pois sei que um dia, pelo fato de desencarnar, não estarei aqui. Não devo ter orgulho de algo transitório, pois o desenvolvimento de meus potenciais interiores, como capacidade de ver a beleza da natureza, *por exemplo, já me dão felicidade plena. Não preciso me autoflagelar, dizendo que somos todos orgulho e vaidade.*
>
> Frase 2:
>
> Somos todos orgulho e vaidade. Temos que combater o orgulho e a vaidade.

Visão da frase 1 foca, principalmente, os potenciais interiores que cada um de nós tem que podem ser desenvolvidos, como usar o sentidos visão e audição, deixando a mente em silêncio, para observar a natureza. É uma visão otimista sobre o porquê não devo me apegar à vaidade.

A frase 2 é uma frase de autoflagelação repetida de boca em boca, mas não pensada. É uma frase e ideia estéril.

Com esse pensamento, podemos fazer uma analogia pedagógica, mostrando como é necessária a mudança de foco de alguns movimentos espiritualistas do Ocidente sobre o fato da natureza chamado espiritualidade:

> Você prefere matricular seu filho em um colégio que, em caso de erro, o professor enfoque que ele sofrerá castigo, ajoelhará no milho;
>
> ou

matriculá-lo em um colégio onde o professor, verificando que seu filho cometeu erro em uma prova, o ensine dando enfoque onde e como proceder de forma amorosa, compreensiva e sutil?

É uma questão de enfoque, de ver ângulos diferentes de uma mesma situação.

Alguns em grupos espiritualistas do Ocidente enfocam a ideia de que, ao longo das encarnações, devemos burilar com sofrimento e quitar nosso karma aceitando nossas dores com resignação. Já lhe ocorreu a ideia de que há um EU superior dentro de ti e você pode ser feliz agora nesta vida? Se errou em encarnações anteriores, há um Deus interno que, com amor, pode cobrir tudo. A lei da vida é evolução, é amor, é saber que há um Deus dentro de você e que você pode trabalhar suas potencialidades, meditando, ficando em silêncio interior, ouvindo os sons no presente. Se alcançar este Amor, você sempre acertará. Aí pode beneficiar os que porventura prejudicou.

Não se pode cair no vício de repetir o que se ouve em alguns locais: deve-se escolher: uma forma a repetir o que se fala sem raciocinar, ou raciocinar a respeito desse fato da natureza que é vida após a morte do corpo físico e vida antes da formação deste corpo físico.

Se você é um Deus, pode modificar a sua realidade e seu karma, usando suas potencialidades, acessando este Deus que está em você.

Essa herança de autoflagelação, pecado original, remete à forma política supracitada usada pela instituição Igreja para manter as pessoas submissas. Um modo de afirmar: "você, pecador, precisa da minha instituição, para ter contato com o Divino, não vamos contar para você que há um Deus dentro de você e que você, seu corpo Crístico, o Eu superior, é feito à imagem e semelhança de Deus".

Até mesmo por uma questão lógica, devemos refletir por que alguns movimentos espiritualistas do Ocidente herdaram, de forma cultural, este anátema. Refletindo, superá-lo-emos!

Já via a noção do karma ser usada como chantagem emocional: se eu convencer a pessoa que ela precisa expurgar e passar milhares de encarnações para expurgar, eu "sequestro" emocionalmente a pessoa, fazendo com que ela se torne refém de uma entidade ou um líder encarnado (pai de santo, espírito, médium, guru etc.). Cada um é responsável por suas atitudes, mas não é necessário fazer apologia do karma por ser contraproducente. Já vi palestras em que o dirigente "dá bronca" coletiva sempre se referindo ao karma. Isso é inócuo, vazio e contraproducente. Útil é falar quanto prazeroso é o Amor e quanto se pode ser independente e que questões ligadas à matéria mais densa que causam prazer, como comer bem, namorar, festear, devem ser vividas com prazer, mas que elas passam.

O universo é um banquete, onde cada um pode deleitar-se com suas maravilhas NESTE MOMENTO.

A lei de ação e reação (tudo que fizer volta a mim) existe, mas não é necessário fazer apologia do karma. Se você amar e descobrir o Amor dentro de si agora, você não precisa preocupar-se com o karma, porque o karma já é o rio em que flui a vida, e você fluirá com a vida.

Há um Deus dentro de você! O motivo da vida é descobrir as potencialidades desse Deus interno agora!

Acho que ninguém deve viciar-se em um só modo de ver este fato da natureza que é espiritualidade, e não deve viciar-se em um só modo/método de trabalhar com ela. Por isso, deve frequentar vários locais e retirar em cada local o que é melhor para si.

Penso, também, que ninguém, nenhuma instituição, pessoa ou colegiado de pessoas, deve dizer o que as pessoas devem ler ou ouvir sobre espiritualidade. Assim como ninguém é proprietário da fotossíntese, do oxigênio ou da luz do sol, ninguém é proprietário da espiritualidade. Se feito com ética e Amor, tudo na natureza tem resultado positivo para si e para os outros.

Doutrinas, religiões e crenças são métodos que homens inventaram para analisar e lidar com este fato da natureza, espiritualidade (extrafísico) ,usando os métodos que tinham à época, mas essas interpretações não devem sobrepor-se ao fato da natureza espiritualidade. espiritualidade não está restrita a um local ou grupo, mas está em tudo, pois é fato da natureza e é inerente ao ser humano, que não precisa especificamente de locais, grupos ou pessoas para lidar com ela, pois isso é intrínseco a si. As pessoas mais felizes que conheci, que lidam com espiritualidade, são aquelas que a veem parte integrante de si e lidam com ela com ética e Amor, sem precisar de doutrinas ou locais, pois sabem que é parte integrante da natureza; e como cada pessoa é parte da natureza, esta é parte integrante de si mesmo.

Ouvi certa vez uma frase dita por uma pessoa simples e sábia: "Minha religião é Deus, cada um tem ligação direta com Deus. Religião é coisa dos homens". Certíssimo! Complemento: Deus pode estar em todas as religiões ou não, depende do bom *sentimento* de cada um, *mas Deus independe delas.*

Penso que foi uma falha no pensamento ocidental dividir as coisas entre céu e Terra, sendo o "céu", ou o que está no céu, como interpretado pelo judaísmo e depois pelo Catolicismo como algo distante e mais perfeito, e nós encarnados como alguém que é mais imperfeito por estar na matéria mais densa, ou uma forma mascarada inconsciente de pensar que temos que "pagar", que estamos aqui para expurgar – herança da noção de pecado.

Na verdade, todas as capacidades que um ser extrafísico lúcido tem, como vidência, clariaudiência, precognição, ver o futuro, e outras mais, todos podemos ter, pois fazem parte do ser, encarnado ou desencarnado. Acho que essa divisão, entre encarnado e desencarnado, é necessária, pois todos somos parte do todo. Somos seres espirituais. Não é necessário procurar espiritualidade em outrem. Não é necessário alguém mandando no karma ou dizendo o que os outros devem fazer como espírito que manda em outrem. Todos fazemos parte da criação e temos um criador dentro de nós que interage com outros criadores que são todos os seres, pois há um criador em cada ser, semelhante ao criador de *tudo.*

Essas divisões, céu, terra, mais perfeito e menos perfeito, mais evoluído e menos evoluído, encarnado e desencarnado, no sentido de diferenciar ou hierarquizar os seres, não servem para nada. O melhor método de ensino é ensinar que existe um Deus em cada ser, e ele pode trabalhar com este Deus.

Vejamos visões distintas.

Visões de grupos e professores que tive:

Se há um Deus interno, posso enfocar o Deus interno agora, ser feliz agora, desenvolvendo todos os meus sentidos para ser feliz e reconhecer a felicidade. Se o sentimento de felicidade já é bom neste mundo, imagine em lugares onde o nível de consciência de felicidade e plenitude é ainda maior? Treinar a audição, a visão, o tato, o olfato, o paladar para deixar a mente no presente, já é algo que pode trazer muita felicidade e sensação de plenitude e poder[10]

> Visão 1:
>
> Há um Deus dentro de mim. Um dos modos de alcançar este Deus é por meio dos sentidos, deixando a mente no presente e sentindo meu potencial. Sei que existe Karma, existe reencarnação, mas não preciso ficar fazendo apologia do Karma e do sofrimento que eu ou outros experimentaram em outras encarnações, ou da inferioridade do ser humano, pois sou Deus, faço parte de Deus e no meu interior há um Deus que sou EU e pode ser captado agora. (vide comentários dos parágrafos anteriores). Esse é um treinamento muito gostoso e prazeroso, afinal, se Deus é perfeito, só pode ter feito a vida perfeita.
>
> Visão 2:
>
> Visão repetida de forma inconsciente, por algumas pessoas, em alguns grupos espiritualistas ocidentais, que não raciocinaram a respeito do que falam:
>
> "Temos que dominar nossas imperfeições. Somos orgulho e vaidade, estamos distantes de Deus, somos imperfeitos, inferiores, temos que vestir nossa coroa de espinhos e suportar nosso Karma."

Essa última frase pode parecer uma tentativa de ajudar quem passa por dificuldades, mas, na verdade, a melhor ajuda é mostrar à pessoa que há um Deus em cada um de nós e que essa pessoa se sinta bem com isso e consiga sentir-se bem consigo mesma.

O fato comum no Ocidente, de algumas pessoas se afastarem de alguns grupos espiritualistas ocidentais e se tornarem espiritualistas estudando mais grupos orientais como Budismo e hinduísmo, talvez seja porque algumas pessoas no Ocidente acrisolaram-se em conceitos próprios, ou só repetiram aquilo que ouvem sem raciocinar a respeito, ficando presas a conceitos estáticos.

A intenção deste livro não é que ovelhas voltem ao rebanho e se tornem espíritas, umbandistas, praticantes do candomblé ou outros grupos respeitáveis. A intenção é que o movimento espírita e outros grupos ocidentais espiritualistas tornem-se cada vez mais úteis e afinados com as concepções do século XXI e séculos seguintes.

---

[10] O livro *A Fonte Interior*, de Kathleen Vande Kieft (Parte II, cap. 6, p. 130), enfoca bem este exercício maravilhoso e prazeroso com os sentidos, dentre outros.

Lembremos que disputas por denominações e predominância de credos levaram a guerras políticas na Europa. Não é essa minha intenção. Minha intenção não é denominação, é o coração!

Os melhores grupos espiritualistas que frequentei são aqueles que valorizavam o Deus que há em cada um de nós e em cada coisa, fazendo com que nós sejamos Deuses também, sendo assim parte e coautores da criação. Uma visão provinda do passado, em que deveria dizer que todos somos coitados e pobres para parecer uma falsa humildade é algo inválido. Autoflagelação não leva a nada. Saber que há um Deus dentro de você e dentro de cada um de nós completa-nos, pois nos faz sentir parte ativa da criação. Se você não sente a luz agora em você, procure ativar essa luz com processos de meditação, deixando a mente no presente, como propõe o livro *A Fonte Interior,* da autora Kathleen Vande Kieft, já mencionado. Não adianta ficar pensando no passado ou quanto karma você tem. A lei da Vida é amar, ser feliz e parte da criação agora! Afinal, se Deus é perfeito, como sinto, ele fez tudo perfeito agora. Às vezes, é difícil exprimir em palavras reflexões profundas. A mestre Gangaji, o Zen Budismo também tem essa noção de perfeição em nós AGORA, e essa perfeição pode ser trabalhada AGORA. Não precisa ficar se autoflagelando com questões cármicas, da lei da ação e reação, como algumas pessoas fazem. A lei da ação e reação existe, logicamente, mas não há necessidade de ficar fazendo apologia a ela, pois o melhor da vida é AMAR, e você pode AMAR agora!!

Não há necessidade de ver somente espiritualidade em função do karma ou da lei da ação e reação. Ela existe, mas não é o sentido de espiritualidade. O sentido de espiritualidade é ver o Deus que há dentro de cada um de nós, o corpo Crístico agora, que é o corpo mais quintessenciado que cada um de nós tem e todas as potencialidades que há nele (o corpo mais profundo de cada um de nós), pois cada um de nós é um Deus e, se somos imagem e semelhança de Deus, somos Deuses agora, podendo agir e interagir com a criação agora como deuses que cada um de nós é. Experimente fazer o treinamento de deixar os sentidos (audição, visão etc.) no presente agora, como propõe o livro *A Fonte Interior,* de Kathleen Vande Kieft, e o maravilhoso livro *O Poder do Agora,* de Eckhart Tolle, e sentirá o poder de deixar a mente no presente. Sentirá esse corpo. Essa apologia do karma que alguns fazem é herança da noção de pecado, culpa, que era utilizada como técnica de manipulação de massa. Isso não é mais necessário. O sentido da vida é a beleza que há em tudo. É acertar, não fazer apologia do karma ou pecado. O karma existe, mas não é o sentido de espiritualidade. O sentido de reencarnação é aprendizado. Nós nunca nascemos, nunca morremos, nós eternamente somos. Paz!

Sempre digo: se tivesse o conhecimento técnico que o Espiritismo (doutrina codificada por Allan Kardec) tem, junto à noção que o Budismo tem, que há um Deus interno agora, que esse Deus pode ser acessado agora, seria um casamento perfeito. É positivo o que está ocorrendo em nossa sociedade hoje, entre os pesquisadores espiritualistas e na sociedade em geral, que as pessoas vão a vários locais diferentes e tiram para si o que viram de melhor em cada local.

Uma pena ter ficado tão forte no Ocidente a noção de que estar encarnado é ser inferior. A divisão forte entre encarnado, o que está na Terra, o limitado o pecador, e o desencarnado, o que está no céu, sobre o qual as pessoas projetam tudo que foi colocado no inconsciente coletivo do Ocidente, é aquele que está no céu, o santo, o perfeito, a quem devemos pedir auxílio.

Melhor, na minha opinião, é a noção oriental, que Deus está em tudo e em todos encarnados e desencarnados, seres de qualquer espécie, encarnados ou desencarnados, físicos ou extrafísicos, terrestres ou extraterrestres.

Quem sabe a Teosofia e alguns grupos voltados ao Oriente, mesmo estando no Ocidente, apresentam essa característica de conjunção dos dois ramos ocidentais e orientais, o que é positivo.

Assim, será que alguém pode parar de ver espiritualidade só em função do karma? Alguém pode falar em alguém que acertou, que é feliz? Sim! Ou alguém que venceu sem precisar sofrer, mas simplesmente por ser feliz? Sim! Será que alguém pode falar no Deus interno? Sim! Para quem ainda não compreendeu, devemos parar com a péssima herança de auto culpa e flagelação meritória, herança da Europa medieval no Ocidente. Só assim cresceremos.

CAPÍTULO III

ESPIRITUALIDADE E PRAZER:

Há tanta coisa além do karma em espiritualidade. Há tanta beleza, prazer e alegria de viver na perfeição do nosso ser. O contato pleno com o divino está em cada um de nós. Você pode ter contato com o mais divino dos divinos agora, não necessita de alguém, porque este divino está dentro de você. Não há necessidade de pastores, padres, bispos, pajés, médiuns ou espíritos outros como líderes. Eles são teus irmãos, não teus superiores. Eles podem te ajudar, e é ótimo pedir auxílio a seres extrafísicos de alto nível vibratório, mas não ter com eles uma relação de dependência, mesmo porque, se eles tiverem alto nível de compreensão, não vão querer essa dependência.

Os livros de André Luiz[11] são muito úteis e muito bons para se ter uma noção de vida em outro nível de frequência e para verificar que a vida é normal e natural em outro nível de frequência e após a morte do corpo físico. A linguagem dos livros é escorreita, o que possibilita uma aprendizagem de fácil compreensão. Há nos livros uma série de ensinamentos técnicos e humanos muito bons, como de pessoas que se odiavam e, nascendo como parentes próximos, como mãe/pai e filha(o), podem recuperar sua relação, amando-se. Nada é mais eficaz para o Amor do que a infância, na qual o aspecto meigo da criança, somado à perda de memória pela reencarnação, pode gerar uma relação maravilhosa de afeto. Outra positividade nos livros de André Luiz é quando são enfocadas pessoas que, tendo dívidas com a humanidade, reencarnaram para trabalhar e, com seu trabalho constante e positivo, beneficiaram os que prejudicaram, assim, usando o positivo para a anular o negativo. Diga-se de passagem, isso sem culpa. A culpa não leva a nada e só anula boas produções. Esses são alguns dos muitos aspectos positivos dos livros

---

[11] Coleção *A Vida no Mundo Espiritual* – pelo Espírito André Luiz, psicografia de Francisco Cândido Xavier (Chico Xavier), compõe-se de 13 volumes que relatam a vida do autor no extrafísico, plano espiritual, e é de interessante leitura: 1 – *Nosso Lar*, 2 – *Os Mensageiros*, 3 – *Missionários da luz*, 4 – *Obreiros da vida eterna*, 5 – *No mundo maior*, 6 – *Libertação*, 7 – *Entre a Terra e o Céu*, 8 – *Nos Domínios da Mediunidade*, 9 – *Ação e Reação*, 10 – *Evolução em dois mundos*, 11 – *Mecanismos da Mediunidade*, 12 – *Sexo e Destino*, 13 – *E a Vida Continua*.

de André Luiz. Aspectos que, penso, podem ser melhorados nos livros desse grande autor é que, nos livros de André Luiz, é muito enfocado sempre a lei da ação e reação. Como o narrador de suas experiências extrafísicas, pertence à cultura ocidental das décadas de 1940 e 1950, aproximadamente, enfocou muito a questão da lei de ação e reação. É compreensível, pois o autor André Luiz, como todos nós, pertence a uma cultura e a um momento histórico, nos quais sua única referência era o Catolicismo que, nessa época, enfatizava culpa como algo meritório. Os livros de André Luiz possuem ensinamentos ótimos e maravilhosos, mas, em algumas passagens, o narrador e as pessoas ali presentes ainda guardam esse arcabouço cultural da década de 1950 no Brasil. Também pudera, pois o autor relata a vida de pessoas daquela década, com sua cultura e seus costumes. Como todos evoluímos, devem eles, neste momento histórico presente (século XXI), já terem modificado e evoluído suas noções e seus comportamentos nesse aspecto. Com certeza, o próprio André Luiz já evoluiu e aprendeu com sua inteligência demonstrada em seus livros, nos quais há fácil entendimento, linguagem acessível e, ao mesmo tempo, culta, além de muitos aprendizados positivos de perdão, auxílio ao próximo, eficácia do pensamento positivo e da prece e do intercâmbio mediúnico.

No entanto, diferente seria se a narradora fosse Gangaji, que provém de uma escola oriental que, como é normal em escolas orientais, privilegia o alcance do EU Superior e da plenitude agora, sabendo que existe a lei da ação e reação, mas não só a enfocando como se ela fosse o foco principal em algumas obras desse excelente autor. Mudando suas atitudes, pode-se mudar seu karma e Dharma; não só enfocar o karma ou se preocupar tanto com ele, mas sentir o PRAZER de encontrar a si AGORA, não na próxima ou daqui a milhares de encarnações.

O fato de se preocupar com o karma e quitá-lo já gera um clima mental de preocupação negativo. Deve preocupar em alcançar o Eu Superior, o pleno Amor, a Beleza da vida, a plenitude que está ao alcance de todos AGORA, pois quem Ama não erra. Deve-se amar e ter noção de prazer em fazer o bem, não se preocupar com quitação do karma, o que gera culpa.

Frases do Evangelho, como "a felicidade não é deste mundo", geraram no pensamento ocidental uma série de pensamentos negativos de punição. Os melhores grupos que frequentei eram aqueles que tinham plena felicidade em viver neste mundo belo como o nosso, alcançando a si mesmos e a beleza de fazer parte da criação e do Deus que habita em cada um de nós e deles, que pode ser alcançado agora.

A frase citada tem uma série de interpretações, como "só porque estamos neste mundo não quer dizer que não podemos alcançá-la". Podemos alcançá-la em outros planos, saindo do corpo (corpo Buddhi ou mental Superior ou pelo EU Crístico).

É preciso parar com autopunição.

Outra questão a ser trabalhada é a de vocabulário a se passar. A palavra "além", para designar plano espiritual, por exemplo, é péssima. Passa a noção de algo distante, intocável, inatingível, algo que não é parte da natureza. Prefiro a expressão "formas de vida em outro nível de frequência", ou "humanos desencarnados". Em outro nível de frequência, existe toda uma flora e fauna extrafísica, milhares de seres em outro nível de frequência, pois é só mais um reino da natureza e interage com os demais reinos. Por isso, a palavra "além" ficou ultrapassada, pois hoje se tem esclarecimento e popularização que se refere a humanos em outros níveis de frequência e que existem diversos tipos de seres vivos em outros níveis de frequência, outros estados da matéria: vegetais, animais, e seres vivos que não têm similares, ou outros que têm similares, na nossa dimensão[12] física, onde a matéria é mais compacta, sendo isso tudo fato da natureza. Portanto, a palavra "além", que denota algo distante ou inatingível, não corresponde ao fato da natureza como sabemos atualmente.

Comer é prazer. Só que passa. E você precisa de algo externo a você para satisfazê-lo, a comida.

Manter a mente no presente é prazeroso e mais permanente e suave. E pode estar com você sempre. Pense nos prazeres permanentes que podemos alcançar, como manter a mente em silêncio, estados maravilhosos por meio da respiração, como propõe o yoga fazer ooooommmm que faz vibrar a caixa craniana causando relaxamento e tantos outros modos de espiritualidade com prazer. A vida pode ser muito prazerosa com prazeres perenes.

---

[12] Como exemplo dessa imensidão de seres, temos seres da natureza como fadinhas, gnomos, elfos, silfos, íncubos e súcubos-seres, que tiram energia de outros seres, e uma infinidade de seres que nos tem sido relatados. São milhares de espécies, é como tentar descrever a variedade de espécies e beleza que tem na Amazônia. Realmente, pena que algumas pessoas vejam isso como algo distante ou místico, mas não como fato da natureza analisável como o é.

CAPÍTULO IV

AUXÍLIO AO PRÓXIMO E MOVIMENTOS ESPÍRITA E ESPIRITUALISTAS EM GERAL: CARIDADE E AUXÍLIO SE ESPALHAM POR TODA PARTE

É impressionante o número de pessoas de bom coração que se dedicam ao auxílio de outrem dentro dos centros espíritas, de forma voluntária e positiva. Essa característica do movimento espírita é algo que ressalta na sociedade em geral, sendo muitos espíritas e centros espíritas conhecidos pelo número de pessoas que ajudam as outras de forma desinteressada.

Os diversos grupos espíritas e outros espiritualistas[13] espalhados pelo país e pelo mundo têm uma função social de educação e de valorização da vida e de auxílio a crianças e jovens fantástica e que deve ser mantida. Nada mais interessante e fantástico do que o espírito de caridade e amor com que diversos espíritas se destacam de forma anônima, no auxílio ao próximo sem fazer alarde.

Há em diversos centros espíritas pelo mundo, pessoas que, de forma amorosa e desinteressada, afetuosa e bonita, buscam e constroem um mundo melhor, entregando-se ao bem. Isso é fantástico.

Realmente, em todos os lugares, países e religiões, ou pessoas sem religião – porque religião é invenção dos homens –, há uma intensa busca e o desejo de auxiliar o próximo. A humanidade mostra uma maturidade maior do que se viu até hoje. O fato de parte da imprensa, chamada "imprensa marrom", que é 20% da imprensa, enfocar só situações negativas dá a impressão de que o mundo estaria com muitos problemas mais do que o real. Se essa imprensa enfo-

---

[13] Espiritualista se refere a todo aquele que estuda o fato da natureza espiritualidade, extrafísico, que sabe que existe vida em outro nível de frequência, vida após a morte do corpo físico, que é só uma casca, que existem seres extrafísicos e que isto é fato da natureza. O Espiritismo codificado por Allan Kardec é um desses grupos, Antroposofia é outro, Rosacruz, Umbanda, Gnose, Teosofia, pajelança e grupos independentes são outros, por exemplo. São modos diferentes de lidar com este fato da natureza, assim como na medicina existem vários ramos: geriatria, oncologia, oftalmologia e tantos outros, ou como na engenharia existem engenharia de produção, engenharia mecânica, engenharia elétrica e engenharia química, engenheiro civil.

casse no número de pessoas de todas as crenças que se dedicam ao bem-estar da humanidade, talvez não houvesse jornais suficientes, ou sites suficientes.

Lembro que o jornalista Paulo Henrique Amorim comentou que, em visita à África, encontrou uma freira holandesa que abandonou uma herança milionária em seu país para ajudar coléricos na África. Assim, espalham-se pelo planeta milhares de pessoas desinteressadas, de bom coração, que se inspiraram nos exemplos de Francisco Cândido Xavier (Chico Xavier) e se dedicam a traduzir livros de forma gratuita, a ajudar crianças e carentes e a dar a maior caridade de todas: educação para que cada um possa criar independência. Milionários ao redor do mundo doam grandes somas de suas fortunas para ajudar os países mais carentes, como o caso de Warren Buffett, investidor norte-americano que, em testamento, deixou metade de sua fortuna bilionária para fundação de seu amigo Bill Gates[14], milionário que tem fundação para ajudar agricultura e pesquisas em países pobres.

Organizações de Direitos Humanos se espalham pelo mundo em auxílio à sociedade de forma anônima para não se expor. O crescente vermelho que equivale à Cruz Vermelha[15], no mundo muçulmano, protegido pelas convenções de Genebra, estendem-se por vários países com milhares de voluntários.

O Greenpeace e muitas organizações lutam pelos direitos dos animais. Isenção de impostos são dados em vários países para empresas que investem na questão social.

Além da noção de amor ao próximo que se espalha, com heróis anônimos, percebeu-se que o sistema capitalista explode se houver uma grande população pobre que não tenha capacidade de consumo. Além dessa questão, milhares de pessoas vão como voluntários, como os heróis da organização "médicos sem fronteiras"[16], ajudar e tratar gratuitamente quem precisa ao redor do mundo, em locais com epidemias, guerras e conflitos. Milhares de países unem-se para

---

[14] https://epocanegocios.globo.com/Mercado/noticia/2019/07/warren-buffett-doa-us-36-bilhoes-em-acoes-de-sua-companhia-fundacoes.html

[15] https://www.icrc.org/pt/guerra-e-o-direito/tratados-e-direito-consuetudinario/convencoes-de-genebra

[16] https://www.msf.org.br/doador-sem-fronteiras?utm_source=google-ads-search-br&utm_medium=-search-&utm_campaign=exiber--always-on-&utm_content=_&gclid=CjoKCQjwmpboBRCBARIsAG7y4zYG-f15dEIcW5APMIIPdL-tVOCU7_1djuH94pmoTTGuvyecub3sbiaYaAjyZEALw_wcB — médicos sem fronteiras-entidade que precisa de doações constantes.

auxiliar países atingidos por terremotos, como o caso do Haiti, na primeira década do século XXI. Há muito "bem" e milhares de pessoas dedicadas ao bem. Um fato ruim parece impressionar porque, quando um fato mau ocorre, ele é um fato único, mas ocorre como uma pedra jogada em uma vidraça: o estardalhaço que aparenta pela quebra que faz é tão grande que parece que esse fato mal, isolado, domina, mas isso não é verdade. O bem se espalha de forma silenciosa, forte e suave. O mal é só um ponto, que quebra o vidro, mas é só um ponto, superficial.

Em todas as doutrinas e religiões, ou pessoas sem religiões, sobremaneira no movimento espírita e outros movimentos espiritualistas, há milhares de pessoas voluntárias, que fazem um trabalho importante de carinho e auxílio às crianças e aos velhos, carentes, dando a todos seu coração iluminado. Os Hare Krishnas, por exemplo, oferecem alimentos feitos com amor, sustentados com doações.

Voltando ao movimento espírita, uma coisa fantástica que ele alcançou é a noção verdadeira de que vários Mestres foram enviados em culturas diferentes para ensinar a mesma coisa adaptada a seu tempo e cultura "Ame a si mesmo e aos outros": Confúcio e Lao Tsé na China, Krishna e Buda na Índia, Maomé na Arábia Saudita, Jesus na palestina, Akhenaton no Egito, A comunidade Pachamama entre os Incas, e milhares de outros seres. Claro que todos esses Mestres sofreram pressões culturais locais e tiverem seus erros e acertos, mas o básico que vieram dizer foi essa lição de Amor. Haja vista que, em outros países, ainda há pessoas que ainda não perceberam isso e até brigam, para ver qual mestre é melhor (sic), sem perceber o óbvio: os grandes mestres em diferentes culturas e diferentes momentos vieram dizer a mesma coisa: ame a si mesmo e aos outros. Tal fato sempre ficou forte no movimento espírita, e isso é ótimo.

Percebo uma coisa muito positiva há anos: todos os movimentos que lidam com espiritualidade, como a Rosacruz, Umbanda, Gnose, Teosofia, Candomblé, Maçonaria, grupos independentes, dentre muitos outros, dão-se muito bem. Inclusive pessoas frequentam vários desses grupos ao mesmo tempo, pois sabem que cada um lida com o fato da natureza de forma diferenciada. Isso é sinal de amadurecimento. É sinal de percepção que, na natureza, pode haver vários "melhores", vários grupos bons que lidam com esse fato da natureza de forma diferenciada.

Em locais onde a concepção de Deus é mais parecida com a idade média europeia, como no interior dos Estados Unidos da América, que, diferente das costas leste e oeste do país, o chamado "grotão americano" ainda tem a noção de um Deus punitivo e vingativo, de um Deus que promove guerras, como a mentalidade do presidente George Walker Bush, que saiu do interior americano e, passando por cima e leis internacionais, utilizou dessa mentalidade atrasada da população local para invadir o Iraque para roubar petróleo, (mentalidade: Deus sabia que eu seria presidente e eu quero guerra por petróleo, então Deus quer guerra), sendo, por sua vez, esse presidente manipulado pelas grandes empresas petrolíferas e, possivelmente, por um grupo e grandes empresários que se reúnem secretamente, chamados de "Bildbergs", matando milhares de americanos e outras pessoas no Iraque, para roubar petróleo, criando terroristas, infelizmente.

Manipulações políticas, religião usada como manipulação de massa, dogmas utilizados para manipular a massa, todos são invenções de pessoas mal-intencionadas.

A percepção forte que o movimento espírita alcançou, de que vários Mestres disseram a mesma coisa em várias culturas, deve ser preservada. Não devemos preocupar-nos em divulgar o Espiritismo como doutrina como quem impõe livros que as outras pessoas devem ler por serem livros "santificados" (sic). Isso é atitude e religiões do passado, atitudes que, inclusive, geraram guerras. O que há e importante nos livros espíritas e outros espiritualistas, como livros sobre Umbanda ou Rosacruz por exemplo é o esclarecimento sobre o fato a natureza espiritualidade e como agir com ela com ética. E o modo espírita de agir é um bom modo, mas há vários outros modos bons de agir com este fato a natureza, que não o espírita, por exemplo. Não é você impor livros a ninguém ou muito menos doutrinar ninguém. É lidar com este fato da natureza espiritualidade com Amor e ética e saber que há vários grupos que lidam com este fato a natureza de forma diferenciada, e todos podem ser muito bons. Doutrinar é algo do passado. Esclarecer sobre o fato da natureza é do presente, e esclarecer com vários segmentos espiritualistas diferentes que lidam com o fato da natureza espiritualidade e mais, esclarecer SOBRE este fato da natureza.

Válido lembrar, como dito nesta obra, que alguns livros espíritas do tempo de Kardec têm conceitos da época e cultura que foram escritos como o conceito do europeu do século XIX, que o índio é "selvagem", conceito completamente ultrapassado na antropologia do século XXI, que reconhece que tribos indígenas têm conceitos muito mais amplos sobre a natureza e integração com ela do que os homens que vivem nas cidades. Assim, é preciso ter visão crítica sobre o que lê, fazendo análise histórica e cultural de quando foi escrita, apesar de muitos ensinamentos, como bondade, afeto, perdão para se libertar, serem atemporais.

Vou te contar um segredo: é amar a si e aos outros. É você e o universo. É você e o Creador. É (TUDO) isso! ;) É você e o universo. Não precisa de doutrina, grupo, pessoa que te imponha algo ou que quer que seja.

No futuro, não existirão religiões. Existirá sentimento interno religioso. É o sentimento de olhar a beleza das galáxias e pensar que tudo isso é perfeito. É saber que o maior templo é o pôr do sol, a chuva e o céu. A beleza que é a estrutura do átomo ser parecida com o sistema solar, pressupondo uma força inteligente criadora. É saber que há um Deus dentro de cada um de nós, assim como há um Criador de tudo. É admirar a natureza e ver nela a perfeição.

CAPÍTULO V

VER AS CAPACIDADES *PSI* COM NATURALIDADE. VER SEM ENCANTAMENTO QUE PODE GERAR DEPENDÊNCIA

Outra noção produtiva que o estudante espiritualista deve alcançar é a noção madura que o movimento espírita alcançou e outros movimentos espiritualistas também alcançaram, que se encantar com as capacidades parapsíquicas não é nada. Algumas pessoas se encantam por terem vidência, clariaudiência, verem e ouvirem outros níveis de frequência ou terem acessos de forma consciente a dimensões onde o tempo corre mais rápido por ter menos massa (átomos). E, por isso, pode-se ver consequências futuras do que acontece aqui se continuarmos com o mesmo comportamento. Isso é algo natural e pode ser alcançado por todos. Se você se encanta com suas capacidades parapsíquicas, com o tempo, as pessoas vão procurá-lo como se você fosse um brinquedo, um objeto de diversão, ou vão temê-lo, mesmo porque algumas pessoas ainda não têm instrução de que essas capacidades são naturais e inatas a todos os seres humanos e todos podem desenvolvê-las. Se você se encanta com seu conhecimento, isso também não é nada. Conhecimento aplicado ao bem-estar coletivo é o que vale. Não adianta, tampouco, ensinar com a pedagogia do medo, dizendo que, se ele fizer isso, vai acontecer aquilo como retribuição. Isso não leva a nada. Nada é comparável à capacidade de amar e aos exemplos amorosos, mas, para amar, deve amar-se primeiro, descobrindo as capacidades divinas que há em cada Deus em nós. Manter a mente no presente é excelente para isso. Quando, como parapsicólogo, você atender um sensitivo que foi objeto de curiosidade pelo meio que o cerca, ou que pensa ser superior aos outros por ter capacidades *psi*, se você ama a si mesmo, toque-o com Amor. O toque de quem ama transforma!

Sobre ver o futuro, segundo minhas experiências, é possível ver fatos e imagens de situações que vão ocorrer no futuro. Pelo que tenho observado em vários sensitivos, essa capacidade é natural do ser humano. Pelo que tenho observado, é possível ver o futuro *quando a situação presente está caminhando para determinada direção*, é possível visualizar essa situação no futuro.

Uma tese que verifiquei pelas minhas observações é que aqui, na crosta da Terra, onde a matéria é mais densa, os corpos têm mais massa, segundo Einstein, o tempo corre mais devagar. No plano espiritual superior, onde há menos massa, menos átomos e a matéria é mais rarefeita, o tempo corre mais rápido, portanto, é possível visualizar resultados de situações que ocorrem no presente. Por exemplo: se eu soltar uma caneta da mão, ela cairá no chão. Eu sabia que queria soltar a caneta, e um fato da natureza chamado gravidade atrai a caneta para o chão. Antes de soltá-la, sabendo qual minha intenção (soltar a caneta da mão) e o fato da natureza (gravidade), é possível visualizar a caneta caindo no chão antes de tal fato acontecer, vendo a imagem da caneta, inclusive.

Por isso, alguns sensitivos saem do corpo (perispírito-corpo com menos massa/menos átomos) e veem o futuro, se continuarmos com aquelas atitudes no presente. Isso não tem nada de sobrenatural, mas, sim, de natural, é fato da natureza. Sempre reforço a análise de fato da natureza alcançado por todos para não gerar encantamento, gerando dependência psicológica das pessoas a algum sensitivo ou alguma pessoa. É fato de a natureza ver o futuro, quando o presente caminha para uma direção naquele sentido. Quando as vertentes comportamento das pessoas, situações sentimentos estão vertentes no presente, é possível visualizar o futuro, inclusive com imagens como se fosse uma tela de cinema. Tal fato é um fato natural, pois o tempo corre mais rápido onde a matéria é menos densa, onde há menos átomos, menos massa.

Já vi, portanto, vários sensitivos que veem o futuro. Imagens futuras podem aparecer quando questões feitas no presente tornam um acontecimento futuro certo, assim como você sabe que, se largar uma pedra, ou, como dito, a caneta da mão, ela cairá pela força da gravidade. O feito hoje que faz o futuro acontecer. Ele não é predeterminado, mas é possível ver imagens e em sonhos. Comigo e com todos isso já aconteceu de alguma forma, pois é uma das capacidades naturais do ser humano. No entanto, se você mudar de atitude hoje, aquele futuro visto se alterará, e o visto na "tela de cinema" vai mudar.

Já vi médiuns fazerem essas previsões, mas você deve se encantar é com o Deus interno que cada um tem, com o silêncio da mente, que pode ser alcançado gerando uma sensação de prazer e bem-estar. Um dos modos de alcançar este Deus é pelo silêncio da mente. Paz!

Assim, importante o estudante dos vários ramos espiritualistas, ou grupos independentes, perceber que fenômeno é só fenômeno. Isso não é o alvo do estudo espiritualista. O alvo do estudo espiritualista é ser feliz com o Deus interno em si, sendo humanos como somos. Não fique encantando com fenômeno em si ou outros. Fiquei encantado com seu Eu superior por meio do silêncio da mente.

CAPÍTULO VI

A MINHA ADMIRAÇÃO POR EMMANUEL E A IMPORTÂNCIA DOS ROMANCES MEDIÚNICOS PSICOGRAFADOS POR CHICO XAVIER E SUA CARACTERÍSTICA ATEMPORAL

O que é moral, sempre vai ser moral, em qualquer época,
cultura ou religião, porque é a essência da vida
(O autor)

O comportamento e o modo de pensar de Emmanuel, sempre voltado para uma causa maior, influenciou o Espiritismo no Brasil. Seu relacionamento com seu aprendiz Chico Xavier (Francisco Cândido Xavier) é motivo de admiração por todos que leem a seu respeito.

Algumas noções são presentes na personalidade de Emmanuel, e graças a este grande espírito o Espiritismo tem o rosto que tem hoje no Brasil. Dentre as características que mais me chamaram a atenção e me influenciaram na personalidade desse mentor, foi o fato de se pôr sempre acima de situações mundanas, sempre conseguindo manter a calma e o equilíbrio frente a situações difíceis, característica essa de um espírito com sentimentos superiores e que já passou por vários episódios mundanos, sabendo superá-los atualmente com classe, vigor e suavidade, sem nunca perder a calma ou alterar o tom de voz: resistência e doçura.

A noção firme de Emmanuel frente a Chico Xavier, descrita de forma escorreita e sem melosidade no excelente livro *As Vidas de Chico Xavier,* de autoria do jornalista Marcel Souto Maior, ajudou a formar o meu caráter. Refiro-me, principalmente, à noção passada por Emmanuel a Chico, de que ele não deve lamentar pelos seus problemas, mas se mostrar forte perante eles para poder, então, ter capacidade de auxiliar os outros. Vemos bem no exemplo, quando Chico está no avião[17]. Quando ele começa a trepidar, Chico fica com

---

[17] Relatado por Chico Xavier no programa "Pinga Fogo". Disponível em: https://www.YouTube.com/watch?v=C22WfERRJAI

medo, e Emmanuel lhe aparece e lhe chama a atenção. Ou quando Chico Xavier lamenta por suas irmãs doentes e tem sua atenção chamada por Emmanuel, dizendo que tinha várias irmãs em tal local e nunca havia visto ele lamentar por nenhuma delas. A rigorosidade que forma um homem mais forte é admirável. Tal postura não tem ligação com a noção de "santo católico", alguém distante e perfeito, frente aos mortais (noção de divisão passada pela Igreja, nós aqui e o céu distante, quando, na verdade, todos nós, em vários níveis de frequência, fazemos parte do todo). Tal postura de Emmanuel faz lembrar mais treinamentos de mestres Zen, que passam noções genéricas, muitas vezes, para que seus discípulos achem em si a resposta, pois, afinal, passarão a eternidade com eles mesmos e não com seus mestres. Desenvolve-se, assim, no discípulo, um autoaperfeiçoamento de si, não uma relação de dependência e consequente submissão com o Mestre. Todo mestre, se realmente mestre o for, quererá que você alcance o seu EU interior para que vocês compartilhem o EU teu com o EU dele, o que cada um dos EUs vê do mundo. Aquele que quer uma relação de dependência ou submissão não é mestre, é, sim, estelionatário energético-emocional.

Ambos os romances mediúnicos que contam sobre a história de Emmanuel em duas encarnações suas no mundo romano mostram-nos a grandiosidade moral desse espírito, que passou por problemas tão mundanos quando encarnados como passamos atualmente em nossos dias – mentiras, politicagem, orgulho etc. –, mas que soube superá-los todos, *pondo-se sempre acima deles*. Essa característica de Emmanuel, que destaquei em itálico, distingue o aprendiz do mestre, que faz de Emmanuel um ser digno de respeito e que dá a noção a nós de termos esperança na evolução de cada um, pois "se ele pôde superar tais problemas e hoje é o que é, nós também podemos". A cada segundo, demonstra ele calma e retidão, sem perder a postura e o equilíbrio. É isso que demonstra por meio da psicografia e psicofonia.

Nos romances *50 anos Depois* e *Há 2.000 Anos*, além de dar às pessoas noções de reencarnação e exemplos morais que nunca encontrei em outro espírito, passa às pessoas a capacidade do mentor de Chico Xavier de se autossuperar, servindo, assim, de exemplo.

A ciência fria sem conteúdo moral não é nada. Espiritismo no Brasil sem o conhecimento dos exemplos de vida de Chico Xavier não

é Espiritismo. É um cientificismo frio, sem utilidade porque não tem a essência, o amor incondicional independente de religião, credo, respeitando todas as crenças de forma igual, compreendendo e tolerando-as, comportamento tão adaptado ao nosso povo brasileiro compreensivo, mestiço e tolerante por natureza.

Espiritismo sem os exemplos de Chico Xavier é cientificismo que cai em discussões vazias, num poço de vaidades em que as pessoas vão se afundando para ver quem tem mais razão, num sectarismo que não enxerga o que Chico e os espíritas antes dele nos ensinaram, como no livros *Primícias do Reino,* de Joana de Angelis: toda religião tem a mesma essência e, por isso, deve ser respeitada, rituais, politicagem e manipulações devem ser deixados de lado, para ver a essência de toda religião que se referem à origem espiritual do homem e ao amor (neste sentido, vide prefácio do livro *Primícias do Reino,* de Amélia Rodrigues).

Por outro lado, penso ser fundamental que cada centro espírita ou local espiritualista, tenha uma sala para pesquisar este fato da natureza espiritualidade. Crença cega sem comprovação chama-se fanatismo. É preciso uma sala de estudos para verificar pesagem do médium antes e depois da sessão mediúnica, se perdeu ectoplasma ou não, sem consumir alimentos durante a sessão, para saber qual médium despende mais ectoplasma, que tipo de ectoplasma é, dentre outras pesquisas que ajudam a fundamentar o trabalho e aprimorá-lo.

Por isso, equilíbrio entre ciência e sentimento, fazendo equilíbrio perfeito.

Dos centros espíritas que frequentei durante a vida e conheço em Curitiba/PR, dois merecem destaque por possuírem uma atmosfera de amor e alegria pelo bem, equilíbrio e tolerância.

O primeiro é o centro espírita "Luz e Verdade", no bairro Prado Velho, na rua Comendador Roseira, e outro que conseguiu aliar a tolerância e esse amor, os exemplos de Chico Xavier à parte científica, é o Luz Eterna, na rua desembargador Hugo Simas na mesma cidade. Como disse a palestrante Anélida, em palestra proferida nesse centro recentemente: *"aqui nós, espíritas, não queremos dizer que somos donos da verdade, não queremos impor nada a ninguém".* Tolerância, compreensão e amor porque sabe que a essência de toda religião é o amor, bem ao modo Chico Xavier/Emmanuel.

OBSERVAÇÕES, PESQUISAS E ANOTAÇÕES SOBRE ESPIRITUALIDADE

Nos mais de 400 livros psicografados por intermédio de Chico Xavier, há maravilhosos exemplos de Amor e paz. Digno de nota: *Paulo e Estevão*, de Emmanuel, coleção André Luiz com seus 16 livros, *Jesus no Lar*. Os exemplos morais de Amor pela humanidade de Chico Xavier devem ser mantidos para as gerações posteriores.

Lembremos também do conjunto da obra das psicografias por Yvonne Pereira, que, apesar de algumas obras terem carregada a questão de medo, culpa e pecado, em obras como *Memórias de Um Suicida*[18], em que, de positivo, se pode extrair conhecimentos geográficos sobre o plano espiritual e convívio entre espíritos desencarnados, dentre outras coisas positivas, há outras, como um dos livros da médium Yvonne do Amaral Pereira, que relata acontecimentos na Rússia, onde há lindos fatos de Amor e perdão e evolução, como no livro *Sublimação*, principalmente no capítulo cujo título é "Evolução", que recomendo a todos.

Há muita riqueza nos livros psicografados por Francisco (Chico) Cândido Xavier. Além dos já mencionados, temos *Jesus no Lar*, pelo espírito Neio Lúcio, e *Boa Nova*, pelo espírito Humberto de Campos.

---

[18] Memórias de um suicida. Autor: Botelho, Camilo Cândido, médium Pereira, Yvonne A. Marca: FEB (edição digital)

CAPÍTULO VII

HISTÓRIA ESPIRITUAL DO OCIDENTE

Por que nos outros países do Ocidente não há de forma tão forte como no Brasil a noção desse fato da natureza espiritualidade (seres vivos em outro nível de frequência)? Uma análise histórica para saber por que o hoje é assim.

Sabemos que, depois dos povos dos impérios ameríndios (Incas e Maias) e dos impérios de Gengis Khan no Oriente, um dos maiores impérios da Antiguidade foi o Império Romano. Seus imperadores conquistaram grande parte da Europa, e, apesar de darem liberdade de culto e crença aos povos dominados, o mesmo não se sucedeu com Constantino no Império Romano do Oriente, quando proibida a crença da Reencarnação, que era comum a todos os povos da Europa. Júlio César, primeiro imperador Romano, encontrou nos gauleses, que habitavam atual França, o saber que a reencarnação era um fato da natureza (obra de sua autoria, *De Bello Galico*). Inúmeros povos conquistados Pelos Romanos sabiam da vida após a morte do corpo físico, tratavam de suas evidências e sabiam que reencarnação é um fato natural. Com a conquista romana da Britannia (atual Grã-Bretanha), limitando-se fisicamente ao muro que o imperador Adriano passou a construir e inaugurou no ano 126 d. C. com a posterior queda do Império Romano do Ocidente, em 476 d.C., devido à sua extensão, falta de recursos para manter o território e difusão do Cristianismo com a libertação dos escravos em uma sociedade escravocrata, o Império Romano do Oriente organiza-se com Justiniano, que, no Concílio Ecumênico de Constantinopla II, em 553 d.C., proibiu as apreciações sobre reencarnação, para que as pessoas, a partir daí, pensassem que, havendo só uma vida como encarnado, temessem punição eterna, sendo assim mais fácil manipular a população, principalmente mais simples, mediante o medo, centralizando *o poder na Igreja, que era mesclada com o Estado*, que é um grande erro: *"religião oficial do Estado"*. Ou seja, quem não entende Deus da mesma forma que o Estado (governantes) entende deve ser punido. Péssima forma de manipular a massa. Nada mais fácil para dominação de um povo do que usurpar de cada pessoa as perguntas básicas: por que estou vivo? Qual o objetivo da vida? De onde vim? Para onde vou? Tirando essas perguntas básicas das pessoas e centralizando-as na figura do Estado, como um imperador ou sacerdote-chefe como condutor de todos, a dominação se torna mais fácil. É uma maldosa estratégia política de dominação. A partir da data de 553 d.C., quando foi proibida a observação de que reencarnação é um fato natural, na Europa, começou-se a expansão do Cristianismo atrelado ao Estado, inclusive na Grã-Bretanha, omitindo tal fato da natureza em seus ensinamentos. Assim, o futuro império Britânico, protestante, futuramente no século XVI e seguintes, levou para suas colônias, inclusive, aos Estados Unidos da América, o cristianismo sem a noção de reencarnação e contato com pessoas após a morte do corpo físico como algo natural, como era bem sabido pelos povos do mediterrâneo antes de 553 d.C., quando começou sob Justiniano a perseguição daqueles que sabiam que reencarnação era fato da natureza, para então haver dominação da massa.

Lembramos que os celtas, habitantes da Grã-Bretanha, e atuais França, Espanha, Portugal, Alemanha, ou seja, boa parte da população da Europa ocidental, sabiam que reencarnação era fato da natureza e espiritualidade como reino da natureza que interage com os demais. Após o império Romano invadir esses povos celtas e dominá-los, Roma que tinha noção de reencarnação como fato da natureza como os gregos tinham (lembremos de Platão). Como diz o site do IPPB[19]: "Também célebres figuras da Roma antiga eram notoriamente adeptos da reencarnação. Cícero, Virgílio, Ovídio e o próprio Júlio Cesar defendiam os princípios da imortalidade da alma e do seu regresso à matéria." Após o Império Romano destruir os líderes celtas, os Druidas, sacerdotes que faziam o papel de pajés, como nossos índios brasileiros, para melhor dominá-los, o **Império Romano se transformou em Igreja Católica**, passando às áreas dominadas pelos celtas o trauma de 553 d. C. e depois aos continentes invadidos pelos europeus: África e Américas. Séculos depois, a Igreja Católica se cindiu, se dividiu com o protestantismo, com Lutero, já com os vícios originais do Catolicismo (Roma) que, por decisão política, apagou a noção das pessoas no Oci-

---

[19] http://www.ippb.org.br/textos/especiais/editora-vivencia/a-reencarnacao-e-suas-fontes-historicas

dente que reencarnação era fato da natureza. Esse trauma persistiu quando, a partir de 1492, os europeus dominaram armas de fogo e invadiram as Américas, onde vários povos se referiam à reencarnação como sendo fato da natureza[20] e lidavam com seres vivos em outro nível de frequência (plano espiritual). Antes da invasão das Américas, na invasão dos europeus à África, a partir do saque dos portugueses à cidade de Ceuta no Norte da África, no ano de 1415, que iniciou a invasão dos europeus àquele continente.

Válido lembrar que existem milhares de espécies de seres vivos, em outro nível de frequência, não só humanos desencarnados, mas muitos outros seres (outro nível de frequência, chamado de plano espiritual), e é só mais um reino como o reino animal, vegetal e mineral e como é natural na natureza, esse reino interage com os demais reinos. Pelo histórico de dominação de grandes populações, foi atribuído, na Europa, a esse reino extrafísico (plano espiritual), algo temeroso e eterno (inferno, culpa, medo e pecado) e algo diáfano, perfeito e inatingível (céu). Após a invasão dos europeus às Américas e à África, esse trauma passou a esses dois grandes continentes.

Sobre reencarnação, podemos perguntar: se reencarnação é fato da natureza, por que a população cresce? O que verifiquei pelas minhas andanças por vários locais espiritualistas e pela observação da natureza é que:

a. a população humana no extrafísico é muito maior que a física;

b. algumas espécies em extrafísico, com sua evolução, poderiam reencarnar como humanos;

c. em alguns planetas, o que equivale a um humano desencarnado (sem corpo) é sua forma natural e podem reencarnar neste planeta porque o intercâmbio entre planetas ocorre o tempo todo;

d. alguns seres físicos de outros planetas podem reencarnar aqui;

---

[20] A sorte nossa é que temos um ritual sagrado e secreto, o nosso Ouricuri. Se não o tivesse, a gente não seria mais índio, descaracterizaram-nos todos. O que a sociedade estuda dos índios a gente vive 24 horas, a gente acredita em reencarnação, nos sonhos. Se a gente não acreditar nisso, não somos mais índios, é a vida da gente. (PAWANÃ, 2016). PAWANÃ CRODI. Entrevista concedida a Ruy Rodrigues Câmara Neto, Porto Real do Colégio, 2016, no artigo "COSMOLOGIA DOS ÍNDIOS KARIRI-XOCÒ: A INTEGRAÇÃO ENTRE RELIGIÃO E SAÚDE" Ruy Rodrigues Câmara Neto-Mestre pela Universidade Federal da Paraíba,(ruy_camara@hotmail.com).Alessandra Gomes Brandão Docente da Universidade Estadual da Paraíba; (alessandra.gomes.brandao@gmail.com).

e. espíritos podem demorar entre segundos ou séculos para reencarnar, então há um acúmulo de espíritos no extrafísico, plano espiritual.

Outra situação sobre cultura ocidental e sobre o Ocidente: para cultura ocidental, estar encarnado não é ser divino. O divino é o que está no plano espiritual superior, estar encarnado é limitante para cultura ocidental, ao contrário do que entendem várias escolas orientais que sabem que o divino está em todos, inclusive nos encarnados, com as imensas potencialidades que temos, todos nós encarnados, mantendo a mente no presente, ativando-as, por exemplo.

As palavras atribuídas a Cristo no Evangelho: "Não poderás ver o Reino dos Céus se não nascer de novo", interpretada pelo Espiritismo (Allan Kardec) como a noção de ter que renascer em várias experiências reencarnatórias para se aperfeiçoar, foi reinterpretada como o renascimento para uma vida nova nesta vida pelos protestantes. Os judeus, inclusive na época de Jesus, sabiam que reencarnação era fato da natureza. Em algumas Bíblias, reencarnação foi traduzida de forma errada para ressureição[21], para referendar o domínio feito por Justiniano no ano de 553 d. C.

Válido lembrar que, nos povos mencionados, gregos, romanos, maias, astecas, judeus, celtas, egípcios e outros, o conhecimento do plano espiritual como fato natural ficava mais ou menos restrito à elite em cada povo, para dominar a população, pois era interessante que a população se sentisse inferior ou temesse ou fantasiasse este fato da natureza para, assim, ser dominada pela elite de forma mais fácil.

Não existe ser humano superior ou inferior. O extrafísico é só mais um reino. Você não precisa ficar dependente de sacerdote, pastor, padre, espírito, médium, extraterrestre ou padre. É você e o universo. O que essas religiões fizeram foi privatizar Deus. O Criador de tudo tem contato direto e único com você. Você é divino. Não precisa de terceiros.

Válido lembrar que é impressionante como, nos grupos espiritualistas ocidentais, se faz uma apologia à nossa suposta inferioridade, tudo isso para demonstrar humildade. No Oriente, proliferam mais

---

[21] https://www.otempo.com.br/opiniao/jose-reis-chaves/exemplo-de-ressurreicao-como-reencarnacao-1.2214756. José Reis Chaves é teósofo e biblista e escreve às segundas-feiras no jornal *O Tempo*. Título do artigo "Exemplo de ressurreição como reencarnação"

as escolas onde o foco é o Deus interno, corpo Crístico e que este corpo pode ser alcançado agora e que cada um de nós é um Deus, agora, e temos infinitas possibilidades.

Se fizermos uma análise antropológica, a grande maioria dos povos ao redor do mundo aceita a reencarnação como fato natural, pois tal tolhimento do conhecimento deste fato da natureza não ocorreu em outros povos, de forma política estatal, como na Europa. Os povos da África, de forma geral, aceitam vida após a morte e contato com os que estão no plano extrafísico (os muçulmanos, cuja crença surgiu no século VII com Maomé, por volta do ano 622 d.C.), portanto, *após* o trauma Estatal de Justiniano em 553 d. C., os muçulmanos, portanto, já conheceram o cristianismo de então, sem as noções de reencarnação e vida após a morte como algo natural como era antes da junção de Estado e religião. O muçulmano culto como os muçulmanos Sufis(idade de ouro do Islã), Alauitas, Alevis e Drusos, são reencarnacionistas, no entanto. O protestantismo (com início no ano de 1.517) com Lutero, que é muito posterior, também herdou do Catolicismo o mesmo trauma que a maioria do islã. A Índia sempre foi profícua em reconhecer a existência de vida após a morte e reencarnação como fato da natureza. Os europeus só invadiram a Ásia no século XIX, por isso, o trauma europeu para as Américas e a África não ocorreu na Ásia, pois os povos asiáticos, por terem sido invadidos pelos europeus mais tarde que os outros dois outros continentes (África e Américas), conseguiram preservar sua cultura, que sabe que reencarnação é fato da natureza.

Existe herança nos povos Anglo-Saxões (povos que colonizaram a Grã-Bretanha e, por sua vez, países colonizados por ela: EUA, Canadá, Austrália, Nova Zelândia etc.), noções sobre Espíritos, mas associados com algo negativo, temeroso, como é o caso da festa de Halloween, na qual se tem a interpretação de que vida após a morte e algo a ela relativo é negativo, ou vida após a morte é associada com cadáveres em decomposição, mortos que voltam para se vingar. Nítido isso em filmes de terror, provindos desses países. Isso deve mudar para que, nesses países, o espiritual não seja visto como algo temeroso ou jocoso.

Vários pesquisadores, como Ian Stevenson, da universidade da Virgínia (EUA), o psicólogo de Miami, Brian Weiss, apontam para sobrevivência da consciência (ser) após a morte do corpo físico e a recordação de fatos de reencarnações anteriores por crianças.

É uma pena que nesses países, seres vivos em outro nível de frequência, fauna e flora extrafísica, não sejam vistos como são, um reino, um reino da natureza que interage com outros reinos da natureza, mas lamentavelmente é feita uma associação desse reino natural com cadáveres, cemitérios decomposição, filmes de terror, céu, inferno e estas bobagens (pela questão cultural de dominação explicada anteriormente).

Além dessa observação sobre o reino da natureza, extrafísico, que é só mais um reino, como o reino animal, vegetal e mineral, e, como é natural na natureza, interage com os demais reinos, temos que refletir que, por uma questão de manipulação de massa, se santificou, se divinizou ou se encheu de temor e se escondeu sobre esse reino extrafísico, matando os que tinham conhecimento que era somente um reino da natureza, na Europa e na África e nas Américas, após a invasão europeia por dominação por meio do medo.

Válido dizer que você, leitor, e todo ser da criação tem ligação direta com o divino e com o Criador. É intrínseco a cada ser. Você não precisa de religião, intermediário. Ver a beleza da criação e perceber sua beleza, ver a ordem dos astros com a força da gravidade e perguntar de onde vem esta ordem é divino. Além disso, há um Deus dentro de você, corpo Crístico. É você e o Criador. Religiões são invenções dos homens. Podem haver, e há, homens com sentimentos sinceros em todas as religiões. Mas um dia você vai perceber que o que vale é o *sentimento,* e não tudo o que está à sua volta (dogmas, manipulação), e, pior, quando se põe nesta religião manipulação escancarada. Falo isso em algumas palestras.[22]

Ao longo da vida, este autor verificou que as pessoas espiritualistas mais felizes são aquelas que não são ligadas a grupo algum, tendo noção que elas, como todos os seres, têm um Deus dentro de si, e este Deus deve interagir com a criação. Não são ligados a doutrinas, dogmas, castigos, apologia do karma. Encara-se como parte da natureza e espiritualidade como parte dela também. Assim, essas pessoas mais felizes verificaram que espiritualidade faz parte da natureza *e delas também,* sendo doutrinas, exemplificações dessa natureza, sendo a doutrina uma tentativa de interpretar a natureza, e não a natureza tendo que se adaptar a doutrinas, grupos ou locais.

---

[22] https://www.YouTube.com/watch?v=RaEoENmNE5I
https://www.YouTube.com/watch?v=7cyi4Fh4DSY

Assim como ocorre nos Processo Civil e Penal, em que alguns juristas se perdem preocupando-se mais com questões processuais do que com fatos naturais da vida, ocorre tal fato com doutrinas, em que se preocupam com doutrinas mais do que com a natureza que elas tentam interpretar.

É louvável que pessoas ajudem outras em grupos, sejam eles quais forem, mas, quando um ser humano está em grupo, por uma questão sociológica, de adaptação social com o grupo, ele tenta adaptar-se aos padrões do grupo, comportamentos e mentalidade do grupo. Aí vem uma série de questões que pode fazer o integrante do grupo esquecer a essência divina em si, que ele não precisa de doutrina, adaptação ou o que quer que seja, pois espiritualidade é parte integrante dele. As doutrinas, religiões etc., são interpretações que uma coletividade ou pessoas fizeram deste fato da natureza, espiritualidade, às vezes, ligando-as a dogmas, manipulação política, crenças, costumes e tantas coisas ligadas ao convívio humano em coletividade ao longo da história.

As pessoas mais felizes que conheço são aquelas que estudam espiritualidade sem ligação com Mestres, doutrinas, hierarquias, religiões, pois perceberam que o sentimento interno delas e de cada ser frente à natureza e à criação é o que vale. Portanto, vá à natureza, *estude tudo*, Ame!!!

CAPÍTULO VIII

SEPARAÇÃO ENTRE CIÊNCIA E RELIGIÃO OCORRIDA NO OCIDENTE

No futuro, a sociedade não precisará mais destas bobagens, como cemitérios, caixões e muito menos apologia de situações ligadas à morte como se faz no cinema norte-americano, pois, além de ser desnecessário, cemitério é anti-higiênico, ocupa espaço, expõe podridão de matéria orgânica e poluição a longo prazo na terra e nos lençóis freáticos, tão necessários ao consumo humano de água potável.

No futuro, entender-se-á o extrafísico, plano espiritual, como sendo só mais um reino da natureza como os demais reinos: mineral, vegetal e animal. Somente mais um reino da natureza, que, como é natural, interage com os demais reinos.

Penso que, no futuro, as pessoas acharão até engraçado o fato das pessoas associarem seres extra físicos, em outro nível de frequência, humanos desencarnados e outros, com caixões, cemitérios, cadáveres, pois no futuro as pessoas perceberão que existem milhares de seres extra físicos, no planeta Terra e outros planetas. Inclusive, o que equivale a um espírito desencarnado, é o estado natural em alguns planetas, por isso sondas espaciais não os captam, pois estão em outro nível de frequência.

No Ocidente, entende-se religião como conjunto de ritos e instituição política organizada para manipular as massas. Essa noção ocorreu pós-revolução francesa, que separou ciência de religião. Sentimento interno religioso, no entanto, é diferente de religião, como explicado nas páginas anteriores. O conhecimento no Ocidente, de que o extrafísico é só mais um reino da natureza, ficava restrito a pequenos grupos, em várias civilizações ocidentais, para manipular a população, com medo: noções de "céu ou inferno".

Ciência, devido aos conceitos de Francis Bacon, Rosacruz, considerado fundador da ciência moderna, no século XVII, fez entender, no Ocidente, método científico como o conjunto de experiências que se pode fazer em lugares diferentes, que repetidas darão o mesmo resultado para então descobrir como a natureza trabalha e como ela pode interagir com o homem.

Sobre grupos diferentes terem uma mesma visão a respeito de um fato da natureza, no caso o reino extrafísico, mais um reino da natureza, portanto, passível de estudo, já, inteligentemente acentuou Allan Kardec, grande pesquisador, que, quando em sua época fala sobre a "diferentes ordens de espíritos" em sua "escala espírita", diz:

> Lineu, Jussieu Tournefort tiveram cada qual o seu método, e a botânica não se alterou por isso. É que eles não inventaram nem as plantas nem os seus caracteres, mas apenas observaram as analogias, segundo as quais formaram os grupos e as classes. Foi assim que procedemos. Nós também não inventamos os Espíritos nem os seus caracteres. Vimos e observamos; julgamos pelas suas palavras e os seus atos, e depois os classificamos pelas semelhanças, baseando-nos nos dados que eles forneceram. (KARDEC, 1995, p. 77) (*O Livro dos Espíritos,* 98. ed., tradução Salvador Gentile).

Assim, Kardec, referenda que não é a natureza que deve adaptar-se ao método científico e de observação. É o método que se adapta a padrões da natureza. Portanto, é natural que haja diferentes interpretações sobre o fato da natureza "espiritualidade". Digo mais: *é importante que haja diferentes interpretações sobre ela,* pois o que uma pessoa vê pode ser o que uma outra não vê, e a troca de informações entre grupos possibilita uma visão mais ampliada, não só para os grupos envolvidos, mas para todos.

Seres vivos em outro nível de frequência (extrafísico) é fato da natureza, mais um reino, como o reino animal, vegetal e mineral, que pode ser comprovado por meio de provas, como já explanado no livro **Células-Tronco, Bebês de Proveta e Lei: Onde Há Vida – Uma Análise Legal, Jurisprudencial e Científica Parapsicológica**[23], por meio de cinco comprovações de que há um ser que forma o feto. Ciência funciona assim: deve-se encontrar provas, que possam ser repetidas em vários locais por meio do mesmo método. Exemplo simples: a água ferve e evapora a 100° C na mesma condição atmosférica de

---

[23] https://repositorio.utfpr.edu.br/jspui/bitstream/1/1063/1/Celulas%20tronco%2C%20beb%C3%AAs%20de%20proveta%20e%20lei_Pontes%2C%20Estev%C3%A3o%20Gutierrez%20Brand%C3%A3o_2011.pdf

temperatura e pressão. Assim, se uma pessoa no Japão, na China, na Inglaterra, no Brasil, na Índia, ou em qualquer outro local, submeter água ao fogo, ela ferverá a 100° C sob as mesmas condições de pressão atmosférica. Então:

> 1) Fato da natureza comprovado em locais diferentes (se submeter água ao fogo em qualquer local sob a mesma pressão atmosférica, ela ferverá a 100 °C).
>
> 2) Há provas disso? A ciência trabalha com *provas*. Sim. Em vários países, usando um barômetro (equipamento que mede a pressão atmosférica), uma filmadora filmando várias panelas ferventes em vários países e um termômetro colocado na água, em cada uma delas, pode-se comprovar que, quando a água chega a 100 °C sob a pressão atmosférica X, ela ferve (evapora).
>
> 3) Tal comprovação pode ser feita em qualquer país sob as mesmas condições.

Assim, o fato da natureza seres vivos em outro nível de frequência pode ser comprovado em várias partes do mundo, através de cinco comprovações feitas na gravidez, como mencionado no livro *Células – Tronco, Bebês de Proveta e Lei: Onde Há Vida -Uma Análise Legal, Jurisprudencial e Científica Parapsicológica*, disponível na internet em PDF e físico, em várias universidades ao redor do Brasil e do mundo, em vários setores diferentes de universidades (física, química, biologia e outros), bem como Tribunais e Cortes Supremas ao redor do globo.

Feita uma perspectiva histórica, houve no Ocidente uma noção errada que este fato da natureza, seres vivos em outro nível de frequência, pertence à religião, que, por sua vez, são dogmas e crenças inquestionáveis utilizadas para manipular grandes populações. Ao contrário!! Seres vivos em outro nível de frequência é fato da natureza como o reino animal, vegetal e mineral. Portanto, sendo fato da natureza, pode ser estudado cientificamente.

Válido lembrar que é erro estudar esse o fato da natureza, já tentando afirmar o que vários grupos que lidam com esse fato da natureza. Exemplo: "vim comprovar o que a Rosacruz fala sobre espiritualidade", "vim comprovar o que o Espiritismo diz sobre espiritualidade", "vim comprovar o que a Gnose diz sobre o fato da natureza espiritualidade ou a Umbanda ou Candomblé diz sobre espiritualidade ou qualquer outra vertente". Todas elas são respeitáveis, mas, se você vai à pesquisa já com uma ideia pré-concebida, você mesmo que, inconscientemente, tentará afirmar o que aquele grupo diz, maculando a pesquisa. O caminho a ser feito é ao contrário: deve-se observar o fato da natureza, que, por ser fato da natureza, independe de qualquer grupo, para ver como a natureza age. Depois disso, você pode observar como cada grupo lida com este fato da natureza. Os grupos, como é natural nos vários agrupamentos humanos, possuem pré-concepções e questões culturais. As pessoas procuram adaptação ao grupo para serem aceitas. Esse é um comportamento natural humano em grupo. Adaptar-se ao grupo para ser aceito. Por isso, é erro estudar o fato da natureza, seres vivos em outro nível de frequência (extrafísico) querendo afirmar só o que *um* grupo diz. A grande vantagem da humanidade é a diversidade, porque, com a diversidade, você vê diferentes modos de pensar e você cresce! O diferente é riqueza, portanto.

A morte do corpo físico é um fato da natureza, a existência de uma dimensão espiritual é fato da natureza. São fatos da natureza assim como a fotossíntese, a terra girando em torno do sol etc. Seres vivos e outro nível de frequência é, portanto, fato da natureza passível de estudo e comprovação científica, assim como a biologia o faz em seu ramo específico. Podemos destacar, entre tantos outros pesquisadores deste fato da natureza, o engenheiro e parapsicólogo Hernani Guimarães Andrade.

Uma vez me deu saudade o fato de que, antigamente, nas eras pré-Igreja, a ciência era a busca de como a natureza funciona, e religião era o sentimento de apreciar a beleza da natureza. Tudo isso era "junto" em algumas culturas antigas, por assim dizer. Essa ideia me causa saudade inconscientemente.

CAPÍTULO IX

KARDEC – PARA ONDE FOI O ESPÍRITO DE PESQUISA DO PESQUISADOR NA ATUALIDADE CONTEMPORÂNEA?

A respeito de Allan Kardec, penso ser engraçado as pessoas lerem suas obras como alguns evangélicos leem a Bíblia: decorando. Kardec realizou uma pesquisa fantástica para sua época: colheu dados, anotou teses, comparou situações. E hoje há pesquisa dentro dos centros espíritas de um modo geral? Não! Para onde foi a essência do pensamento de Kardec que é a pesquisa? Além de grandes pesquisadores, como Hernani Guimarães Andrade e Sérgio Felipe de Oliveira e Alexander Moreira Almeida e outros, temos que criar mais pesquisadores. Onde estão os encontros estaduais e brasileiros de pesquisadores espíritas e espiritualistas? A Rosacruz tem esses encontros? A Gnose? Não digo encontros de pessoas que vêm discutir livros que leram ou pesquisas que viram sobre o extra-físico (plano espiritual). Digo sobre pesquisas que realizaram! Por exemplo: quantas pessoas em experimentação conseguem sair do corpo com o método tal. O peso do sensitivo diminuiu ou aumentou antes da sessão? Isso se deve a que metabolismo natural ou perda de ectoplasma? Não podemos deixar que o movimento espírita e outros movimentos espiritualistas transformem-se em Igrejas nas quais as pessoas só repetem obras básicas e outras, algumas vezes comentando tais obras de forma totalmente desatualizada. Precisamos desenvolver nos centros espíritas e locais espiritualistas o espírito de pesquisa, inclusive com laboratórios. Parece que o IIPC (Instituto Internacional de Projeciologia e Conscienciologia) tem pesquisas excelentes, apesar do vocabulário próprio daquele grupo espiritualista impedir a compreensão de muitas de suas pesquisas sobre o extra físico.

Tantas áreas a pesquisar:

– Transcomunicação etc.: a Parapsicologia pode contribuir muito para fortalecer e ensinar os espiritualistas e espíritas[24] a fazerem pesquisas sobre espiritualidade, mediunismo e fenômenos *psi* adaptado ao século XXI.

– Captar o ser extrafísico que ajuda o DNA a formar o feto durante a gravidez. É excelente esse ramo de pesquisa porque pode ajudar a comprovar a existência de seres extrafísicos, demonstrando que o DNA não é suficiente para formar o feto durante a gravidez, podendo dar origem a aparelhos que captem e visualizem seres desencarnados, e que esses aparelhos se popularizem.

É interessante esse tipo de pesquisa, é o modo mais fácil de detecção do espírito, do ser extrafísico, o Modelo Organizador Biológico (MOB), quando ele se junta à matéria física corporal. Portanto, a prova de que o DNA não é suficiente para formar o feto seria interessantíssimo (vide livro *Células-Tronco, Bebês de Proveta e Lei: Onde Há Vida – Uma Análise Legal, Jurisprudencial e Científica Parapsicológica*, de minha autoria).

Seria interessante fazer pesquisas, por exemplo, como a criação de um aparelho que capte o Modelo Organizador Biológico (MOB), ser extrafísico, corpo espiritual, que forma o feto. Aparelho que capte o ser extrafísico durante a gravidez, aparelho que, por exemplo, como age a limalha de ferro em uma folha de papel, limalha que fica do formato de um ímã quando esse objeto magnético é posto no lado oposto da folha de papel.

Quem sabe fazendo experiências com grávidas, voluntárias, pode-se comprovar a existência do ser extrafísico, espírito, construindo aparelhos para este fim? Obviamente, a pesquisa deve ser feita com o maior respeito e cuidado com as grávidas e os bebês. Que benefício maravilhoso para humanidade se esses aparelhos fossem inventados e se popularizassem como o aparelho de rádio ou televisão!

---

[24] Espiritualista é aquela pessoa que estuda quaisquer ou todas as doutrinas espiritualistas, ou seja, aquelas que sabem que existe vida após a morte do corpo físico, como a Gnose, Teosofia, Logosofia, Espiritismo, Rosacruzes e tantos outros, e os grupos que eu mais gosto de frequentar e pesquisar, que são os grupos espiritualistas independentes. Espírita é aquele que estuda os ensinos de Allan Kardec codificador do Espiritismo com suas cinco obras básicas e as obras que vieram posteriormente com o médium Francisco Cândido Xavier (Chico Xavier), Divaldo Pereira Franco e tantos outros.

O que ocorreu com o movimento espírita, a meu entender, foi a seguinte questão:

Há uma ciência que estuda a orquídea, lindo vegetal, portanto, fato da natureza. Essa ciência é a Botânica.

A Botânica estuda como ela se reproduz, porque suas pétalas são desta ou daquela cor, porque se adaptou a determinado ambiente e por que fez isso.

Ou seja, existe uma ciência que é a Botânica, que tem por fim estudar um fato da natureza, que é uma planta chamada orquídea e outras.

Agora, imagine se, ao contrário, ao invés de estudar a planta, em determinada época de estudo deste vegetal, alguém se preocupasse mais em manter *cristalizado o estudo sobre esta planta*, do que se preocupasse em estudar a planta em si. Ou seja, por exemplo, imagine que, em determinado ano ou século, um grande pesquisador conseguiu uma teoria por meio da observação sobre a orquídea. E pelo fato de ele ser um grande pesquisador, seus alunos cristalizaram aquele entendimento dele sobre este fato da natureza que é a orquídea.

O que seus alunos não perceberam é que o grande pesquisador, pelo fato de ser um grande pesquisador, percebeu à época, como qualquer ciência, ela deve evoluir e reformular suas observações de acordo com pesquisas e métodos novos que vão aparecendo.

Por exemplo, no tempo de Darwin, as noções de DNA não existiam, só descobertas no século XX por Francis Crick e James Watson, mas, por observações, Darwin chegou às suas conclusões, mesmo sem saber da existência do DNA.

A Botânica e o pesquisador de orquídeas, hoje com as noções de DNA, pode, inclusive, formar espécies novas de orquídeas, o que, à época do grande pesquisador de orquídeas, que usamos como exemplo hipotético, não era possível poque a ciência não tinha essa noção.

Parece que o exemplo anterior, ilustra bem o que ocorre com o entendimento de alguns, no movimento espírita, que precisa ser reformulado:

Kardec foi um grande pesquisador, que estudou o fato da natureza que é vida após a morte do corpo físico e antes do nascimento do corpo físico, com os métodos e pesquisas que tinha à época.

Hoje, no século XXI, é importante verificarmos que temos muito mais instrumentos para pesquisa deste fato da natureza. Por isso, por uma questão de respeito ao pensamento de Kardec, é preciso concordar com Kardec, discordar de Kardec, avaliar pesquisar e verificar se este fato da natureza com os métodos de pesquisa do século XXI apresenta os mesmos fatores.

Deixo aqui registrado, minha admiração e apreço por grandes pesquisadores espíritas e espiritualistas do Brasil, como Hernani Guimarães Andrade, Carlos Alberto Tinoco, Sérgio Felipe de Oliveira e Sônia Rinaldi, esta última com 35 anos de pesquisa sobre transcomunicação, que entendem a importância da ciência para comprovar e pesquisar este fato da natureza, que é seres vivos em outro nível de frequência e, portanto, vida após a morte do corpo físico[25], vivendo em outro estado vibracional, e a importância disso para a humanidade. Esses pesquisadores, muitas vezes, financiam suas pesquisas com recursos próprios.

Esses pesquisadores mencionados atualizaram-se. É preciso incentivar feiras de ciências espiritualistas anualmente.

A dimensão extrafísica é fato da natureza, com sua ecologia própria, seu meio ambiente, suas regras de gravidade e relação desta com a massa dos corpos. Há nessa dimensão seres que só vivem nela e não no físico. Assim como os europeus do século XVI, descobrindo novos animais nas Américas, como cotias, pacas e peixes-boi, percebe-se que existem seres que vivem somente nesta dimensão extrafísica[26]. Ela é fato da natureza. Nós que, de forma cultural, representamos a passagem para esta dimensão com besteiras como cemitério, caixões e túmulos. Além de ter uma ecologia particular (fauna e flora extrafísica), em outro nível de frequência, há, no extrafísico, seres inteligentes que nela vivem, não precisando reencarnar no físico

---

[25] Acredito que, no futuro, o extrafísico, plano espiritual, tratado por tantas culturas, não será associado mais à vida após a morte do corpo físico, da "casca" como hoje, quando ainda é associado com caixões, cemitérios, cadáveres. O extrafísico será visto como é, só mais um reino da natureza que naturalmente interage com os outros reinos da natureza pela reencarnação das espécies e pela mediunidade. No futuro, as pessoas acharão até engraçado, primitivo e anti-higiênico associar seres vivos em outro nível de frequência a cadáveres, caixões e cemitérios. Será visto como normal a existência de seres e fauna e flora extrafísica, no planeta Terra e outros planetas, onde em alguns planetas o extra físico é o estado natural dos seres.

[26] Esta informação foi colhida por este autor com diversos sensitivos de diversos grupos espiritualistas diferentes, espíritas e não espíritas. Portanto, esta informação coincidiu. Há animais e plantas extrafísicas, que interagem com o físico e outras espécies que só existem naquela dimensão.

necessariamente, como é o caso de habitantes de outros planetas que vivem em outro nível de frequência, sendo o que equivale a humanos desencarnados para nós, sendo seu estado natural. O que equivale para nós a um espírito desencarnado é o estado natural deles. Quando a NASA manda sondas espaciais a outros planetas, elas não os veem, pois essas sondas não estão adaptadas para ver o nível de frequência em que esses habitantes extrafísicos se encontram naqueles planetas.

Pelo relatado exposto, como fato da natureza, nunca entendi por que alguns documentários abordam espiritualidade como algo temeroso ou distante, ou, ainda, não científico.

Assim, devemos incentivar exposições com feiras de ciências espiritualistas anuais.

Herdou até o momento *uma parte* do movimento espírita uma relação, como dito anteriormente, de submissão com desencarnado aceitando de tudo que do mundo espiritual provêm, apesar de Kardec ter proposto justamente o contrário. Visão crítica é o coração do Espiritismo, junto da caridade e do sentimento de caridade. É importante haver o sentimento religioso dentro do centro espírita e de outros locais espiritualistas, como lojas maçônicas, gnósticas, lojas teosóficas, terreiros de Umbanda, e esse sentimento complementa a questão de pesquisa.

Há no movimento espírita hoje várias vertentes: os que pensam que Kardec está ultrapassado, esses pendendo para o orientalismo como as religiões budistas e hindus. Há os que abandonaram o Espiritismo por achá-lo muito limitado, tornando-se somente espiritualistas. Há várias interpretações sobre espiritualidade. Fato é que espiritualidade é um fato da natureza, e existem várias correntes para interpretá-la, chegando todas no final a um denominador comum. Vários caminhos para o fim de um crescimento pessoal. Na verdade, cada pessoa vai notar um dia que cada ser é único e que cada um pode fazer seu caminho indo a vários locais espiritualistas, tirando de cada um deles o que é bom em virtude e conhecimento e refutando o que é de ruim em cada local. Conhecimento e afeto pela humanidade: assim se faz um ser humano.

O que Kardec quis propor, parece-me, não é que as pessoas lessem seus livros de forma decorada como se fosse a *Bíblia*. O que ele quis é que as pessoas raciocinassem sobre o fato da natureza, extrafísico, seres vivos em outro nível de frequência, e deu *um método de estudo* para lidar com este fato da natureza.

Allan Kardec sofreu pressão em sua época, como é natural; inclusive, foi ameaçado, apesar de ser reconhecido como grande intelectual.

Frases como "perguntei a espiritualidade" ou "foi a espiritualidade que mandou" refletem bem a relação de trato como se estivesse se tratando com alguém superior causando, assim, prejuízo para ambas as partes: para o desencarnado que não cresce como ser, pois tem que "aguentar" um dependente psicológico, no caso o encarnado; e para o desencarnado que vê o desencarnado como alguém superior (forma inconsciente de substituir o santo católico, inatingível, perfeito, e por isso deve dizer o que os outros devem fazer – armadilha psicológica utilizada no passado do Ocidente para manipulação de massa).

Mas se, ao contrário, há uma relação de parceria, amizade, **igualdade** e companheirismo com o desencarnado, há uma relação de igualdade, onde as duas partes crescem mutuamente, ninguém é psicologicamente dependente de ninguém. O desencarnado não precisa ter o peso de te "levar nas costas", nem você a ele, pois ambos se veem como iguais que trabalham para o bem comum, mas em assuntos diferentes: ele, desencarnado, com uma matéria mais sutil no meio que lhe é peculiar; e você, encarnado, numa matéria mais densa, mas nem por isso inferior. Ou seja, o ideal é que seja como dois amigos, que se veem como iguais, um engenheiro trabalhando com matemática, por exemplo, área que lhe é própria, e um advogado trabalhando com a questão documental, área que lhe é própria, ambos para construir uma casa para benefício coletivo. Não há, portanto, relação de submissão, nem mesmo de forma inconsciente, somente uma relação de igualdade e crescimento mútuo.

Kardec e outros pesquisadores ocidentais sofreram pressão da cultura que viveram: na cultura ocidental, onde foi anulado que nós somos deuses e que temos imensas potencialidades dentro de nós, que acessar estas potencialidades pode ser muito prazeroso (como deixando a mente no presente, por exemplo, deixando os sentidos: audição, visão, tato olfato, paladar no presente para treinar deixar a mente no presente por exemplo), e que vamos passar a eternidade com nós mesmos. Foi-nos também omitido que temos ligação direta com o divino sem intermediários, seja qualquer líder religioso que for, apesar de Kardec enfatizar bem este último ponto. Os milhares de centros espíritas e outros locais espiritualistas sérios espalhados pelo mundo trazem muitas benesses às pessoas, e para aperfeiçoá-los, é sempre preciso ter bons sentimentos, intenções e visão crítica.

No Ocidente e no planeta de forma geral, ocorreu uma relação de submissão ou fascinação com relação a seres vivos que estão em níveis de frequência mais sutis (seres com menos matéria, no extra-físico), porque pessoas na nossa dimensão, encarnados, não sabiam explicar tal fato da natureza por falta de conhecimento técnico. Assim, "endeusavam" seres extrafísicos, por eles trabalharem em níveis mais sutis, que as pessoas desconheciam por falta de conhecimento ou ignorância. Desse modo, no Ocidente, foram popularizadas as expressões "céu", "inferno", "anjo", "demônio" etc., fantasiando sobre seres vivos em outros níveis de frequência (fato da natureza), ao invés de ver e tratar todas as criaturas como iguais e cada um proprietário de um Deus interno (corpo Crístico). Tal fato ocorria em nossa dimensão, pois era interessante para algumas pessoas, por manipulação política, dizer que havia um "divino", inalcançável, e que ele poderia ser alcançado somente por intermédio deles, quando, na verdade, o divino está em tudo, e cada ser pode fazer sua interpre-tação particular do que é divino, pois o divino faz parte de cada um de nós. Isso se sente, se percebe, se intui.

Ver o extrafísico como fato da natureza, assim passível de pes-quisa, é a chave para o começo de toda e qualquer pesquisa.

CAPÍTULO X

SENTIMENTO INTERNO RELIGIOSO DIFERENTE DE RELIGIÃO

Anteriormente, fiz uma revisão de todo o histórico do Ocidente e Oriente Médio, sobre religião como dominação de massa, a tentativa de adaptar o comportamento de cada pessoa a um comportamento específico para dominar. Entre pessoas religiosas ou não, com bons resultados em prol da coletividade e humanidade, ou na religião usada como técnica de manipulação de massa, o que importa, como tudo na vida, é a intenção das pessoas, o sentimento que elas têm. Se você é muçulmano, católico, budista, ateu, espírita, umbandista do candomblé, com ou sem religião, o importante é o sentimento interno religioso: olhar para beleza da natureza e pensar "que maravilha a criação".

Ver uma paisagem e sentir a harmonia do belo. Pensar o que faz a ligação de cada átomo formar o cosmos. Encantar-se com a beleza do mar e com o nascer do sol são sentimentos religiosos e não dependem de religião alguma. Religião são coisas dos homens, numa tentativa de "privatizar" Deus, de dizer que Deus está submetido a uma crença ou um grupo para manipular este grupo. Há muita beleza, no entanto, quando uma pessoa, com ou sem religião, ou de qualquer religião, emite pensamentos belos de fé, um dia essa pessoa vai descobrir que esses *bons pensamentos e sentimentos* não dependem de religião alguma.

Ela descobrirá que, para ter esses sentimentos, não precisa de livros, líderes; que ela pode sentir-se bem em ler um livro pertencente a uma religião, mas um dia vai perceber que não é o livro, mas, sim, o *sentimento* que ela tem sobre o livro.

Aí descobrirá que, para ter este *sentimento*, não precisa de tudo que foi posto à sua volta: líderes, pastores, padres, dogmas, pois isso são invenções políticas dos homens. Há, é verdade, alguns locais como Igrejas, centros espíritas, templos budistas, entre outros, onde realmente a energia mental é maior pelo acúmulo e pela concentração de energia/pensamento/sentimento bons, quando nesses locais se fala em sentimentos elevados, como Amor, alegria e bondade, e não culpa, medo e pecado. No entanto, é incorreto, malandro e desonesto dizer aos frequentadores que só se pode ter esses sentimentos se frequentar aquele lugar, aquela religião. Isso é "sacanagem" psicológica, tentativa de sequestrar as pessoas psicologicamente, para que elas se tornem submissas e refém desses sentimentos, achando, então, que só poderão encontrar esses bons sentimentos no líder, grupo ou local.

O verdadeiro mestre deve ensinar o discípulo a se alcançar, alcançar o Deus interno em si, alcançar as potencialidades interiores, *a ser ele e o universo* e ensinar que ele, estudante, é um co-Deus, e o correto é a visão única que ele e cada um tem do universo. É você e Deus, e você também é um Deus, e isso é muito prazeroso e gostoso. Divirta-se com suas potencialidades interiores, gerando prazer de viver, e *crie independência*. Quando falo potencialidades, não são as capacidades parapsíquicas, por exemplo, que são só instrumentos. Falo, por exemplo, potencialidades como o prazer, a alegria e o poder que gera manter a mente no presente.

É você e o universo!!

Mantenha a mente em silêncio no presente para alcançar o corpo Crístico. Isso pode ser muito prazeroso e gostoso.

Neste capítulo, refiro-me ao sentimento religioso, sem religião. Ver uma cachoeira e sentir-se sensibilizado com sua beleza é um sentimento religioso. Ver a grandiosidade do mar e sentir sua força é um sentimento religioso. Olhar em um microscópio e ver a perfeição de um organismo unicelular é um sentimento religioso, sentir o silêncio da mente *amando o silêncio ou fazendo amor com o silêncio* é um sentimento religioso. Ver a perfeição da natureza e pensar que existe uma organização, beleza e inteligência maior para tudo é o sentimento religioso. Saber e sentir que há um Deus em você e saber que você pode alcançá-lo por meio do silêncio interior é um sentimento religioso. É essa religião que as várias doutrinas espiritualistas referem-se.

Tenho a impressão de que pessoas que vivem aprendendo só sobre espiritualidade, não ligadas a grupos, são mais livres e mais felizes, pois são elas e a vida, elas e a natureza. A melhor e maior viagem é a viagem interior. Por isso, recomendo o livro *A Fonte Interior*, de Kathleen Vande Kieft, pois ela parte em fls. 135 a 139 do livro, por exemplo, como se treinar as capacidades de manter o silêncio interior e o bem-estar por meio dos sentidos, ou seja, usando suas próprias capacidades.

A intenção deste livro é gerar reflexão. Não me importa se você concorda ou discorda do que está escrito, a intenção dele é gerar reflexão. Discordando ou concordando, você reflete, se pergunta: como posso melhorar? Como pode o lugar onde frequento melhorar? Essa é a minha intenção: que, concordando ou discordando, você REFLITA para construir algo além, para si e para os outros.

Lembre-se de que tão perigoso quanto ser um cético profissional, aquele que está *predisposto* a não acreditar em nada, mesmo que comprovem a ele, é ser o crédulo que crê em tudo que não pode verificar, por meio de raciocínio, pesquisa ou intuição.

Por isso, é importante fazer alguns alertas: alguns estelionatários disfarçados de religiosos usam a seguinte manipulação em alguns grupos:

1. A emoção impede a capacidade de raciocínio.
2. Ele faz palestras falando questões genéricas emocionais: teu parente que não gosta de você, aquela pessoa que você ama e está doente, aquela pessoa que te ama e que te rejeitou, você que tem problemas financeiros etc.
3. Alguém sempre se identifica.
4. Após as pessoas ficarem emocionadas, o estelionatário diz à pessoa que a salvação é o livro tal, ou mestre tal...
5. Aí o oportunista diz que só pode ser alcançado aquele livro ou aquele mestre, através da SUA IGREJA, SEU TEMPLO, ou LOCAL.
6. Como resultado, a pessoa está sequestrada emocionalmente e faz o que o aproveitador quiser, pois ele disse que só naquele local há verdade e a solução de seus problemas.
7. Um dia a pessoa se libertará e verá que a verdade está dentro dela mesma.

O modo único e singular como cada pessoa vê o mundo e a vida é certo, pois Deus está dentro dela e em todos. É ela e o universo. Alcançar o Deus interno é muito prazeroso. Não precisa de pecado, medo e culpa. Não precisa de local nenhum. Há locais que, pelo acúmulo de energia, pensamento e técnica – esta última que é saber o que se está fazendo –, há energia pensamento positivo, em que fazem trabalhos espirituais de qualidade, ou prece com sentimento positivo, mas, na verdade, "é você e o universo" e a vontade ser feliz e amar. Sendo imperfeito como você e eu somos, você é divino.

O verdadeiro Mestre vai querer que você se torne Mestre e tenha sua ligação direta com o Divino. É você e o universo. Os verdadeiros Mestres, das várias excelentes escolas espirituais, vão querer que você crie independência. Cuidado com pessoas que jogam manipulações, mesmo que sutis, para dependência! Olho vivo!!

Inclusive, a diversidade do Brasil é terreno fértil para pesquisa e crescimento pessoal. Devemos mantê-la!

É *fundamental* ir a locais diferentes; senão, a pessoa vicia em uma só visão, só um modo de ver este fato da natureza, extrafísico e descoberta das suas potencialidades interiores. Há muitos grupos: centros espíritas, Rosacruz, Teosofia, Umbanda, IIPC, grupos independentes que são os que mais gosto de pesquisar e estudar (locais geralmente privilegiados energeticamente, dependendo do alto nível de pensamento que as pessoas emitem no local durante muito tempo).

Grupos menores geralmente são melhores para frequentar, pois têm um aconchego mais familiar. Grupos muito grandes, às vezes, se perdem em questões administrativas, como "eu sou coordenador de tal coisa", ou outras questões.

Você vai passar a eternidade com você mesmo. Não vai passar com o padre, bispo, pastor, médium, aiatolá, sheik ou quem quer que seja. Então, é fundamental ir a vários grupos espiritualistas e fazer você a *SUA* religião, o seu modo de ver. É fundamental retirar o melhor de cada local, e que seja útil a você, e refutar em cada local o que não é útil a você. É você e o universo!

CAPÍTULO XI

A ESSÊNCIA DO *SENTIMENTO* RELIGIOSO

A Igreja onde fundamentei minha fé.
(Afirmação de Chico Xavier a pergunta
formulada no programa Pinga Fogo em 1971).

Com tal resposta, afirma o coração maravilhoso de Chico Xavier e Emmanuel, que afirma estar em relação mediúnica simbiótica com o médium durante esse programa de televisão, de tolerância, e que a essência de toda religião é a mesma. Quantas pessoas católicas vemos que são pessoas voltadas à ajuda ao próximo? *A essência?* A fantástica Zilda Arns que ajudou milhares de crianças, Madre Tereza de Calcutá, admirada por todos, inclusive por mim, o Papa João Paulo II, que foi ao mundo pedindo paz e perdoou num gesto sublime aquele que tentou seu assassínio no ano de 1981.

Tive exemplo maravilhoso em minha família, espírita, em que meu avô, espírita, respeitou a escolha de seu irmão que decidiu ser católico e ser padre; e ele e seu irmão se davam muito bem e se amavam muito. Sabiam ambos que a essência é o que importa, é o sentimento de afeto e ajuda ao próximo. Portanto, você pode ser tão espírita ou espiritualista, que respeita quem vai à missa, e achar lindo pessoas que fazem esse gesto *de coração,* como conheço vários católicos, pois o importante é o coração, a intenção. Você pode ser tão espiritualista que respeita os outros.

Já vi *sentimentos* muito bonitos de muita pureza e muita beleza em líderes católicos e protestantes. Já vi sentimentos maravilhosos de pureza em budistas e espíritas também. Um dia, essas pessoas vão perceber que o importante é a *essência do sentimento,* e não se esta ou aquela doutrina professou. Muitos deles já percebem isso. Onde há pureza de sentimento, com sentimento de unidade para com todos, há Amor incondicional.

Penso que a humanidade evoluirá para que cada pes-
soa vá a cada grupo espiritualista ou a cada religião,

retire em cada uma delas o que é melhor para si (por exemplo, sentimento sincero e de coração e caridade), refute o que é de ruim em cada um desses locais (por exemplo, nas religiões dogmas, medo e pecado) e vai fazer a sua própria religião, o seu entendimento e ensinamento sobre o universo e a vida. A humanidade evoluirá para essência.

O que quero dizer neste livro é que o Espiritismo e outras doutrinas, pois Kardec não considerava Espiritismo uma religião[27], não necessitam mais é da mentalidade construída ao longo de 1.700 anos, após o Cristianismo se fundir com o Estado, em 27 de fevereiro de 380, quando o imperador bizantino Teodósio I (347-395) promulgou um decreto declarando o Cristianismo religião de Estado pelo edito de Tessalônica. E criou toda uma estrutura de hierarquia que não respeitava outras formas de pensamento, gerando perseguições aos demais cultos. A partir daí, os cristãos que eram perseguidos começaram a perseguir. Tal fato só veio a amadurecer no Ocidente, a partir de 1789, com a revolução francesa, quando se propôs Estado laico, uma grande vitória do Ocidente, pois cada um poderia ser da religião que quisesse ou não ter religião. Sobre a junção de Estado e Igreja, ocorrida a partir do ano de 380 d.C., não se ataca aqui pessoas que fizeram parte da Igreja e, pelas suas atitudes de Amor, amaram profundamente como tantas, ao longo da história da Igreja, como São Francisco de Assis. O que se critica é um sistema político de centralização de poder e conhecimento oficial que não é mais necessário aos movimentos espiritualistas[28], em geral, se ele quiser cada vez mais se parecer com a natureza, as causas naturais.

Não é possível haver, em pleno século XXI, uma competição entre religiões, pois a essência de todas é a mesma. O que se afirma neste livro é que o sistema político teológico ligado ao Estado Euro-

---

[27] https://kardec.blog.br/o-espiritismo-e-uma-religiao/

[28] O que se entende por movimentos espiritualistas nesta obra são todos os variados movimentos que estudam o fato da natureza espiritualidade, ou seja, existência de seres vivos em outro nível de frequência como fato da natureza, só mais um reino da natureza e a existência do ser humano neste outro nível de frequência após a morte do corpo físico que é só uma casca moldada pelo corpo espiritual durante a gravidez. Como exemplo dessas doutrinas e desses métodos de estudo, temos a Gnose, Teosofia, Espiritismo, Rosacruz, Pajelança em todos os continentes, Umbanda, Candomblé e tantos outros.

peu[29], ou outro Estado, não está na natureza e não serve aos meios espiritualistas, se ele quiser se parecer com a natureza[30].

Um dia, as pessoas perceberão que ir à Igreja, à mesquita, ao templo budista, ou a qualquer local religioso, é apenas uma representação do *sentimento interno religioso* que cada uma delas tem. O sentimento de respeito à vida, à beleza, ao prazer de viver e estar vivo. O templo que está fora é apenas uma representação do sentimento interno dela. Há locais religiosos onde há grande energia positiva realmente, se esse local for direcionado a sentimentos bons, mas ela é fruto do pensamento das pessoas (pois pensamento é energia). O que importa é o sentimento interno.

A essência, no começo de toda religião, era a mesma: amar e bem viver. Por questões de isolamento geográfico de alguns povos no passado, esse conhecimento foi passado a povos diferentes, por diferentes homens e mulheres em religiões diferentes. Tirando misturas políticas e de interesse a esses ensinamentos que foram deturpados, como no caso da inquisição, distorções que houve e não têm nada a ver com o sentimento interno religioso, que prescinde de religião, no sentido político do termo. Essa nova geração já percebe isso com clareza: importante é a *essência, o sentimento*.

Sempre admirei o *sentimento puro* e sincero de todas as religiões. Admirei quando é puro e sincero, não quando é mercantilista, ou por intenção de dominação política de massa, ou religião cheia de medo, culpa e pecado.

O problema é que a religião se apropriou dos sentimentos, como se sentimentos como Amor, fé, Esperança só pertencessem a elas. Não! Eles são sentimentos humanos! Não pertencem a nenhum grupo ou nenhuma denominação política. Eles são a essência de cada um de nós (sentimentos). O problema é que a cultura ocidental vê tudo de forma compartimentalizada: sentimentos são questões religiosas (e mais recentemente consideradas "propriedade" da psicologia[31]),

---

[29] Não estou atacando a instituição atual Igreja Católica, estou atacando a ideia que ficou ao longo dos séculos e se estabeleceu da forma supracitada. Há uma tolerância religiosa maravilhosa no Brasil e há católicos que entenderam a essência, que é amor ao próximo, como a extraordinária Zilda Arns, que auxiliou milhares de crianças. Ataco a ideia de submissão política de alguns no movimento espírita, de forma subconsciente ou inconsciente, que foi incorporada por osmose.

[30] Para se parecer e saber como é a natureza, basta fechar os olhos, ouvir os sons à sua volta, sem pensar, deixar a mente em silêncio e sentir seu interior. Simplesmente deixe fluir.

[31] As faculdades de Psicologia, no seu curso de graduação, e os cursos de especialidade em psiquiatria e o curso de graduação em Medicina terão que obrigatoriamente ter a disciplina de Parapsicologia, pois esses

ciência são questões ligadas a testes e física, ecologia pertence aos ecologistas, e assim sucessivamente, numa compartimentalização desnecessária.

A natureza não funciona assim. Um ser é um conjunto de sentimentos e questões científicas e ecológicas a serem analisadas em conjunto. Não podemos compartimentalizar os seres como se eles fossem propriedade de alguma disciplina.

O ser humano é um animal emocional. Vive em função da emoção, para depois dessa emoção aprender. Por exemplo: se você foi elogiado por seu pai quando pequeno fazendo lição de Matemática como uma criança inteligente, você associa o elogio (emoção: afeto) com Matemática e acaba tendo mais facilidade para matéria porque sua mente e emoção, juntas, associaram Matemática a afeto. Da mesma forma, acontece com críticas, associando aquilo que aprende negativamente com professores péssimos que se teve, por exemplo. Sente-se bem aceito pelo grupo e quer "segurar" aquela emoção com medo do novo ou da possibilidade de perdê-la.

Cheguei à conclusão de que todas as análises do mundo, a essência de todas as coisas no ser humano é a questão psicológica/emocional. O ser humano não sai ou desapega daquilo que conhece por medo do novo, medo de sair da zona de conforto, de seu status assumido perante a instituição, o grupo religioso ou aquilo que ele conhece e se sente seguro. Por isso, ataca o novo. Porque o teme. Mas, a partir do momento em que ele compreende o novo e percebe

---

profissionais se depararão obrigatoriamente com fenômenos *psi* que são parte da natureza humana, tais como telepatia, pré-cognição, retrocognição, saída do corpo, vidência e clarividência intuições, fenômenos físicos em reação a estados emocionais ou doenças. É obrigação desses profissionais verificar quando é fenômeno *psi* ou quando se trata de patologia, para não confundir o paciente e dar diagnóstico incorreto. É importantíssimo saber também quando o fenômeno *psi* é reação a uma doença. Contou-me, por exemplo, uma psicóloga que atendeu uma moça que não era aceita pela família. Como reação emocional inconsciente, ela começou a produzir, sem tocar, batidas em móveis, causando efeitos físicos. Verificada que não era outra causa, como estalar de madeira quando está quente pelo sol, verificado o fenômeno *psi*, a psicóloga disse que não sabia orientar a paciente sobre o fenômeno que ocorria por efeito dela ou de um agente theta (desencarnado) em conjunto. Assim, as faculdades de Psicologia e Medicina e pós-graduações em Psiquiatria terão obrigatoriamente de ministrar aulas na matéria de Parapsicologia para se ter profissionais completos que saibam distinguir esses fenômenos *psi* naturais de doenças e fraudes. Pesquisadores-referência em Parapsicologia são: Stanley Krippner PhD, Dean Radin PhD, Roger Nelson, PhD, *Valter da Rosa Borges, Tarcísio Paullu, Reginaldo de Castro Hiraoka, Fábio Eduardo da Silva,* Pedro Antônio Grisa, Carlos Alvarado PhD, Eng. Carlos Alberto Tinôco e Eng. Hernani Guimarães Andrade e Alexander Moreira de Almeida, PhD, psiquiatra e parapsicólogo brasileiro, professor associado da UFJF; há importantes pesquisas do médico Sérgio Felipe de Oliveira. Ver também site da Parapsychological Association: https://www.parapsych.org/home.aspx

que pode fazer parte dele, o compreende e o aceita. A mesma coisa acontece com alguns no movimento espírita, arraigados a questões inconscientes vindas do Catolicismo (só essa é a verdade, é o livro tal, questão tal...). Ele não percebe que doutrinas como Espiritismo, Teosofia, Logosofia, Gnose, Rosacruz etc. são diferentes modos de se ver a natureza, pois o espiritual faz parte da natureza. A natureza não precisa de doutrinas; essas doutrinas foram modos de tentar explicar a natureza. A natureza é muito mais perfeita que as doutrinas. Quando se tem Amor e admiração pela beleza da natureza, sempre se acerta.

O pensamento, somado a sentimento, gera, dependendo da vontade com que é emitido, poderoso feixe de força em nível de frequência mais sutil, não percebido pelos sentidos humanos convencionais, que pode causar mudanças mentais, sentimentais, físicas e bem-estar. Para o sentimento interno religioso, não se necessita de religião. No futuro, as religiões não existirão, mas, sim, o *sentimento, religioso, de admiração pela criação e pelo Criador, que é o que importa. O sentimento pela admiração do belo, das galáxias, por exemplo.*

A *essência* de toda religião ou doutrina é a mesma: o aprimoramento do homem, e todas têm um mesmo fim, que é a busca de si, sendo que, na essência, todas se interligam. Fica importante e válido o ensinamento do Budismo dito pela monja Coen em uma palestra que ouvi: "devemos despir-se de nós para vermos os outros". Muitas vezes, quando vemos os outros, projetamos a nossa imagem e os nosso valores neles, como se, de forma mesmo subconsciente ou consciente, como se quiséssemos moldar as pessoas a nossos valores, formas etc. Muitas vezes se diz: "Não o conheço, mas não simpatizei". Como não conhece e não simpatizou? Você não o conhece, projetou os seus valores no outro. Na verdade, você está vendo você refletido no outro. Pode ser captação de energia, teu subconsciente[32] captando alguma experiência transata reencarnatória com aquela pessoa, mas, muitas vezes, é a projeção mencionada.

Por isso que o Budismo faz tanto sucesso no Ocidente: passa a noção de que o ser tem que se aprimorar nessa encarnação, buscando o *prazer* maior de se conhecer para alcançar o Estado de Buda, o iluminado.

---

[32] Subconsciente: Adj.1.Pertencente ou relativo ao subconsciente ou à subconsciência. S.m. 2. Psicol. O conjunto dos processos e fatos psíquicos que estão latentes no indivíduo, mas lhe influenciam a conduta e podem facilmente aflorar a consciência (FERREIRA, 1988, p. 612);

Uma dessas formas de alcançar o Eu superior talvez seja pelo silêncio da mente, seja tentando manter os sentidos no presente, a mente no presente por meio dos sentidos, como propõe Kathleen Vande Kieft, no livro *A Fonte Interior* da editora *best seller*.

Deixo de lado "as miseráveis disputas de palavras", como diz *O Livro dos Espíritos,* em seus Prolegômenos, para perceber que a essência de toda crença é união com Deus que está dentro de nós e em tudo, percebendo as potencialidades que há nesse Deus dentro de nós.

Na verdade, a melhor religião é a SUA religião. É a religião que você faz indo a vários locais espiritualistas e religiosos e retirando o que é de melhor para você e refutando o que for de ruim. Você é um ser único no universo e, além disso, passará a eternidade com você. Por isso, valorize o seu Deus interno, corpo Crístico, a imagem e semelhança de Deus, alimentando-o com informações que te sejam úteis e descobrindo suas potencialidades interiores, mantendo a mente no presente, por exemplo.

Qual o problema de afirmarmos que temos imensas potencialidades dentro de nós? Vão dizer que não somos humildes? Penso que fomos criados para sermos felizes agora, descobrindo nossas potencialidades interiores. Quando Jesus disse: "A felicidade não é deste mundo", penso da seguinte forma: se a felicidade aqui já é boa, a felicidade provinda de sentimentos de Amor, paz, fé e esperança, imagine como deve ser maravilhosa a felicidade plena em estados de consciência superiores, seja em que mundo for.

Não é, portanto, motivo para autoflagelação, achando-se que deve ser infeliz, dando força ao ultrapassado sistema político religioso mencionado, mas sendo feliz o máximo possível aqui. Eu, por exemplo, conheço diversas pessoas que se dizem felizes e realmente me parecem ser. Muitas delas por apreciarem as maravilhas do universo e ver o universo como um delicioso banquete, onde há milhares de coisas a aprender, além de desenvolver nossas potencialidades interiores, por meio de meditação, respiração, manter a mente no presente, entre outros métodos.

CAPÍTULO XII

PENSAMENTO: ENERGIA ATIVA

Pensamento é energia. Antes de agir ou mexer um dedo, qualquer pessoa pensa em mexer o dedo. Pensamento é energia e está em um nível de frequência mais sutil que não é captado pelos sentidos limitados da maioria dos seres humanos que ouvem de 20 a 20.000 Hertz e não enxergam níveis de frequência mais sutis.

O pensamento de toda humanidade forma uma rede de pensamento, como já afirmam os autores Rupert Shaldrake e Dean Radin[33]. É talvez sobre isso que Carl Gustav Jung, o renomado psicólogo, chamou de inconsciente coletivo. Quando se utiliza a figura de linguagem "o pensamento está no ar", está sendo dito algo mais verdadeiro do que se imagina.

É importante que os espíritas e espiritualistas pensem a respeito do que é o pensamento e façam treinamento para torná-lo algo prazeroso e leve, como com a meditação, que alguns monges budistas dizem, que pode ser feita no cotidiano, deixando a mente em silêncio e ouvindo a água do chuveiro, vendo cores, mantendo a mente no presente, sentindo o que vê, como propõe o livro A Fonte Interior, da autora Kathleen Vande Kieft, já explanada aqui.

As pesquisas de Massaru Emoto com Dean Radin[34] também são importantes, bem como as pesquisas de Hernani Guimarães Andrade, que precedem as de Rupert Shaldrake sobre campo biomagnético dos seres vivos.

Sobre as pesquisas de Emoto que foram criticadas por serem aleatórias, o artigo "Effects of Distant Intention on Water Crystal Formation: A Triple-Blind Replication" ("Efeitos da Intenção Distante na Formação de Cristais de Água: Uma Replicação de Triplo Cego,

---

[33] Livro Mentes Interligadas, de autoria de Dean Radin.
Livro Uma Nova Ciência da Vida, de autoria de Rupert Sheldrake.

[34] "Effects of Distant Intention on Water Crystal Formation: A Triple-Blind Replication Institute of Noetic Sciences. Em tradução livre: "Efeitos da Intenção Distante na Formação de Cristais de Água: Uma Replicação de Triplo Cego, autor Instituto de Ciências Noéticas. Autores da pesquisa: DEAN RADIN, NANCY LUND, MASARU EMOTO e TAKASHIGE KIZU.

autor Instituto de Ciências Noéticas", em tradução livre) conseguiu, por meio de experimento usando triplo cego, comprovar que existe alteração no formato das moléculas de água em garrafas para as quais foi mentalizado palavras positivas, como "gratidão", diferente das que não foram alvo de mentalização, por dezenas de pessoas, a longa distância. Assim foi afirmado a pesquisa de Emoto feita aleatoriamente, mas depois confirmada com experimento triplo cego feito no referido artigo.

CAPÍTULO XIII

VITIMIZAÇÃO PARA QUÊ?

Algumas pessoas no movimento espírita herdaram, da cultura católica, a questão da vitimização. Existem pessoas que pensam que ser espírita e ser bom é vitimizar-se, fazer-se de vítima e, pior, ter um preparo psicológico para enxergar vitimização em todos. Um pré-preparo psicológico, para ver as pessoas como vítimas e ajudá-las quando elas não o são. Exemplifico: lembro de Marcelo Rubens Paiva, o famoso escritor do livro *Feliz Ano Velho,* que, paraplégico, disse impressionar-se que, nos países católicos, as pessoas tratam o deficiente físico como um coitadinho, ao passo que, nos países protestantes, ele é visto como uma pessoa como qualquer outra que tem uma deficiência. Às vezes, a deficiência e vitimização não precisam andar juntas.

Assim, temos vitimização também na apologia do karma. O karma existe, mas não há necessidade ficar se autoflagelando em relação a isso. Alguns lugares apresentam dois caminhos:

Apologia do karma -fulano falhou – e desencarnou e foi para lugar extrafísico ruim – tem que reencarnar e "pagar" ou "aprender".

Fulano teve vitória naquela encarnação – sofreu muito – vitória vem do sofrimento "suportado".

Digo que não há necessidade desse pensamento-padrão.

Autodescoberta pode ser algo MUITO PRAZEROSO, muito gostoso.

Não há necessidade de fazer apologia do karma (como pecado herança do Catolicismo antigo para colocar medo e, assim, dominar as pessoas).

Tal conceito de autoflagelação, não procede.

Sobre o procedimento psicológico que algumas pessoas (*não todas portanto*) no movimento espírita viciaram-se ao longo das gerações, tal procedimento vindo do Catolicismo de vitimização, é semelhante, a que vemos em direito de família onde algumas pessoas se vitimam e usam tal comportamento de vítima como forma de chantagear emocionalmente a família e as pessoas em sua volta. Exemplifico: aquela pessoa que, dentro do centro espírita, pensa ser interessante que ela faça menção a ser uma pessoa sofredora, que teve muitos percalços na vida antes de ali chegar. Pensa, muitas vezes, a pessoa que assim age, que melhor será aceita na comunidade pela imagem errada que tem de Cristo, alguém que sofreu, a seu ver, sem reações. Visão errada de Cristo e do Espiritismo em si. Não é preciso seguir um comportamento pronto, como ficar repetindo que é inferior, ou tem que passar milhares de encarnações até chegar a melhorar etc., para ser aceito entre os demais.

Venho propor uma análise antropológica a algumas pessoas que, equivocadamente, assim procedem: percebam que, no final do século XIX e começo do século XX, o movimento espírita, imerso em um país católico como o Brasil, necessitava se adaptar ao meio para ser aceito e se incorporou de figuras de linguagem fortes, como "pecado", "vale de lágrimas", em algumas preces. Hoje, com o movimento espírita mais maduro e independente, sendo reconhecido internacionalmente, em suas várias interpretações, deve se desligar dessas figuras de linguagem usadas outrora como técnica de manipulação de massa por detentores do poder ao longo dos séculos passados que impingiam vitimização às pessoas, como sofrer fosse meritório.

Lembremos que a vida do querido irmão Chico Xavier é pautada por sofrimentos. No entanto, engana-se quem pensa ser esse comportamento exemplificado por essa pessoa que tanto admiro. Veja, leitor, quero que perceba que a disciplina imposta por Emmanuel a Chico foi espartana no sentido de prepará-lo para poder fortalecer-se frente aos reveses da vida, tendo, assim, estrutura para em situações críticas, manter maturidade e ajudar o próximo, não para se vitimizar. Tal comportamento desse orientador espiritual está exemplificado muito bem, no livro de Marcel Souto Maior, intitulado *As Vidas de Chico Xavier*, que, no ano de 2010, se transformou em filme. Tal obra literária fez tanto sucesso não só pelos exemplos maravilhosos desse médium e de seu orientador, mas também pela forma informal e jornalística como o autor escreve, de forma totalmente desmistificada e sem idolatria.

Sobre a questão de se vitimizar herdada do Catolicismo, alguns centros espíritas ainda necessitam de figuras de linguagem pesadas, como "vale de lágrimas", "todas as dores se acalmarão, todas as lágrimas secarão". Tais figuras de linguagens desnecessárias dão a noção de culpa, medo e pecado que permanece com alguns no movimento espírita, herança da Igreja romana que usou tal modo de pensar como forma de manipulação política, pois é muito fácil manipular uma pessoa quando ela se sente culpada por algo. Esse sentimento de culpa, patente em algumas religiões do Ocidente, é que afastou a juventude das religiões tradicionais nos séculos XIX e XX. Essa noção "sofrer para merecer" era típica dos povos do Oriente Médio, à época de Jesus. O apóstolo Paulo, sobretudo, que tem sua maravilhosa vida retratada da obra *Paulo e Estevão*, de Emmanuel, psicografada por Francisco Cândido Xavier (Chico Xavier), mostra uma personalidade vigorosa, corajosa, que venceu a si mesmo e alcançou o Amor. No entanto, ele Paulo, é fruto de uma cultura, em que se fazia apologia da culpa e do sofrimento, para merecer algo. Em um povo que vivia no deserto via no céu azul esperança após desencarne e via a vida física como algo sofrido por um meio ambiente seco e árido. Ao contrário dos gregos no mesmo período, que faziam apologia da beleza de ser homem, ser humano e suas potencialidades.

O fato de se vitimizar funciona em algumas religiões, e lamentavelmente para *algumas* pessoas dentro do movimento espírita, como uma forma de catarse psicológica, como forma de algumas pessoas chamarem a atenção para que outras sintam piedade delas, pois, no fundo, não tiveram afeto em algum momento de suas vidas. Para conseguir afeto de outrem, é preciso dar afeto, é preciso sentir afeto, não se vitimizar em busca inconsciente de que outros tenham piedade de si.

Esse complexo de vítima, inferioridade, vinda de povos que habitavam o deserto, ambiente inóspito, foi incorporada pelas religiões provindas do judaísmo, além do próprio judaísmo, pelo cristianismo e islã, que coloca o homem numa posição de inferioridade, provém do pensamento do homem judeu de mais de 2000 anos atrás, que, numa região deserta, se sentia inferiorizado e tolhido pela natureza e pela criação, devido ao clima inóspito que vivia. Então, ao olhar para o céu azul do deserto, via nele a única beleza em uma região desértica. Tal complexo de inferioridade incorporou-se de forma lamentável as três religiões monoteístas, mascarando sua essência, que é a união com o criador e a beleza que existe em cada ser em ser parte, estar e existir com Deus. Quem sabe na doutrina monoteísta do faraó Akhnaton, cujo reinado ocorreu de, aproximadamente, 1352 a 1336 a.C., havia noção do monoteísmo com mais alegria. A doutrina de Akhnaton provavelmente foi de onde Moisés tirou a noção do "Deus único", monoteísmo, inaugurando o judaísmo. As sociedades Rosacruzes (Amorc) e outras dizem ser heranças das doutrinas de Akhnaton e ter sobrevivido à inquisição, quando chegaram à Europa.

Notamos que, no Budismo, com suas várias correntes, existe uma exaltação à natureza, comparando-a ao homem, sendo que os budistas aceitam até mesmo reencarnação de humanos em animais. Existe, no Budismo, uma exaltação ao homem, ao ser, às capacidades inatas em nós que podem nessa vida serem desenvolvidas. Há no Budismo religião organizada, situações que lamentavelmente se distancia dos ensinos de Buda? Sim, pois todos somos humanos. Há qualidades e defeitos no oriente e no ocidente. Basta procura-las.

Por todo o exposto, fazemos a reflexão da frase dita por Jesus; "este não é o mundo da felicidade". Bem, se a felicidade neste mundo já é boa, imagine o que será a felicidade plena exaltada por Cristo. Já digo que a felicidade é deste mundo e de todos. Depende de onde sua mente está. Se estamos sintonizados com o corpo Crístico, já estudado pelo pessoal que trabalha com a técnica chamada apometria, este corpo que é nossa essência divina, o corpo espiritual mais quintessenciado que temos, pode atingir-se altos padrões de felicidade agora e em qualquer lugar. O silêncio da mente, deixando os sentidos no presente, é excelente para isso.

CAPÍTULO XIV

WALDO VIEIRA E O MOVIMENTO ESPÍRITA E OUTROS LOCAIS ESPIRITUALISTAS E EDUCAÇÃO OCIDENTAL

Muito se criticou o médium Waldo Vieira quando se afastou do trabalho com o formidável Chico Xavier. Interessante que façamos uma reflexão: Francisco Cândido Xavier é alguém digno de admiração por todos nós, por seu caráter, sua ombridade, pelo exemplo e Amor que demonstrou à vida inteira e que fascina todo o país e várias pessoas ao redor do planeta, bem como a ombridade de Emmanuel, que, admirável, como já mencionado aqui, conseguiu ensinar ao querido Chico, força e Amor em todas as situações.

No entanto, não podemos furtar-nos de perceber o meio católico em que o irmão Francisco estava inserido: um meio ainda voltado às questões psicológicas de culpa, em um estado de Minas Gerais que tem forte aparato católico com sentimentos de submissão dessa coletividade que carrega o sentimento religioso muito bonito, mas, ao mesmo tempo, um sentimento coletivo de submissão a um terceiro, seja o clero, seja o Deus que pune aqueles que "pecam", meio social católico.

O fato de Waldo ter se afastado do movimento espírita e procurado outras ideias, buscando ser mais independente, baseando seus estudos na projeção do corpo extrafísico, procurando independência, não o desmerece em nada. Pelo contrário. Kardec chamava a projeção astral de "emancipação da alma.[35]". Vários grupos espiritualistas sempre lidaram com projeção astral, como a Rosacruz em suas várias vertentes, pajés em várias culturas, dentre outros grupos.

Apontar Waldo como aquele que virou as costas ao Espiritismo é uma ideia muito simplória, curta e até mesmo injusta de quem não percebeu que o caminho de todos é um só: ajudar a humanidade como esse homem, Waldo, tem procurado fazer por meio de sua

---

[35] Ver, para mais particularidades sobre o estado do espírito durante o sono, *O Livro dos Espíritos*, de Allan Kardec (cap. VIII. Da emancipação da alma, questão 409). Segundo Waldo Vieira, Kardec chamava projeção astral, a saída consciente do corpo físico de emancipação da alma.

interpretação sobre este fato da natureza: espiritualidade. Quando fui ao a sede do IIPC em Foz do Iguaçú/PR, encontrei estátuas em homenagem a Chico Xavier, Allan Kardec, Hernani Guimarães Andrade e outros grandes pensadores da humanidade e pessoas que ajudaram a humanidade em um sentido positivo. O Tertuliarium, onde eram feitas as palestras do Waldo e outros, tem uma energia muito boa, pela limpeza energética feita constantemente lá.

Se há algumas críticas a serem feitas a Waldo, como é o caso do preço alto de alguns cursos ministrados pela projeciologia, fundada por Waldo, há de se perceber nele a intenção de ajudar a humanidade do modo como ele compreendeu. Nos núcleos do Instituto Internacional de Projeciologia e Conscienciologia (IIPC), fui informado de que todas as pessoas que lá estão são voluntárias, não recebem nenhum valor financeiro. O valor que se cobra, segundo tive esclarecido por integrantes do IIPC em Curitiba, é para pagamento de despesas (água, luz, telefone etc.) e expandir o modo benéfico como a projeciologia e conscienciologia lida com este fato da natureza, que é espiritualidade. Há sedes do IIPC em Angola e Miami, no Japão, por todo Brasil e vários países. Se discordo também da ideia dele de se unir à minoria qualificada em conhecimento e sentimentos para ajudar a maioria, reconheço que essa é uma forma, também, de auxiliar a humanidade.

Discordo dos altos preços e discordo de passarem lá a noção de que aquele é o grupo mais avançado em conhecimento sobre o extrafísico. Já conheci grupos familiares com conhecimento muito superior àquele grupo.

Vejo o IIPC como vejo todos os grupos abordados nesta obra como um processo, assim como todo agrupamento humano é um processo em constante transformação e evolução. Se analisei nos grupos pontos a melhorar, é porque os entendo como um processo, não como algo estanque.

Entendo que onde há espiritualidade e dinheiro envolvido, há uma área delicada a se sondar para ver se essa espiritualidade não é utilizada como forma de comércio, comprometendo-a e a todos lá. Se há intenção de doação do valor como forma de expandir uma ideia maior em benefício da coletividade, tal fato é positivo. Prefiro ficar com os locais que não cobram nada e onde o dinheiro é dado como forma de doação voluntária e não obrigatória, ou onde os grupos se juntam em almoços, artesanatos, vendas para arrecadar valores para um fim, como pagar aluguel, comprar placas solares para o local de reunião, por exemplo, já que vivemos no mundo material e, ainda, a sociedade necessita do dinheiro para troca de bens e serviços.

Waldo cria neologismos, palavras novas, para designar certos fatos da natureza voltados à espiritualidade e para se afastar de palavras como "morte", que têm uma carga muito pesada no inconsciente coletivo, associada a pensamentos negativos já ultrapassados, sendo interessante, segundo ele, falar "dessomar", que não tem a carga pesada que a palavra "morte" tem. Isso para citarmos um exemplo do vocabulário de Waldo, que, com este vocabulário, parece também em outros momentos "dourar a pílula" e dificulta a comunicação e o entendimento.

Há críticas a Waldo por ter deixado a barba crescer, o que vim a saber depois que é, segundo ele, uma forma de tonificar o chakra laríngeo, já que ele fala e precisava falar demais para ministrar aulas quando encarnado.

É preciso esclarecer que "discordar" é algo positivo, assim se faz ciência, verificando se as experiências sobre os fatos da natureza são de tal forma ou não: fotossíntese, uso de remédios em determinados organismos, as várias técnicas em usar espiritualidade e a eficácia dos vários modos em usá-la. A discordância é algo benéfico. A discordância não é algo que abala o ambiente ou um grupo espiritualista. Se baseada em pesquisa e observação, discordância é algo que fortalece o grupo, pois esclarece sobre os fatos da natureza.

É óbvio que, pelo fato de Waldo ser humano e de o movimento espírita antes da década de 1970 que o critica também ser, houve, naquela época, algumas rusgas entre ambos, mas a grande quantidade de pessoas que o movimento espírita ajuda e o imensa massa de desencarnados que auxilia, bem como os elevados estudos em prol de independência pessoal e um mundo melhor que Waldo promoveu, suplantam essas pequenas rusgas que ficaram. O que quero dizer é que a quantidade enorme de seres que o movimento espírita auxilia e que Waldo esclarece, bem como seus altos estudos sobre espiritualidade, são tão bons, ou seja, o bem que esses dois grupos fazem à humanidade é tão grande que suplanta qualquer pequena situação que tenha no passado. Muito comum é pessoas que são espíritas frequentarem o IIPC, e vice-versa. O que ambos, Waldo (agora desencarnado) e o movimento espírita, estão realizando é o benefício da coletividade, cada um a seu modo, com seus erros e suas qualidades é válido. Claro, há questões que não precisam ser ditas por ambos, pois já passaram, mas o bem enorme que cada um desses grupos faz à humanidade suplanta qualquer pequena situação que passou, afinal, ambos, com defeitos e qualidades, jogam no time de um mundo melhor, cada um em sua compreensão, como em vários grupos espiritualistas que vejo que se auxiliam mutuamente.

Há questões que discordo frontalmente do Waldo, como numa aula de (Tertúlia) no YouTube, em que ele é favorável ao aborto de anencéfalos, sendo que sou contra pelo fato de achar que machuca o ser extrafísico, e só é possível a formação de um feto mesmo anencéfalo, com a formatação de um espírito junto do DNA. Mas, em pesquisas sobre fatos da natureza, é natural haver discordância. Não vejo o feto anencéfalo como um "tronco podre", como menciona Waldo, mas, sim, alguém que precisa ser respeitado para ter seu ciclo de evolução. É certo que a evolução pode ocorrer com o autoconhecimento e acessando o EU superior, mas só o fato do aborto é um ato agressivo, despedaçando o corpo físico em formação, devendo ser respeitado o ser extrafísico.

Penso também que Waldo exagera nas críticas a Chico Xavier ou a questão da religiosidade, pois os exemplos de Emmanuel em relação à formação do caráter de Chico são muito positivos no sentido de treinamento emocional, para não dar tanta vazão aos próprios problemas e à própria dor física ou moral, mas suplantar a dor, para poder ajudar a si e a humanidade. Treinamento semelhante é feito na Índia, onde se valoriza o grande potencial que há no Deus interno, no Eu superior, o corpo Crístico, para poder então transformar o mundo. Tal treinamento de Emmanuel ficou bem evidenciado no livro *As Vidas de Chico Xavier*, escrito pelo jornalista Marcel Souto Maior, como já dito.

Há alguns "bolas-fora" do Waldo em relação a críticas ao Chico Xavier, mas a quantidade de benefícios que seus estudos trouxeram à coletividade deve ser lembrada. Seu livro *Projeciologia* (2002) é um grande compêndio de pesquisa e estudo sobre espiritualidade de forma independente e imparcial.

O pessoal do IIPC acha-se como a ponta da pesquisa conscienciológica e de espiritualidade. Como já disse, discordo. Essas comparações "melhor" ou "pior" que outros não se usam mais, pois os grupos têm visões diferentes e modos diferentes de trabalhar com formas diferentes. Portanto, não há comparação, como um grupo foca no EU superior, outros na pesquisa científica, outros no amparo ao próximo, outros muito mais.

Às vezes, o grupo impõe certos comportamentos, e, por questões de aceitação e culturais, há necessidade de você se adaptar ao grupo. É fundamental a todos nós humanos viver em grupo, mas não deixar de se influenciar pelo grupo a ponto de, para se adaptar, perder sua identidade, nem no IIPC, nem em nenhum local.

Percebi que algumas pessoas no IIPC tinham comportamento similar ao Waldo, de forma diferenciada do que ele ensinava, o não à idolatria. Ele obviamente não tem culpa disso, pois todos somos humanos e temos defeitos. Há pessoas que, por não conhecerem seu potencial, ainda acham que precisam imitar os outros. Vi esse comportamento em alguns centros espíritas, não todos obviamente, com uma minoria de pessoas, que imitavam o comportamento do médium do centro ou de Chico Xavier, assim como algumas pessoas imitam no IIPC o comportamento do Waldo. Vi isso em outros locais religiosos e espiritualistas também. Esse *comportamento esdrúxulo de imitação deve-se à falha que houve na educação de todo Ocidente, em não valorizar a busca pelo Deus autêntico, o Deus interno* de cada um de nós, que é autêntico e único, que, com a pesquisa da apometria no Ocidente e a Teosofia, se percebeu que é o chamado corpo Crístico, corpo mais quintessenciado que temos.

Fora IIPC e centros espíritas, em religiões nem se fala: esse comportamento de imitação de pastores e padres, bispos e papas é enorme pela educação errônea que se deu no Ocidente, em que o sacerdote é santificado, nós não.

Uma análise em termos de biografia que é interessante fazer é que espíritas como Vianna de Carvalho, Ivon Costa e outro humanista, como Waldo Vieira, com a projeciologia, causam tamanho benefício à coletividade, que é impressionante como cada um deles se torna um dínamo social e cultural. São apenas três pessoas, mas o benefício humano que causam é enorme. Isso é fácil notar em espiritualistas de uma forma geral. Cada ser dedicado como Gandhi, por exemplo, é uma única pessoa, mas o benefício social e humano que causa é tão grande que beneficiam milhares, como ocorre como os mencionados anteriormente.

O fato de algumas pessoas acharem que situações ruins ou dramáticas imperam na sociedade, o que não é verdade, é que o estardalhaço que uma situação ruim causa é tão grande, que age como uma pedra na vidraça: é um só ponto que causa repercussão, mas ele é só um ponto. Além disso, a imprensa viciou em só chamar a atenção por meio de acontecimentos trágicos, e quem assiste a esses vídeos sustenta essa mentalidade.

Exemplos e trabalhos bons e pelo bem da humanidade estão por toda parte, mas eles não causam um barulho momentâneo como a pedra na vidraça causa. Veja as três pessoas mencionadas anteriormente, Vianna de Carvalho, Waldo e Ivon Costa[36]: causaram um benefício social imenso a milhares de criaturas, e as instituições que ajudaram a fundar permanecem ajudando de forma madura e permanente a sociedade, sem estardalhaço, mas com presença social perene e constante.

Voltamos a ideia central deste livro: espiritualidade é um fato da natureza, o modo como cada um a interpreta varia ao infinito, pois todos somos diferentes. O que importa é a essência que é o sentimento de ajudar o todo a evoluir. Até penso ser importante que haja diversas opiniões a respeito de espiritualidade, porque muitas vezes, uns veem o que outros não veem, e diversos grupos trocando informações sobre suas diferentes visões auxilia o todo a crescer.

Por isso é válida a visão de Waldo, bem como de tantos grupos espiritualistas e espíritas espalhados pelo mundo, desde que sua intenção seja O AMOR e buscar o DEUS INTERIOR que está em cada um de nós. Veja a citação a seguir:

> A vaidade de certos homens, que julgam saber tudo e tudo querem explicar a seu modo, dará nascimento a opiniões dissidentes. Mas, todos os que tiverem em vista o grande princípio de Jesus se confundirão num só sentimento: o do amor do bem e se unirão por um laço fraterno, que prenderá o mundo inteiro. Estes deixarão de lado as miseráveis disputas de palavras, para só se ocuparem com o que é essencial. E a doutrina será sempre a mesma, quanto ao fundo, para todos os que receberem comunicações de Espíritos superiores. (grifos meus).

---

[36] Da bibliografia de Ivon Costa, consta o livro O Novo Clero, e da sua obra resultou a fundação de elevado número de sociedades espíritas, que praticam muito a caridade, em todo o Brasil. Nascido na Cidade de São Manuel (hoje Eugenópolis), estado de Minas Gerais, no dia 15 de julho de 1898, e desencarnado em Porto Alegre, Rio Grande do Sul, no dia 9 de janeiro de 1934, com 35 anos de idade.

Essa parte do prolegômenos de O *Livro dos Espíritos* causa-me profunda reflexão:

Não é o grande princípio de Jesus o amor ao próximo que é lei universal e de amor ao bem?

Quem ama e ama o bem reúne-se sempre com aqueles de igual sentimento.

Se esse laço de amor e amor ao bem prenderá o mundo inteiro, não prevê de forma antropológica que independe de culturas, credos e religiões, há um sentimento igual e de amor em vários seres no mundo todo? Penso que sim.

Vários mestres vieram falar a mesma coisa em várias culturas: ame a si e aos outros: Buda, Krishna, Maomé, Jesus, Pajés, São Francisco de Assis, negros velhos e tantos outros. As distorções se referem a defeitos dos homens.

A essência, sendo o sentimento de amor e auxílio ao próximo, provindo de nosso EU Superior ou Corpo Crístico, é a mesma em cada um de nós, pois provêm do nosso EU mais puro.

A doutrina ser sempre a mesma refere-se à sua essência, não da natureza viver em função da doutrina, mas a doutrina procurar espelhar um fato da natureza que é Deus em tudo.

As "comunicações de espíritos superiores" não quer dizer que se deve submeter a Espíritos superiores, um terceiro desencarnado. Significa que o princípios de que esses espíritos superiores estão imbuídos, com condutas éticas e condignas com as leis da natureza.

Sou contra qualquer ideia pré-concebida em espiritualidade. Alguém, para se adaptar ao grupo, quer pensar igual àquele grupo no IIPC, na Federação Espírita, no terreiro de Umbanda, na Gnose, em grupos independentes (grupos que eu mais gosto, quando são grupos menores) ou quem quer que seja. Em espiritualidade, não se deve começar de ideias pré-concebidas. Deve-se deixar a mente limpa para acessar o EU superior e ver melhor. Deve-se ir a diferentes locais espiritualistas sérios e retirar para si quais são os bons e éticos conhecimentos e refutar o que é ruim ou não é útil em qualquer local.

Acho que mesmo no IIPC há ideias pré-concebidas que ficaram no movimento espírita e que ocorrem em todo o Ocidente: dependência de alguém extrafisico (que, neste caso, chamam de amparadores), assim como em alguns no movimento espírita havia dependência a um guia espiritual. Estes que assim agem, não veem como seria mais produtivo ver esses seres em outro nível de frequência, como alguém cuidando de sua tarefa específica, em outro nível de frequência, tarefas adaptadas a esses níveis de frequência em que aqueles seres vivem. Melhor vê-los como amigos, iguais, não tendo com eles, desencarnados e outros extrafísicos, relação de dependência, projetando neles a figura de santificação.

Ou seja, instrutor, amparador é alguém adaptado a esse tipo de matéria, daquele plano, cuidando de questões no extrafísico. No Espiritismo e IIPC, veem o amparador como alguém superior a nós, humanos, mortais "cá embaixo" (sic). Essas duas visões são herdadas inconscientemente do Catolicismo, qual seja: "o santo que está lá em cima cuidando de nós". Tal visão carrega forte duas mensagens inconscientes: somos inferiores e temos que depender de alguém, no caso, o santo, guia, espírito.

É certo que o ser extrafísico está em outra dimensão e tem habilidade em lidar com ela, mas não há necessidade de depender dele. Assim como o engenheiro eletrotécnico tem habilidade para lidar com aparelhos eletrônicos porque estudou para isso, pode te guiar e ajudar no conserto de aparelhos, mas não há necessidade de dependência.

Não há necessidade de passar a noção de inferioridade, ou hierarquia: por exemplo: "temos que passar milhares de encarnações até aprendermos". Ou pior: erramos, fazer apologia do erro.

Por isso, digo que as melhores visões são aquelas que vêm do Oriente e que valorizam o alcançar o Deus interno agora e que mostram como isso pode ser prazeroso: mantendo a mente em silêncio, mantendo a mente no presente, como diz o livro: *A Fonte Interior*, de Kathleen Vande Kieft, o Osho, o Zen Budismo, o livro *O Poder do Agora*, de Eckhart Tolle e todos aqueles que privilegiam o ACERTAR, o prazer de ser feliz e o Deus interno agora!

Já tive aulas particulares de Parapsicologia, nas quais havia eu, meu professor encarnado e dois espíritos que nos acompanhavam uma relação de parceria, amizade, companheirismo. Não havia uma relação de submissão ou de eu estar sendo "guiado". Nós, encarnados, e os dois desencarnados, nos víamos como iguais, como amigos, como parceiros para ajudar a coletividade.

Esses espíritos tinham bom nível de compreensão, e sabíamos que nós éramos tão divinos quanto eles.

Este é o significado oriental de namastê!! O Deus que está em mim, saúda o Deus que está em você.

Não havia necessidade de ficar dizendo que temos que passar milhares de encarnações até aprender ou fazer apologia do karma ou lei da ação e reação, como queira chamar. Sabíamos que o karma existia, mas não fazíamos apologia dele.

Preocupávamos em acertar, em auxiliar, em sermos felizes. Não havia apologia do sofrimento, da culpa.

Já vi livros que se dizem espiritualistas, que começam com lamúrias: "passamos encarnações errando, na civilização tal fizemos isso, naquela aquilo, depois erramos na idade média etc...". Pergunto: para que isso? Para manter as pessoas com sentimento de culpa? Para pôr as pessoas culpadas no cabresto, dizendo que elas têm que depender de um espírito, uma doutrina ou um Mestre para se redimir? Para manipular as pessoas? Ou não se tem noção consciente que está se repetindo aquilo que outro fez, e hoje isso não tem mais sentido?

Não é melhor falar em acertar, em como é bom amar, como é bom ser feliz e todas as *potencialidades* que se tem dentro de si, que podem ser alcançadas com vários exercícios, como deixando a mente no presente, que possibilita exercícios muito prazerosos com a mente, alcançando, com esses, vários níveis de poder e bem-estar maravilhosos?

É óbvio que é melhor falar em todo poder e bem-estar que se tem e nas maravilhas que se pode fazer com isso.

CAPÍTULO XV

SUGESTÕES QUE AJUDAM QUALQUER PESSOA A MANTER O EQUILÍBRIO E BEM-ESTAR

Colocarei neste capítulo, alguns fatores que ajudam qualquer pessoa a manter o equilíbrio.

Em primeiro lugar, o pensamento positivo: é de graça e o mais eficaz. Como manter o pensamento positivo?

– Fazer o som OOOOOOOMMMMMMM com a língua no céu da boca. Este exercício, conhecido dos orientais há milênios, faz vibrar a caixa craniana, trazendo bem-estar. Sentiu-se mal? Está nervoso? OOOOOOOOOMMMMM. Muito eficaz.

Colocar em sua casa a planta Espada de São Jorge. Arruda, pimenta e Lírio da Paz também são bons em cada cômodo da casa ou seu local de trabalho.

– Sal grosso com água em alguns ambientes que sente carregado.

– Imagine um campo de força dourado de paz em torno de seu quarto.

– Pense quão prazerosa é a paz, durante 1 minuto por dia. Tal fato ajuda a acostumar a buscar paz e cria um bolsão de pensamento coletivo pela paz, onde você pode abastecer-se energeticamente, se pensar nele e se milhares de pessoas repetirem o gesto diariamente.

– Procure manter a mente no presente, por meio dos sentidos (audição, visão, olfato, tato e paladar) no presente, quando estiver caminhando, andando. É muito gostoso e prazeroso. Observe cores, formatos, cheiros para manter a mente no presente.

– Se possível, faça acupuntura e trate-se com homeopatia com profissionais experientes.

– Alimente-se com comida natural, ou a mais natural possível.

– Evite álcool[37], tabaco e drogas. Não existe droga leve. Isso é só um chamariz para um buraco.

– Pratique esportes. Eles trazem bem-estar.

---

[37] Foi associado pela mídia há tempos que, para se divertir, precisava ingerir álcool. Hoje, a mentalidade está mudando, pois veja que as cervejarias estão investindo cada vez mais em cervejas sem álcool, pois

CAPÍTULO XVI

DEMOCRACIA DENTRO DO LOCAL ESPIRITUALISTA DIFERENTE DE TEOCRACIA

Até presente momento, na história da humanidade, contatou-se que o melhor regime de governo é o democrático, pois é onde todos ou a maioria das pessoas participam. É intrínseco ao ser humano querer ser ouvido. Por isso, deveras importante dentro do grupo espiritualista, seja ele centro espírita, Rosacruz, Umbanda, Teosofia, Logosofia, grupos independentes ou qualquer outro, se houver presidente, que haja eleições periódicas para a presidência como é na grande maioria dos centros espíritas e locais espiritualistas. Já vi centro espírita onde o presidente era vitalício. E pior: era vitalício porque era fundador e médium ostensivo. Por esse motivo, como já mostrado ao longo da história, há grande probabilidade de despotismo ocorrer, por meio de santificação do líder para exercer poder sobre os outros, pois as pessoas tendem a abusar de permanentes cargos de poder. Com vitaliciedade em cargos de comando, tem-se uma teocracia, em que o "líder" tenta santificar suas capacidades para exercer mais poder sobre as pessoas. Vi um caso que, em época de eleições, um suposto médium fascinado esdruxulamente fingia ser espírito e dizia que "havia um candidato espiritualmente ligado a este espírito" por meio de suposta psicofonia, com clara manipulação política e financeira.

Não que o homem não possa discutir política, pois política são relações entre os homens para o bem viver de todos, usando o que o Estado oferece como educação, segurança pública e saúde pública para o bem de cada vez mais pessoas, e a educação para que cada pessoa desde criança verifique que ela tem responsabilidade perante a sociedade, desde não jogar papel na rua, que entope o bueiro e inunda a cidade, até não comprar drogas, que financia uma rede de morte e violência que prejudica usuário e toda sociedade por exemplo. Essas discussões para o bem-estar coletivo são importantes.

---

o álcool ficou muito associado à violência contra a mulher, a homicídios, acidentes de trânsito com consequências permanentes, como paraplegia e tetraplegia e mortes, além de decadência e imaturidade.

O que deve ser refutado é o uso da espiritualidade ou da religião para manipulação coletiva, benefícios pessoais que devem ser refutados nos locais espiritualistas. Por isso, a alternância de cargos é fundamental com eleições por tempo determinado em estatuto pré-constituído, votado por todos.

Por isso, alternância em cargos é fundamental em locais espiritualistas, juntamente com o fato de ver fenômenos mediúnicos ou *psi* com extrema naturalidade sem santificá-los.

CAPÍTULO XVII

ARTIGOS DE LEI

Há pessoas que, para mostrarem que seus conhecimentos estão de acordo com o que a coletividade aceita, repetem os livros de Kardec ou de Blavatsky, por exemplo, como se estivessem falando de leis ordinárias, aprovadas pelo legislativo e em vigor no país. Mais uma herança inconsciente do Catolicismo, onde havia de se decorar as leis e livros da Igreja, adaptando-se a esta instituição dominante. Esse não é o sentido de espiritualidade. O sentido do fato da natureza espiritualidade é estudá-la de forma livre sem querer encaixar a natureza em letras. Blavatsky, Kardec, Richet e Bozzano, dentre outros, quiseram que, a partir deles, fossem criados métodos de estudo sobre *fatos da natureza,* não que fosse repetido de forma estanque o que eles escreveram e sistematizaram. Diz, com razão, Krishnamurti:

> É muito estranha esta nossa adoração dos exemplos, modelos, dos ídolos. Não queremos o que é puro, verdadeiro em si mesmo; queremos **intérpretes,** exemplos, mestres, **gurus,** para, por seu intermédio, alcançarmos alguma coisa – e tudo isso é puro absurdo, um meio de explorar a outros. Se cada um de nós fosse capaz de pensar claramente desde o começo, ou de reeducar-se para pensar claramente, todos esses exemplos, mestres, gurus, sistemas, se tornariam completamente desnecessários, como realmente o são. (KRISHNAMURTI, 1963 p. 41).
>
> * J. Krishnamurti (Livro: Da solidão à Plenitude Humana) pág.41,capítulo "Debates". Título do original: "TALKS BY KRISHNAMURTI IN INDIA". Palestras realizadas na Índia, em Benares, Madrasta, Madanapale e Bombaim, em 1955-1956.

Outrossim, penso que a classificação "espírito inferior", "espírito superior", pode trazer uma noção de inferioridade que é inútil. Prefiro eu, para a vida prática e de aprendizado, a noção do Budismo, que vê Deus em cada ser. Sendo que há pessoas que o descobriram, há pessoas que ainda não.

É preciso, portanto, não só ampliar a relação entre o físico e o extrafísico, mas sim modificar padrões culturais que ainda estão presentes no inconsciente de cada um e que atrapalham a interrelação e o crescimento entre ambas as partes (humanos e outros seres que vivem em locais de matéria com menos massa (extrafisico) massa entendida como quantidade de átomos – e onde vivem humanos e outros seres que vivem em locais onde a matéria tem mais massa-quantidade de átomos).

O problema é que a religião privatizou Deus. Como se o sentimento interno de Deus, de algo criou o todo, a natureza e o belo, só pudesse ser alcançado por religiões. Isso não é verdadeiro. Esse sentimento é intrínseco ao ser humano, sentimento individual e único em cada ser. Esse sentimento não precisa de nenhuma religião oficial. Os autores mencionados anteriormente ofereceram propostas para estudar o fato da natureza espiritualidade. A natureza não se adapta ao método. O método é que deve tentar compreender a natureza.

CAPÍTULO XVIII

ESPÍRITO DESENCARNADO IGUAL A NÓS DIFERENTE DE ESPÍRITO DESENCARNADO DITO SUPERIOR, TRATADO COMO SANTO CATÓLICO

Reflexão sobre relacionamento com espíritos desencarnados

A seguir, coloco minhas reflexões sobre relacionamentos com espíritos desencarnados, que observei ao longo dos anos em vários centros espíritas em Curitiba e em alguns terreiros de Umbanda e outros locais espiritualistas.

Essa noção de sempre esperar do plano espiritual avanços como ocorre com alguns espíritas e aos umbandistas é herança da cultura católica que via o santo católico como algo distante, melífluo, a ser alcançado um dia e dos céus, onde deveria vir tudo em direção da Terra. Essa visão, ultrapassada, prejudica o plano material e espiritual que, em verdade, se interpenetram a todo momento. Se houver uma relação de parceria, amizade e companheirismo entre encanados e desencarnados, a troca de experiências entre pessoas nos dois níveis de frequência é muito mais rica, para encarnados e desencarnados (material e espiritual). O problema é que ainda há na cultura, a palavra "espiritual" como algo superior, diáfano, inalcançável, superior. Imagine-se esperar-se que avanços científicos com técnicas e modos de agir com este fato da natureza venham sempre do plano espiritual. Tal noção trava o conhecimento nos dois planos de vida, pois o ideal é uma interação entre os dois planos para construção, aperfeiçoamento, parceria e amizade entre os dois planos para enriquecimento dos habitantes de ambos os níveis de frequência. Na verdade, não existe divisão entre espiritual e material, pois nós também somos seres espirituais, e desencarnados também são como nós, só estão em outro nível de frequência. É preciso tirar do inconsciente coletivo o "complexo de distância – complexo de santo católico", em que se vê o desencarnado como alguém a quem se deve ver como superior, a quem deve obedecer. Se o desencarnado tiver bom nível de consciência, ele saberá que há um corpo Crístico em você e nele e a interação de parceria, igualdade e amizade, trazendo enriquecimento de experiências para ambos. Não existe divisão entre encarnados e desencarnados, pois todos somos seres espirituais.

A questão de ter visão crítica sobre os livros de André Luiz é importante para não cristalizar situações engessando uma coletividade ("os livros de André Luiz não podem ser questionados ou atualizados" (sic)), o que geraria dogmas que é o contrário do que o autor – André Luiz, O Espiritismo e qualquer doutrina e local espiritualista – sério propõe. Até tenho um amigo espiritualista que trabalha neste sentido: quebrar padrões do pensamento "isso não pode ser tocado ou mexido".

Temos uma grande vantagem em comparação a espíritos superiores, que nem forma humana tem, pois não precisam desta forma antropomórfica. A vantagem é que podemos atuar num nível de frequência mais compacto, como é o plano físico. E saindo do corpo e fazendo alguns treinamentos, podemos alcançar níveis mais sutis com corpos mais sutis que nos pertencem. Não gosto do padrão de comparação escalonado que insiste em classificar do menos evoluído para o mais evoluído. Gosto dos grupos espiritualistas que gostam de ver que há o divino em mim e em tudo e todos e posso alcançá-lo agora; sem fazer comparações de melhor ou pior, inferior ou superior. É assim que o Buda gostava de ensinar. Dizia ao assassino que há o Deus dentro dele e que, se ele alcançar a compaixão, não precisa ficar fazendo apologia do karma, pois ele alcançou um nível de compreensão superior a isso.

Quando se tem respeito por alguém, seja ele encarnado ou desencarnado, tem-se respeito pelo seu trabalho, pelas suas atitudes, pelos seus atos, mas aceitar de tudo proveniente de um espírito desencarnado é tratá-lo como herança católica do divinal[38] daquele santo inatingível que vem aos mortais. Por exemplo, posso amar meu avô e admirá-lo por ser alguém de caráter e moral, mas isso não quer dizer que tenha que concordar com todas as opiniões que meu avô tem. Isso é uma questão de lógica e de maturidade adulta. A mesma coisa se aplica a um espírito desencarnado dito superior. Posso amar

---

[38] A palavra "divinal" aqui é utilizada como a noção abstrata que a cultura católica tem de um ser inatingível, superior aos mortais, completamente diferente da noção espírita.

Bezerra de Menezes, como amo e admiro por todo bem que ele fez, mas isso não quer dizer que tenha que concordar com tudo o que diz. Afinal, cada ser tem experiência diferentes, e, na comunhão de experiência, troca-se de visão com o outro, é que chegamos a um denominador comum, trazendo crescimento para ambas as partes.

Interessante que as pessoas sabem e repetem isso dentro dos centros espíritas e terreiros, mas agem como se devessem aceitar tudo do desencarnado, dito superior.

Meu sonho é ver cada centro espírita ou local espiritualista com uma sala e uma setor de pesquisas, e que esses setores, isentos, tenham encontro semanais. A pesquisa traz independência e maturidade, ao contrário do repetir o que os outros falam, seja ele um espírito encarnado ou desencarnado.

Meu sonho é ver uma relação de companheirismo e parceria entre espíritos encarnados e desencarnados, e não uma submissão estéril, de algumas pessoas que adentram a casa espírita com mentalidade católica de submissão política centenária. Nada contra o Catolicismo. Só estou analisando comportamentos de séculos passados na Igreja, que ficaram no subconsciente coletivo.

Um dos escolhos, da lide com espiritualidade, é que a maioria das pessoas ainda não capta níveis de frequência mais sutis e, de forma consciente, não interage com um desencarnado no cotidiano, assim como interage com um encarnado: vendo-o por meio de diálogos conscientes como se conversa com seu vizinho, amigo e as pessoas na rua.

A grande vantagem do pesquisador Kardec é o fato de ter tirado a noção de superioridade dos humanos desencarnados, mostrando-os como humanos.

"Um espírito é somente um humano desencarnado"
(Wagner Borges)

Ainda muito arraigada no movimento espírita a noção de tratar o Espírito desencarnado superior como se fosse o santo católico. A visão vinda da Igreja a respeito de "Santo" vem de uma ser inalcançável aos mortais, aquele a quem todos devem se submeter até por má questão de interesse daquela instituição em determinadas épocas em passar a noção de que tinha acesso a algo inalcançável aos demais como forma de exercer poder. É interessante, nesta comparação, citar Wagner Borges, quando diz: "um espírito é só um humano desencarnado". Posso admirar como admiro Bezerra de Menezes, como disse, mas isso não quer dizer que tenho que, por este motivo, imitá-lo ou concordar com tudo que ele diz. Posso amar muito meu avô, mas isso não quer dizer que tenha que concordar com tudo o que ele diz, como mencionei. É uma questão de lógica e maturidade e independência.

Bezerra de Menezes é um espírito que admiro muito pela quantidade de pessoas que ajudou e pelo seu coração sempre solícito e paternal. No entanto, discordo dele por uma visão de que somos "aprendizes menores e por isso precisamos de num corpo carnal", como já vi na psicofonia desse espírito. Prefiro a visão das religiões orientais que há um Deus em tudo e em todos, e esse Deus pode ser acessado agora (o Corpo Crístico que cada um de nós tem e é a nossa essência, somos NÓS). Essa visão de culpa e inferioridade talvez seja visão que o grande e admirável Bezerra de Menezes herdou de forma inconsciente do Catolicismo ou essa mensagem tenha vindo do animismo do médium. Espero que ele, ao ler estas linhas, medite, e estas reflexões tragam crescimento a mim e a ele, pois estamos sempre aprendendo uns com os outros. Essa é a vantagem da vida: a troca de experiências entre todos nós, sem classificações de inferior ou superior, mas valorizando o Deus em cada ser, seja o pior assassino, seja o maior benemérito.

Por todo este raciocínio pergunto: será que o movimento espírita conhece a essência do pensamento de Kardec? Fica a pergunta.

Por uma questão antropológica e sociológica, foi importante para mim verificar em minha família, espírita desde o século XIX, quando meu bisavô recebeu na década de 1930, do século XX, uma carta de elogio do centro espírita onde frequentava, pelos anos de dedicação ao bem e ao Espiritismo. Nenhum status hereditário, além dos valorosos exemplos de família que tive, me interessa. Escrevo esta questão porque pude constatar em minha família, por uma análise sociológica e antropológica, como aquela época o movimento espírita era arraigado das noções católicas de mundo. Há guardado comigo um *Livro de Preces Espíritas*, em que há preces e orações inteiramente ligadas às noções católicas seguintes:

– Ver o espírito desencarnado como santo;

– Um Deus superior e um homem inferior;

– As noções de pecado, medo e culpa utilizadas ao longo dos séculos como técnica de manipulação de massa inconscientes no livro.

As gerações seguintes de minha família, conhecidos e amigos, espíritas e espiritualistas, superaram, com a evolução natural do movimento espírita, alguns desses obstáculos psicológicos, com a própria evolução deste movimento e da sociedade e da mentalidade (modo de pensar e rede de pensamento na qual todos nos influenciamos mutuamente).

Os passos seguintes que assisti nas gerações que se seguiram desde o século XIX na minha família são:

- Tratar o desencarnado superior como um igual, havendo troca de ideias, concordância e discordância, chegando a um senso comum para ambos e um crescimento mútuo.

- Um Deus integrado ao todo, em cada pessoa, em cada ser, em nós e em toda parte.

- Pelo fato de ter um Deus interior, não temo o karma, o medo, a culpa ou o pecado, pois posso construir meu futuro. Se Deus é perfeito, é natural que ele tenha feito tudo perfeito, há perfeição dentro de mim, podendo construir.

Impressiona-me em grupos do Ocidente que pesquisam espiritualidade como o movimento espírita, e o pessoal do IIPC ter a seguinte mentalidade como base: "sou assim porque, em uma encarnação passada, ocorreu tal fato". Isso verdadeiramente ocorre, com todos nós, mas as pessoas têm que perceber no Ocidente que cada um de nós é um dínamo que pode trabalhar suas potencialidades e não serem ensinadas a dar valor a defeitos como elas precisassem expurgar tal trauma durante uma encarnação. Não dê valor a seus defeitos. Visualize suas potencialidades, valorize-as e, a partir de seus potenciais, construa positivamente, curando seus melindres. Válido observar que o movimento espírita e o IIPC fazem excelente trabalho pela coletividade, mas herdaram do Catolicismo uma noção forte de hierarquia sem perceber.

É infantil dizer que este grupo é melhor que aquele, pois cada grupo tem sua riqueza. Os objetivos são os mesmos, com diferentes técnicas para alcançá-los.

A análise que se pode fazer é no sentido de concordo ou discordo com análises e sugestões para que aquilo que não está bem possa melhorar.

Toda pessoa recebe pressão do grupo para ser aceito, tenta adaptar-se ao grupo ao qual pertence. Já vi pessoas, em centros espíritas e no IIPC, imitando opiniões e comportamentos do grupo com a finalidade emocional de ser aceito. Penso que não é essa ou não deve ser essa a proposta desses grupos, mas há pessoas que, para serem aceitas em um primeiro momento, repetem comportamento com necessidade de aceitação, carinho e atenção.

Toda pessoa recebe pressão do grupo em que se está para se adaptar e para se sentir adaptado ao grupo.

Muito forte no IIPC e no Espiritismo é a divisão entre encarnados e desencarnados. Essa divisão é lembrada a todo momento. No Espiritismo, o desencarnado é tratado como "ele", em terceira pessoa, não como nós, pois todos nós fazemos parte da espiritualidade. Há um tratamento como "foi a espiritualidade que mandou" ou "temos crédito com a espiritualidade", como se o espiritual fosse algo de fora do homem e ele não fosse o diretor de sua própria vida, o Deus em si, que comanda seu barco, precisando sempre de alguém (espiritualidade-eles) que o comande. A mesma noção existe forte no IIPC, onde desencarnado é tratado como "Amparador", da mesma forma como no Espiritismo é visto como alguém de "fora", alguém que está fora e alguém de quem dependemos. As noções desses dois grupos Espiritismo e IIPC provêm da noção forte que havia no Ocidente, imposta pelo Catolicismo como o santo, distante inatingível; "Eles" santificados e nós pecadores. Conversei com uma pessoa que frequenta o IIPC (Instituto Interncional de Projeciologia e Conscenciologia), no ano de 2014, que me disse que não é mais assim. Esse comportamento foi há 10 anos, segundo ele, e o IIPC já evoluiu nesse sentido. Se assim for, tal fato é muito positivo. O IIPC se preocupa com progresso, o que é fundamental. Tal noção sobre espíritos ou amparadores, antes mencionada, prevaleceu no Ocidente não só por dominação de massa, mas por falta de conhecimento técnico sobre este fato da natureza, pois no Ocidente a cultura europeia e o judaísmo, que se mesclaram para fazer o Catolicismo, viam o extrafísico como algo distante de si, ao contrário da maioria dos povos dos outros continentes que se viam como parte da espiritualidade, junto da enormidade de seres extrafísicos que existem, não só humanos desencarnados. Nem o nome "extrafísico" acho apropriado, penso que todos fazem parte do todo, e o prefixo "extra" do grego "fora" dá uma noção de algo distante ou a parte de algo. Prefiro, portanto, a visão dos grupos que frequentei, mais ligados ao Oriente e as doutrinas orientais, em geral, que veem o Deus interno e Deus em cada ser, sendo cada ser cocriador da criação e do todo, não tendo necessidade de dependência emocional psicológica de nenhum ser como se ele fosse divino e o divino estivesse fora de nós.

A aceitação e o carinho se consegue, com o afeto verdadeiro após as pessoas se conhecerem, não pela repetição de comportamento de um grupo, espiritualista, para ser aceito.

Não existe divisão entre físico e extrafísico, pois nós também somos extrafísicos.

A visão espírita e conscienciológica é:

"Fulano foi enviado à terra, está em uma posição de inferioridade, pois sua consciência se limita pela densidade na reencarnação." Discordo disso, pois somos parte da espiritualidade agora, há um Deus em tudo agora. Tudo está em Deus, não existe separação, portanto não somos inferiores a ninguém. Se alcançar o Deus interno, tudo te acontecerá, pois tudo está em Deus, Deus está em você. O IIPC não trabalha a noção de Deus, pois quer dar a tudo uma noção científica, do que pode ser palpável. Acho válida a visão científica, e o fato de refutar o que não pode ser palpável não desmerece o IIPC, mas penso que não há impedimento algum em pensar em um Criador de tudo, pois é raciocínio óbvio quando se percebe que o micro e macro se repetem, como o átomo ser parecido com o sistema solar e o interior de uma célula ser um microuniverso com seus orgânulos, assim como uma galáxia também é um micro universo e as bilhões de galáxias também o são, assim como as galáxias fossem grandes células.

Penso que são inapropriadas visões e expressões de inferioridade como "somos crianças espirituais", "ainda não podemos compreender", espírito "superior" ou "inferior". Penso que a visão do Budismo e das religiões orientais são muito mais completas, pois veem a partir do Deus que há em cada um de nós e que cada um de nós faz parte integrante da criação e pode alcançar o todo agora, porque todos somos filhos do Criador. Há um Deus em cada um de nós.

Penso que há muito de positivo no IIPC para crescimento da humanidade, mas discordo da visão de algumas pessoas dentro do IIPC que veem esse grupo como o suprassumo da evoluço da pesquisa espiritualista, da pesquisa sobre este fato da natureza que é espiritualidade. Como disse nesta obra, foi-me de muita valia a visão dada a mim pela antropologia de se despir de si, para ver os outros, não chegando com pré-julgamentos, pois eles empobrecem a visão nossa sobre as coisas. Igualmente pobre é a visão que eles tem: "toda religião é assim", como se quisesse classificar as coisas e os seres em "caixinhas" padronizando tudo, como fazem algumas pessoas no IIPC. Há beleza no diverso, há beleza em tudo. Pena que a linguagem humana é muito pobre para expressar o que quero dizer. Se fosse pela transmissão de pensamento, telepatia seria mais fácil.

Há muita beleza quando um muçulmano entra em sua mesquita com sentimento de fé, um católico entra na Igreja com sentimento de alegria pela criação, ou um judeu entra em sua sinagoga com sentimento de fé em Deus. Um dia, eles vão descobrir que o sentimento interno da beleza da vida não está nesses lugares que eles entraram, mas em si mesmos e em seus *sentimentos* por estarem nestes locais e que este *sentimento* pode ser levado com eles para qualquer local. Vão descobrir que, aproveitando-se desses sentimentos, foram criadas hierarquias, organizações sociais e políticas, hierarquias, pré-conceitos, dogmas, manipulação e castas. Vão descobrir que nada disso é necessário. Para sentir o sentimento interno de Deus e da beleza da criação, ele só precisa sentir, pois o templo está dentro dele.

Todos os templos onde há energia mental positiva: uma Igreja, uma mesquita muçulmana, onde as pessoas fazem prece com fé (ou seja, descarregar pensamento/energia com sinceridade e Amor pode ser utilizado como é para auxílio a seres extrafísicos). Um dia as pessoas vão perceber que esse processo pode ser feito em qualquer lugar que se queira com sinceridade, pois o sentimento do belo está dentro de si.

Eu mesmo já fiz preces que me causaram extremo bem-estar. Em situações difíceis, fazendo uma prece, veio-me uma energia de extremo bem-estar e vigor que me sustentou para o momento seguinte. Prece pode ser uma evocação do belo, por exemplo: ver a natureza e sua beleza e dar graças à criação e a tudo que é criado. É uma prece. Uma prece católica, budista, protestante, espírita, não importa. O que importa é a intenção (pensamento, energia que você emite), bem como o bolsão de pensamento positivo e seres extrafísicos em que você se ligar entrando na frequência daquele pensamento. Já ocorreu comigo, em fazer uma prece, que me causou muito bem, alegria e energia. Isso, algumas vezes, frente a situações difíceis emocionais, pelas quais passei. Não racionalizei. Senti. Senti-me muito bem. Elevando o pensamento em prece, para algo mais alto diariamente, você também assim sentirá.

CAPÍTULO XIX

MINHA APRENDIZAGEM SOBRE ESPIRITUALIDADE EM DIVERSOS GRUPOS

Tenho por objetivo, neste capítulo, passar a noção para os leitores que há várias formas diferentes de aprender sobre o fato da natureza espiritualidade e podemos aprender com todos eles. Tenho também a intenção de mostrar que o raciocínio "melhor que" ou "pior que" não é válido. Ao invés disso, pode-se usar diferentes formas de "ver", e isso te enriquecerá pela variedade de ensinamentos em diversos grupos.

Descrevo os aprendizados e as visões críticas a respeito de espiritualidade feitas por mim nos diferentes grupos.

espiritualidade, seres vivos em outro nível de frequência, é um fato da natureza, assim como fotossíntese, a Terra girando em torno do sol e todos os fenômenos naturais.

Podemos fazer uma comparação de espiritualidade com o Estudo de qualquer ciência, por exemplo, a biologia. O formado em Biologia tem várias áreas para atuar: microrganismos, biologia marinha, animais mamíferos, animais no cativeiro etc.

Cada ramo deste em biologia, pode ser feito com métodos diferentes: uns lidam com microrganismos pesquisando colônias de bactérias, outros pesquisando reprodução desses seres, e tantas outras pesquisas que podem ser feitas somente com microorganismos.

Uns lidam com mamíferos marinhos, outros com corais marinhos, e várias outras situações no mar.

Alguns pesquisam reprodução de animais em cativeiro, outros pesquisam somente seu comportamento dentro dele.

Assim vejo as várias correntes espiritualistas: estudos variados sobre um fato da natureza, estudos variados que se complementam e se interagem proporcionando crescimento. Por isso, é fundamental que você, pesquisador espiritualista, pesquisador da vida, vá a vários locais espiritualistas e retire o que é melhor para você, refute o que é de ruim e construa-se. Omiti o nome de alguns locais para preservar privacidades e não machucar pessoas com minhas opiniões. O que vale no texto é a visão crítica.

Segue minha rotina de construção, indo em vários locais espiritualistas para tentar inspirar você, leitor, para se construir, indo a locais espiritualistas diversos:

Meu Histórico nesta busca é o seguinte:

*Sou de _família espírita_: desde meu bisavô, João Balduíno Alves Cordeiro, que já era espírita no final do século XIX, em Paranaguá/PR. Foi homem exemplar, abnegado em prol do próximo. Ajudou a fundar o Centro Espírita Paz e Luz, na mesma cidade ,segundo contam meus familiares. Seu nome não está na ata de fundação, quando fui pesquisar, mas sei pelas tradições de família que ele ajudou a fundá-lo e era assíduo nesse centro espírita. Em 1932, meu bisavô, João Balduíno, recebeu reconhecimento público pelos anos dedicados à causa espírita em uma carta de homenagem. Tenho até hoje o _Livro de Preces Espíritas_ que pertencia a ele. Sofreu acidente, quando caiu do bonde e teve o braço direito esmagado nos trilhos, motivo pelo qual teve que aprender a escrever com o braço esquerdo. Pertenceu à maçonaria. Longe de orgulho bobo pelo fato de terem ancestrais marcantes, como se fosse orgulho vazio por nomes de famílias e clãs, tenho marcante o exemplo deste ancestral, de abnegação, de ir sempre em frente apesar das dificuldades, de não olhar para as dificuldades próprias, como a viuvez e criação de quatro filhas sozinho, mas se preocupar em ajudar a coletividade em volta, apesar de suas próprias dificuldades, como ele fez. Uma coisa interessante que tenho com esse ancestral é ver como o Espiritismo era ligado ao Catolicismo desde o final do século XIX até início do século XX, até para ser aceito pela sociedade e coletividade da época. Heranças, por exemplo, como a noção "estar encarnado é ser inferior", divisão forte entre encarnados e desencarnados. Outra situação interessante é ver como o Espiritismo e o movimento espírita sempre foram ligados com a caridade e praticar "o bem sem saber a quem", mesmo antes dos exemplos maravilhosos e fantásticos de Chico Xavier. O movimento espírita, desde seu surgimento com Allan Kardec, sempre foi um dínamo social: incentivando educação, cursos profissionalizantes, campanhas por alimentos e auxílio a doentes de todos os gêneros. Desde antes de meu bisavô.

Minha avó e suas irmãs, filhas de João Balduíno, meu bisavô (uma desencarnou na infância) eram pessoas simples, donas de casa, mas também foram exemplos de bondade em prol do próximo. Minha avó, médium atuante, ajudou milhares de desencarnados, ficando viúva com seis filhas, laborando firme para sustentar a família e, mesmo assim, auxiliando a coletividade. O "fora da caridade não há salvação" ficou e até hoje é forte no movimento espírita. Meu avô, antes de desencarnar e deixá-la viúva, era intelectual, sendo homem que trouxe, à família e a mim, uma noção intelectual e crítica ao estudo de espiritualidade. Esse comportamento foi importante para mim, para ver criticamente aquelas pessoas que emocionalmente "acreditam em tudo" que se ouve sobre espiritualidade.

Minha avó fazia preces diárias à tarde, antes e após se mudar para Curitiba, quando se reunia com filhas, netos e netas à tarde para orar todos os dias as 18 horas. Nessas ocasiões, eu sentia boas presenças, boas energias inclusive na atmosfera mental (psicosfera) em seu apartamento, durante a prece, que era maravilhosa. Além disso, tive exemplos de bondade em família, de inteligência, amor ao estudo, em várias áreas diferentes, e sabedoria. Todos em minha família têm defeitos e qualidades, como qualquer ser humano, mas vários exemplos positivos ficaram, principalmente exemplos de ajuda ao próximo. Tais exemplos foram reforçados por outros espíritas próximos e por obras espíritas e seus exemplos morais descritos nos livros: *Paulo e Estevão*, *A Boa Nova*, de Emmanuel e irmão X, pela mediunidade de Chico Xavier, e o livro *As Vidas de Chico Xavier*, de Marcel Souto Maior. Os livros de André Luiz também foram importantes na minha formação inicial. Li a maioria dos 16 livros, por volta de 14 anos de idade.

Exemplos de vida de Chico Xavier, de força e resistência, suavidade e servir ao próximo foram importantes para mim, como foram importantes para milhares de pessoas, gerações e gerações de pessoas.

Uma frase que, para mim, exemplifica o comportamento do querido Chico é "O mundo estará em brasas e eu estarei vendo os Lírios do campo". É o Chico, firme, forte, treinado por Emmanuel, rigoroso, mas com grande coração e bem-humorado.

Algo que me impressiona positivamente no Chico foi treinamento moral por Emmanuel, a vida toda, resultando, no final da vida, em um homem de amor e resistente a qualquer embate. Um homem que não revida ofensas, mas aceita com compreensão e não tem nenhum tipo de discriminação religiosa porque vê a essência e o ponto comum entre as religiões, ou sentimento interno religioso.

Faz parte de minha pessoa essa noção forte que existe no movimento espírita de que vários grandes espíritos foram enviados em várias épocas diferentes, em várias culturas diferentes para dizer a mesma coisa, adaptado a cada cultura e momento cultural. "Ame a si mesmo e Ame os outros": Krishna, Buda, Maomé, Jesus, Confúcio, Lao-Tsé, pajés, sábios negros velhos e tantos outros. Distorções políticas, com esses ensinamentos, são práticas falíveis dos homens.

Desde adolescente ou na infância, mesmo além dos exemplos vindos de casa, sempre me interessei pelo extrafísico. Tive primeiras noções sobre mediunidade e espiritualidade em casa e fora de casa, com amigos que tinham estudos sobre o Espiritismo e de outros seguimentos que lidam com o extrafísico, como Budismo, Hinduísmo e outros.

Frequentei o primeiro centro espírita, independente da família. Foi em Curitiba, quando tinha, aproximadamente, 15 anos.

Na minha opinião, os pontos positivos desse centro, pelo qual tenho carinhoso afeto, são:

Excelente centro espírita, com grau de maturidade onde as pessoas com que tive contato têm noção científica sólida e atual, há compreensão com várias religiões, inclusive com a Umbanda, mas esta não é praticada lá.

Sabem que alguns espíritos que atuam com Umbanda trabalham também neste centro kardecista, pois o bem está em toda parte, e que quem está no bem trabalha em vários seguimentos diferentes.

São menos burocráticos que outros locais.

Pontos a melhorar na minha opinião:

Nenhum, que eu notasse.

Ouvi críticas de alguns formalismos no local, pessoas que se preocupam mais com "a letra fria dos livros", mas não os presenciei.

Frequentei outro centro espírita, dos 19 aos 26 anos (durante sete anos), cujo nome não falarei para não ferir alguns corações com críticas:

- Pontos positivos:

A vantagem desse centro espírita era como utilizar espiritualidade na vida prática, como age espiritualidade com a vida prática da Terra. Aqui, aprendi como associar (noções do extrafísico) com a vida prática da Terra, social, política, espiritual. Por questões políticas, não se entende como jogos de partidos, mas coparticipação entre os homens para criar uma vida melhor para todos por intermédio do Estado e da sociedade. Aqui, aprendi sobre a "rede de pensamento", conceito que utilizo até hoje. O conceito de rede de pensamento é mencionado por vários grupos espiritualistas, como Budismo e Hinduísmo, pois os yogues perceberam que todos estamos ligados a uma rede de pensamento e todos nós interagimos com nossos pensamentos. Ensinamentos sobre essa rede de pensamento na qual estamos todos inseridos, foi dado neste centro espírita ligando este conhecimento à vida prática, conceito que uso até hoje. Esse conceito foi por mim verificado e reafirmado mais tarde na formação do curso de pós-graduação em Parapsicologia e em outros estudos práticos, quando verifiquei que a telepatia entre pessoas afins ocorre sendo pensamento sentimento, pensamento e energia que se propaga e está em nível de frequência mais sutil. Vim também a verificar mais tarde pesquisas que tentam afirmar a existência dessa rede de pensamento, como o Projeto de Consciência Global, feita pelos renomados cientistas Dean Radin e Roger Nelson do IONS[39], no Estado da Califórnia-EUA e na Universidade de Princeton-EUA[40], com quem tenho contato.

Além de espiritualidade ligada a questões aqui da Terra, neste centro espírita, os conceitos dados eram atualizados com noções do século XXI, do presente, como noções antropológicas, sociológicas etc. Neste centro, eles não tinham alguns conceitos ultrapassados de alguns centros espíritas que veem a letra fria do que está escrito sem raciocinar a respeito. Por exemplo: Kardec chama índio de selvagem – conceito do homem europeu do século XIX, conceito do colonizador, comple-

---

[39] https://noetic.org/
[40] https://noosphere.princeton.edu/

tamente ultrapassado pela antropologia do século XXI, que reconhece noções profundas sobre a natureza e interação com a natureza, bem como educação social profunda entre membros de uma mesma tribo.

Esse centro espírita tinha forte trabalho social.

- <u>Pontos a melhorar nesse centro espírita:</u>

Os espíritos manifestantes eram muito emotivos, deixando-se abalar por situações emocionais, ao invés de se colocar acima delas. É claro que há influência do médium como em toda psicofonia, mas eu conseguia verificar quando era do médium e quando era do espírito manifestante. Os espíritos manifestantes não tinham a resistência do Emmanuel, por exemplo, que encantou multidões com seu rigor e afeto.

Agiam todos como se não existissem outros centros espíritas em lugar algum. Tal situação já denota centralização de poder, isolamento de outros centros, o que gera que algumas pessoas pensem que só "existe lá". Pobres cegos.

Já vi alguns dizerem que os livros do Chico Xavier estão ultrapassados. O que não percebem é que o conteúdo moral de Amor contido neles nunca estará ultrapassado, apesar de alguns desses livros terem forte carga dos conceitos ocidentais judaicos cristãos.

Só existia contato com o plano espiritual por intermédio de um médium principal, que era inclusive presidente vitalício (sic).

Ressalto: espíritos são muito emotivos e não tinham habilidade frente a situações mundanas, como tem o Emmanuel, que é um baluarte de maturidade.

Muita política mundana. Apesar de ter boas noções políticas, como exposto anteriormente, havia também certa manipulação política em épocas de eleições proveniente do médium que depois decaiu em vaidade.

Já vi exporem as pessoas a público porque discordavam do suposto médium que não admitia ser contrariado e exercia poder sobre as pessoas na sua fase de decadência, quando deixou encantar-se.

Manifestações mediúnicas tinham conteúdos de medo, culpa, apologia de nossa inferioridade e pecado implícitos, pensamentos tipicamente ocidentais.

– Baseado nessa vivência, passo a narrar como ocorre o processo de fanatismo *político ou religioso*, para que o leitor se precaveja de tal fato. Vejamos como age um manipulador:

1) Faz-se um "sequestro emocional" da pessoa ou da multidão, falando frases genéricas que todos se identificam, que comovam as pessoas como "seu parente que não gosta de você, aquela pessoa que você ama e está doente," ou promovendo curas.

2) Após isso, a emoção impede a capacidade de raciocínio, então começa-se um lento processo de estreitamento de visão afirmando à pessoa que só este lugar que ele frequenta é válido ou só ele, o líder, doutrina ou religião, tem a situação mais avançada ou o conhecimento mais avançado ou a solução.

3) Retira-se da pessoa a noção de que há um Deus dentro de si, fazendo com que suas esperanças se direcionem para um pastor, padre, médium, espírito ou figura pública religiosa e política.

4) Está criado um fanático facilmente manipulável emocional e financeiramente, infelizmente.

5) Este fanático pode ter reações agressivas comandado pelo líder, ou *de per si* para defender sua doutrina, seita ou religião, pois a emoção impede a capacidade de raciocínio e lucidez.

6) É provável que essa pessoa fanática que foi criada ou a multidão fanática sufoque o líder, em uma relação de dependência psicológica-emocional ou se volte contra ele/a quando perceber que foi enganada ou que suas intenções eram de controle ou que fez apologia do karma e dependência por falta de conhecimento.

Agora veremos o contrário, um processo de sentimento religioso saudável para o leitor analisar:

1) Há um trabalho de crescimento íntimo com o Mestre, faz-se o aluno perceber que há um Deus dentro de si, e ele pode ver a vida como quiser.

2) Partilha-se o Deus interno do Mestre com o Deus interno do aprendiz em uma troca de experiência positiva para ambos, que alimenta ambos, fazendo retroalimentação (há troca saudável de energia e conhecimento entre ambos, ao contrário de submissão e/ou dependência);

3) Não há dependência psicológica emocional.

4) Há gratidão e alegria mútuos e a percepção de que os dois são Mestres e Aprendizes.

5) Com este estado, cada um pode promover e encontrar a própria cura.

6) Há percepção de que a natureza é perfeita e positiva. Há liberdade para que o discípulo construa sua visão da natureza, que pode ser diferente da do Mestre, pois cada ser do universo é singular e vê a vida de forma singular.

7) Por esse motivo, não há apologia do karma, pois quem ama sempre acerta. (São preferíveis escolas que ensinam que se pode modificar o comportamento pela reflexão do que aquela escola que faz apologia do karma, dizendo que temos que passar milhares de encarnações sofrendo para aprender, pois, se, num átomo de segundo, você compreende o sentido positivo da vida, não precisa passar agora ou por encarnações para aprender aquilo até ver o lado positivo da vida).

8) Se não há apologia do karma, não há relação de dependência psicológica com espíritos, líderes, médiuns, extraterrestres, pastores, padres ou quem quer que seja.

9) Há felicidade, independência e realização mútuas!

10) O karma (ação e reação) existe, mas não é preciso fazer apologia do karma com medo.

Meus primeiros contatos com apometria: três centros em Curitiba e três fora:

Pontos positivos dos grupos de apometria que conheci:

Muito estudo sobre o plano extrafísico, de forma aprofundada.

Dos seis centros apométricos que conheci, três deles auxiliam de forma fantástica o próximo, a humanidade e milhares de pessoas, sendo apometria um excelente instrumento para auxílio ao próximo e à humanidade, se conduzido com Amor e sem cobrança financeira.

Grupos positivamente muito persistentes: sofrem diversos ataques espirituais, constantemente, mas sabem que precisam continuar, pois sentem prazer em ajudar o próximo e a coletividade e sabem que os doentes, obsessores e obsediados precisam de auxílio, inclusive quem ataca os obsediados.

Grupos apométricos ajudam milhares de pessoas.

– Pontos a melhorar nos bons grupos de apometria que conheci:

Não tem formação ou orientação para melhorar seu interior, como manter a mente no presente, como ensina o livro *A Fonte interior*.

Fazem apologia do karma. Gostam de repetir questões ligadas com pessoas que sofreram durante várias encarnações etc. Não perceberam que o Deus interior pode ser acessado já e transformar.

Como ocorre em alguns grupos espiritualistas do Ocidente, falam muito em reforma íntima, mas não sabem como fazer a reforma íntima, muito menos têm noção de que ela pode ser algo prazeroso e gostoso.

Como os grupos apométricos têm contato com coisas muito pesadas do astral, têm uma tendência a ter uma visão negativista de espiritualidade, enfocado para problemas obsessivos (karma/obsessão somente). O que acontece com o pessoal da apometria é o que acontece com o policial militar experiente com anos de prática na polícia, ou com o juiz de Direito da área criminal, que vê muita desgraça e pensa que a vida é só isso. O pessoal da apometria, os grupos sérios, ajudam muito a humanidade, limpando situações pesadíssimas do astral para o bem de toda humanidade. Mas como veem muitas situações pesadas, algumas pessoas dos grupos apométricos ficam com uma visão mais pesada e pessimista sobre o extrafísico. É preciso que as pessoas que trabalham com apometria façam um trabalho de meditação diária para tranquilizar a mente, meditação, acupuntura, homeopatia ou ikebana, como faziam os antigos samurais ou como fazem os policiais em diversas partes do mundo, para que consigam tranquilizar a mente e, assim, continuar a fazer um ótimo trabalho pela humanidade.

Ainda persiste neles de forma subconsciente o que alguns no movimento espírita herdou do Catolicismo, as noções de medo, culpa e pecado, quando se referem ao karma.

Você pode, por uma forma pedagógica, ressaltar o Deus interior em ti e o potencial que ele tem de transformar, ao invés de fazer apologia do karma – "eu fui tanta coisa ruim em outras encarnações" (*sic*) – como já vi uma pessoa afirmar. Pergunto: para que serve esse pensamento?

No último centro espírita que lida com apometria que frequentei, havia relação de submissão entre o encarnado e os desencarnados. Era comum frases como: "foi a espiritualidade que mandou" (*sic*) – pessoas não tinham visão crítica. Isso é anti-Kardec.

Por outro lado, uma distorção que vi sobre a técnica apometria foi durante uma palestra, na qual o palestrante disse que, em sessão de apometria, prenderam um mago negro em um campo de força piramidal espelhado por dentro e deixaram-no uma semana preso, sentindo tudo que emanava dele que refletia sobre si, pelo campo ser espelhado. Ao retirar esse campo de força, o espírito estava absolutamente desgastado. Absurdo! Isso é crime de tortura, previsto, entre os encarnados, na Lei 9.455/97:

> Art. 1º Constitui **crime de tortura:**
>
> I – constranger alguém com emprego de violência ou grave ameaça, causando-lhe sofrimento físico ou mental:
>
> a) com o fim de obter informação, declaração ou confissão da vítima ou de terceira pessoa;
>
> b) para provocar ação ou omissão de natureza criminosa;
>
> c) em razão de discriminação racial ou religiosa;
>
> II – submeter alguém, **sob sua guarda, poder ou autoridade,** com emprego de **violência** ou grave ameaça, a intenso **sofrimento físico ou mental,** como forma de aplicar castigo pessoal ou medida de caráter preventivo.

Tal fato é muito diferente do que o Dr. Lacerda, criador da técnica apometria, propôs, em uma das técnicas de apometria de colocar um espírito em um campo espelhado por dentro, para que ele sinta rapidamente o que emana dele, sem sofrer. Conter um espírito momentaneamente é uma situação, as vezes necessária, mas aprisiona-lo uma semana é desnecessário quando gera sofrimento.

Agora, tal fato errôneo, visto por mim, descrito anteriormente, já é previsto entre nós como tortura. Para que fazer isso no plano extrafísico? Penso que apometria é um método eficaz de lidar com espiritualidade, mas tal fato praticado por um grupo em uma palestra que ouvi configura distorção, na minha opinião.

Prefiro a grande maioria dos grupos que lidam com essa técnica chamada apometria, que seguem a máxima do criador da técnica apométrica, Dr. José Lacerda de Azevedo: "fazer com Amor e por

Amor", que obviamente segue os exemplos morais de todos que os antecederam, Bezerra de Menezes, Chico Xavier e suas obras, nas quais há muitos exemplos de Amor. Realmente, não existe método mais eficaz para mudanças positivas que o Amor. Pode-se corrigir com rigor, mas não machucar ou torturar. Pode-se prender, mas não deve fazer sofrer. Isso é distorção.

Algumas técnicas da apometria, penso que já eram usadas em centros espíritas e locais espiritualistas antes da apometria, como saída do corpo (não clarividência que é outra coisa e que alguns praticantes da apometria confundem com saída do corpo). Outras técnicas, penso que são novidades trazidas por ela, como fazer o ser sentir o peso do karma para tomar novas decisões positivas e mudar de vida.

Ida a templos budistas ouvindo e estudando o Budismo zen e Budismo Tibetano. Palestras com Moja Coen e Lama Santem:

Como é natural entre os orientais, há enfoque em utilizar o interior, capacidades interiores. Tem visão de que há um Deus interior, visão positiva interna de espiritualidade.

Como é natural entre vários grupos orientais no Budismo zen e tibetano, há enfoque sobre os nossos potenciais interiores, nossas potencialidades, inclusive deixando a mente no presente, o que é uma delícia.

Pontos a melhorar:

Há certo apego à ritualística, mas nada que atinja o conteúdo. E ao *mesmo tempo frequentei...*

Rápido Curso sobre radiestesia com um dos precursores da lida com energias em Curitiba:

Pontos positivos na radiestesia:

Verificação de que existem instrumentos físicos que podem acessar pensamentos/energia, como o pêndulo.

Utilização de símbolos para proteção de locais, que acredito só funcionarem porque projetamos o pensamento neles.

O palestrante foi um desbravador em Curitiba.

Pontos a melhorar:

*Não trabalhava com noções de que existe um plano extrafísico, só trabalhava com energia.

*Muito ligado à hierarquia da Igreja Católica. Nada contra religião nenhuma ou pessoas dessa religião ou de outras, mas, quando se fica submetido a hierarquias, fica limitado a interesses, dogmas, pré-concepções que limitam a ciência. Um dos objetivos da ciência é ver como a natureza trabalha e como o homem interage com a natureza, não dogmas de religiões.

*Grupo que chamarei de "A" (frequentei por, aproximadamente, dois anos).

Eles não divulgavam seus conhecimentos com receio de que esses conhecimentos formassem religiões (no sentido de disputa política de religião e dogmas). Não havia nada secreto ou velado, mas a intenção era não divulgar os conhecimentos com intenção de que eles não criassem dogmas em mentes não sadias e coletividades imaturas emotivas e, portanto, irracionais. Por isso, omitirei o nome desse grupo, chamando-o de grupo "A", por respeito à sua privacidade.

Não havia entre eles rituais.

Eles faziam meditação, diálogos amigos sobre Amor, sobre espiritualidade, sobre saída do corpo físico, história espiritual da Terra, dentre outros conhecimentos e práticas.

– Não eram vinculados a nenhuma instituição, era um grupo familiar de poucas pessoas, que, de forma informal, se reuniam para pesquisar o plano espiritual e ajudar o próximo, enviando energia, saindo do corpo, amando.

Eles tinham estudo sobre espiritualidade de forma profunda, estudo despido de preconceitos, medo, culpa e pecado. Não havia, portanto, apologia do karma (herança do Catolicismo). Não tiveram encarnações ligadas à Igreja, por isso, não havia apologia de nossa inferioridade e culpa.

Viam espiritualidade de uma forma positiva: sabiam que existia o karma, mas não faziam apologia a ele. Enfocavam ao contrário, todas as potencialidades internas que temos, como é normal na maioria dos grupos orientais ou com encarnações ligadas ao Oriente.

Não tinham o raciocínio que tínhamos que sofrer para aprender, ou do sofrimento como algo meritório (cultura judaica cristã).

Não procuravam fazer apologia de um "ídolo", pois tinham a noção que cada um tem seu potencial interior e do Deus interior que está em cada um de nós agora!

– **<u>Não havia</u> classificação entre inferiores e superiores (por exemplo: espíritos superiores e inferiores).** Enfocavam que existe a divindade em tudo e em todos e que cada um pode alcançar essa divindade agora, seja ele quem for. Não havia muito menos apologia a limitações de estar encarnado. Como é natural nas escolas orientais, sabiam que há divino em todos e que este divino pode ser alcançado agora. Isso ajudava muito o aprendizado e o crescimento.

– Havia uma alegria de viver, de fazer parte da criação. **Não havia apologia da inferioridade humana perante a criação, como é comum entre alguns grupos espiritualistas ocidentais. Pelo contrário, a técnica pedagógica utilizada para ensinar espiritualidade era que havia um Deus, positivo, dentro de nós** (*que o pessoal da apometria, por pesquisas, descobriu tratar-se do corpo Crístico, corpo já referido pela Teosofia e várias escolas espiritualistas antigas em várias culturas*). A vantagem desse grupo é que eles sabiam que esse corpo Crístico pode ser alcançado agora, não precisando ser por apologia da evolução (inferior/ superior), muito menos evolução por meio do sofrimento, ou de nossa suposta inferioridade.

– Não se remetiam o tempo todo ao karma (nem se falava em karma no grupo). Tal atitude permitia não ficarem se autopunindo, como é normal em alguns grupos no Ocidente, que só veem espiritualidade em função do karma gerando autopunição. Ao contrário, nem se falava em karma. Preferiam *ver os potenciais internos de cada integrante*. Eles estão certos em minha opinião: se você descobrir seu *potencial interno, ficará em frequência mais alta*, então amará, inclusive, aqueles a quem você eventualmente tenha prejudicado. Essa necessidade de autoflagelação é típica na cultura ocidental: "tenho que pagar, e isso é meritório". É uma mudança e um foco que as escolas orientais em geral e esse grupo "A" propõem: ao invés de sofrer para aprender, ou pagar, melhor é entrar numa frequência mais alta (Amor) para atingir a todos com ela. Mas você pode perguntar: isso já se diz no Ocidente – "o Amor cobre a multidão e pecados" –, mas a novidade é que se pode alcançar Deus agora!! Não somos inferiores, não temos que passar milhares de encarnações até a chegar à perfeição. Somos Divinos agora. Classificações como superior e inferior, apologia ao karma só atrapalha, em minha opinião.

– Esse grupo escolhia ir ao plano espiritual, sair do corpo em projeção astral e ver lugares e espíritos com níveis de consciência e percepção superior diferenciada. Iam, também a lugares mais inferiores do astral, mas não ligavam para isso, isso não os afetava emocionalmente. Ajudavam esses locais.

– Tinham contato também com extraterrestres extrafísicos, um pessoal de Júpiter. Em planetas como Júpiter, o que equivale a um espírito desencarnado é o estado natural dos habitantes desses planetas. Quando a NASA envia sondas espaciais, não captam essas formas de vida extrafísica, porque os aparelhos enviados pela agência espacial americana não estão adaptados a captar a frequência que esses seres vivem, como não captam desencarnados aqui na Terra e outras espécies extrafísicas existentes, flora e fauna extrafísicas aqui da Terra e de outros planetas, Quando enviam essas sondas espaciais a outro planetas, inclusive Júpiter, não veem esses seres, pois o aparelho que enviam ao espaço, não está adaptado a captar os níveis de frequência desses habitantes como dito.

– Este grupo tinha suas regras, como sair do corpo só para ajudar o próximo, mas minha impressão é que eles eram mais livres sem dogmas. Saíam do corpo e iam a outros planetas, como fazem também Waldo Vieira, Luiz Roberto Matos (Desembargador do Trabalho no Tribunal Regional do Trabalho no Estado da Bahia), Saulo Calderon (já fez projeções astrais para o citado planeta. Projetor astral bem conhecido no YouTube) e outros projetores astrais que conheço pessoalmente fazem. O pessoal desse grupo em análise dizia ir para fora da galáxia e outros recantos do universo, como diz fazer também Moisés Esagui, projetor astral bem conhecido na internet. Posso provar? Não. Mas informações de algumas dessas pessoas coincidiram com outras que conheço pessoalmente, como informação de presença de vida extrafísica em Júpiter por exemplo, que já foi afirmada pelas pesquisas de Kardec, pelo projetor Saulo Calderon e o grupo "A" sob análise.

– Esse grupo tinha um local físico para meditação e mentalização. Retiravam energia da água e colocavam essa energia dentro desse local físico, que ficava energeticamente potencializado, o que os ajudava a chegar a estados de consciência superiores e sair do corpo.

– Quando mentalizavam por outra pessoa, mandavam energia, enfocavam que essa pessoa achasse seu centro, seu EU SUPERIOR, para ela mesmo achar a resposta. Não mandavam energia simplesmente.

– Como dito, tinham contato com habitantes de Júpiter. Um destes habitantes cuidava do local onde meditavam. O que equivale a um espírito desencarnado (ser vivo em outro nível de frequência com o corpo composto por átomos, que pensa e sente e não pode ser visto porque os sentidos humanos, audição e visão humanas, captam níveis de frequência muito limitados) é o estado natural dos habitantes de Júpiter, como dissemos.

– Foi excelente para minha experiência pessoal ter contato com esse grupo e ter com eles uma visão diferente da visão ocidental de ver o fato da natureza espiritualidade. A riqueza da vida é a diferença.

Pontos a melhorar:

– Achavam que só eles e poucos grupos, tinham acesso à espiritualidade, que espiritualidade não era algo difundido na sociedade atual, o que é um engano. _Ao contrário do que esse grupo pensava, a noção sobre o extrafísico é difundida no Ocidente). Essa difusão se deve muito no Ocidente ao Espiritismo (Kardec e os que vieram após ele, Blavatsky, com a Teosofia e a Sociedade de Estudos Parapsíquicos, SPR em Londres-UK, com suas concordâncias e discordâncias e a Umbanda)._

– Era um grupo que tinha contato com poucos outros grupos que lidavam com o fato da natureza espiritualidade. Por este motivo...

– Achavam que não deveriam ajudar o próximo de forma direta, pois cada um tem seu nível de compreensão. Ajudavam de forma indireta, com mentalizações para alguém ou local ou ida no astral para ajudar. Penso que se pode ajudar de forma mais direta desencarnados e encarnados, do que eles faziam.

Centro espírita que frequentei que chamarei de I.

Pontos positivos:

Pessoas de boa vontade e bom coração para ajudar o próximo.

Pontos a melhorar:

Das pessoas que tive contato, a maioria só repete o que ouviu nos livros, não tendo visão crítica a respeito do que lê (pelo menos no horário em que frequentei, pois havia vários grupos em vários horários diferenciados).

Apologia ao karma e não há raciocínio a respeito de questões kármicas, mas só repetência do que leram.

Aulas particulares de Parapsicologia:

Tive aulas particulares de Parapsicologia, antes de fazer o curso de pós-graduação em Parapsicologia. As aulas me deram nova visão da Umbanda e de sua ligação com a natureza. Não aquela visão pré-programada de que a Umbanda é primitiva, o que é uma falácia absurda.

Nessas aulas particulares de Parapsicologia, foi me apresentado o livro *A Fonte Interior,* da autora Kathleen Vande Kieft, um livro que me enriqueceu muito em conhecimentos, pois fala do corpo Crístico, o Eu interno que todos temos.

Dois espíritos estavam volta e meia durante as aulas. Havia, entre mim, meu professor e os desencarnados, relação de amizade, parceria e *igualdade.* Entenda o leitor: eu não pagava por mediunidade. Pagava por conhecimentos em Parapsicologia, como quem paga por aulas particulares de Matemática, Português, Geografia etc. O que ocorria é que esses espíritos orientadores (meus) e outros apareciam para dar suporte ao trabalho e ajudar na troca de conhecimentos e orientação que era passada ao meu professor, que tinha vidência. Eles faziam acupuntura extrafísica em mim. Eu saia da aula novo em folha.

Reforço que não pagava por mediunidade, pois pagar por mediunidade é um erro que pode ter consequências muito ruins, porque pode ser alvo de espíritos zombeteiros. Espíritos sérios não fazem nada por dinheiro. Quando se paga, quer-se um resultado. No processo mediúnico, há via de duas mãos: há concordância do encarnado e do desencarnado. Se uma das partes não concordar, não há, portanto, trabalho mediúnico. Assim, quando há pagamento por processo mediúnico, só se atrairá espíritos frívolos, zombeteiros, brincalhões e não sérios, pois espíritos sérios só se interessam em ajudar a todos, quem pode e quem não pode pagar, pois têm interesse em ajudar toda humanidade sem distinção e sabem que todos somos interligados.

Neste caso, não estou falando de processos anímicos, ou seja, sem influência de desencarnado. Não estou falando em processos anímicos, mas sim de processos mediúnicos, que dependem de encarnado/desencarnado. Processos que só dependem do médium, anímicos, portanto, como ver aura, ou ver seres no extrafísico, como leitura de campo da aura, que só dependem do sensitivo, e não de desencarnados. No entanto, esses processos anímicos devem ser utilizados com ética e sem cobrança por eles, de modo que não vire balcão de negócios pela energia do médium, com cobranças de resultados, o que gera uma espiral de dependência que desgasta o sensitivo. Já vi, nas minhas experiências como parapsicólogo, sensitivos chorarem na minha frente, tamanha a dependência de pessoas para com ele. A natureza não funciona com dependência, mas, sim, cada um alcançando suas próprias qualidades e utilizando-as. Como dizia meu professor particular de Parapsicologia: *"é melhor você desenvolver suas capacidades psi e lidar com elas e não depender de mim ou qualquer outro"*. Válido lembrar que essas capacidades *psi* são capacidades naturais que qualquer um pode desenvolver com treinamentos, e não se deve encantar com elas, nem tampouco se achar superior aos outros por causa delas, muito menos usá-las para exercer poder sobre as pessoas: situações ridículas e infantis.

Nas aulas de Parapsicologia com meu professor, aprendi a maravilha que é ficar com a mente no presente, como relata o livro *A Fonte Interior*, de Kathleen Vande Kieft, mencionado antes, e *O Poder do Agora*, de Eckhart Tolle.

Nas aulas de Parapsicologia, espiritualidade era despida de medo, culpa e pecado – apologia ao karma.

Meu professor tinha Amor à natureza, me deu a noção de que somos parte da natureza. Meu professor era uma pessoa livre!

Após as aulas de Parapsicologia, quando meu professor e eu decidimos que eu já tinha alcançado um grau de maturidade nos estudos, terminei as aulas particulares e fui a um centro espírita que dizia trabalhar com apometria, técnica que me interessava. No entanto, esse local tinha trabalhos muito bagunçados e com tendência a ver coisas mais violentas, como obsessão, e só ver espiritualidade em função de obsessão. Foi um impacto negativo para mim, após anos vendo espiritualidade de forma mais suave. Havia muita confusão de teses, pois era grupo iniciante com muita confusão: aceitavam todas as manifestações como sendo de um espírito sério. Parece que não tinham visto a classificação de Kardec sobre espíritos zombeteiros, brincalhões e pseudossábios[41]. Era uma bagunça: uma médium que tinha mediunidade bem proeminente via níveis de frequência bem sutis, usava sua mediunidade para exercer poder sobre as pessoas. Outro senhor que se dizia ligado a uma pessoa famosa no movimento espírita falava compulsivamente, a ponto de não deixar ninguém falar, era "o senhor da verdade". Era vítima de *obsessão complexa,* obsessão complexa hipnótica, obsessão que está se tornado comum como ataque espiritual a grupos apométricos e já ocorreu em grupos de apometria em Brasília, Curitiba e n interior de São Paulo, segundo contatos que fiz. É a nova técnica do astral inferior para atacar grupos de apometria. Tal técnica de ataque, que verifiquei pessoalmente, de fascinar um médium, está descrita no livro *Aconteceu na Casa Espírita,* do médium Emanuel Cristiano[42].

Penso que os grupos de apometria espíritas ou de Umbanda, quando aplicam essa técnica, apometria, com Amor e com técnica (técnica é saber o que está fazendo), têm um meio eficaz para auxiliar humanidade, mas isso em grupos equilibrados e bem-estruturados, o que não é o caso desse grupo iniciante que menciono, no qual a obsessão e a guerra de egos imperavam.

Ida a algumas palestras da projeciologia (IIPC) e análise superficial de minha parte de algumas obras de Waldo Vieira:

---

41 Kardec, Allan. Escala Espírita – O Livro dos Espíritos. Livro II – Capítulo I, Instituto de Difusão Espírita. p. 76.

42 Aconteceu na Casa Espírita / Emanuel Cristiano (médium); Nora (Espírito). 8. ed. Campinas, SP: Editora Allan Kardec, 2009. 192 p.

Pontos positivos do IIPC, em minha opinião:

Relação de igualdade com espíritos desencarnados.

Waldo Vieira, por tudo que fez de bom pela humanidade, tem seu modo de auxiliar a humanidade. Há um preconceito tolo no movimento espírita pelo fato de Waldo ter abandonado o querido Chico Xavier. Analisando as obras de Waldo, quebrei o preconceito contra ele, que eu também tinha, reconhecendo nele um grande ser que auxilia a humanidade, mas quer trabalhar de forma diferenciada o fato da natureza espiritualidade, trabalhar de forma diferenciada do que com o Chico. Waldo tem defeitos e qualidades como qualquer ser humano. Discordo dele em vários pontos, bem como discordo de vários pontos dos conhecimentos do IIPC e das demais instituições fundadas por ele, mas acho que Waldo e sua enorme obra colaboraram muito pela humanidade com concordâncias e discordâncias que possamos ter. Quando Waldo Vieira desencarnou, eu disse de coração: "obrigado, Waldo!". Ele tinha vários defeitos e falava várias coisas que discordava, mas reconheço seu grande trabalho em prol da coletividade.

Tive contatos com ensinamentos do Osho por intermédio de uma amiga que foi aluna direta de um aluno direto de Osho:

Por intermédio de uma cliente, como advogado, tive o prazer de ter contato com os ensinamentos de Osho, mestre indiano e **GANGAJI** e **BABAJI, mestres do Oriente que alcançaram o seu EU superior**. Pode-se encontrar suas excelentes palestras no YouTube. Esses mestres, bem como o Osho, almejam alcançar o Deus interior já nesta encarnação, não fazem, portanto, apologia do karma ou à nossa suposta inferioridade. Já partem do princípio de que há um Deus em nós, e este Deus pode ser alcançado agora. Viram, portanto, o outro lado: há karma, é uma lei, mas você não precisa ficar fazendo apologia dele. O karma é só uma lei. Com seu interior e amor, você pode construir e não precisa ficar fazendo apologia dessa lei. Este grupo ligado aos ensinamentos do Osho, tinha, portanto, visão positiva sobre espiritualidade, partindo do princípio de que temos imensas potencialidades internas e que somos co-deuses. Muito diferente da noção ocidental de apologia da nossa inferioridade para manipulação de massa.

Ida à sede da Rosacruz, em Curitiba, onde me impressionou fortemente uma psicosfera de força, proteção e bondade na ocasião.

Ida a terreiros de Umbanda.

*Graduei-me em pós-graduação em Estudos da Consciência com Ênfase em Parapsicologia, em 2010.

Umbanda:

Partindo do conceito que cultura não se compara com o que uma cultura considera avançado, como um computador, em outra cultura, pode ser considerado de nenhum uso, como esse aparelho em tribos da Nova Guiné ou tribos do Norte do Brasil. Para eles, "avançado" é ter ligação telepática com animais e plantas, sentir-se parte da mãe Terra[43].

Partindo desse pressuposto sabemos que, para nossa cultura brasileira, foi trazido um arcabouço de conhecimentos maravilhosos sobre medicina, medicina natural, alimentos, novos vocabulários pelos índios, que na mata vivem integrando-se a ela, e os negros, notadamente bantos e yorubás que, como todos os povos, sabem da existência de formas de vida extrafísica na natureza, os chamados elementais. Tal conhecimento foi reprimido pela Igreja na Europa, entre os celtas na Bretanha, na França e em Portugal, que também tinham conhecimento da existência desses seres da natureza.

Assim, após período de séculos sem a Igreja ter contato com esses conhecimentos da natureza que foram banidos da Europa, voltaram os europeus a ter esse conhecimento, com os negros e índios que detinham esse mister.

A Umbanda surgiu em terras brasileiras, em 15 de novembro de 1908, por intermédio do médium Zélio Fernandino de Moraes (1891-1975) – data da proclamação da República brasileira.

Há pessoas completamente desinformadas que pensam que Umbanda se refere a fazer trabalhos ou encomendas para prejudicar outrem, o que é absurdo. Há, no entanto, trabalhos de embusteiros que utilizam o nome dessa religião de origem brasileira para arrecadar dinheiro. Outras linhas espiritualistas, com pouca informação, acham

---

[43] Sobre a ligação telepática que as plantas têm e captar os pensamentos na rede e pensamentos que todos nós estamos interligados leia o livro A Vida Secreta das Plantas, de Peter Tompkins e Christopher Bird.

que a Umbanda seria ligada com desencarnados de más intenções ou pouco conhecimento. As duas afirmações são falsas e partem de pessoas desinformadas e sem estudo específico.

A Umbanda é uma forma de agir com seres da natureza, interagir com eles e com índios e negros desencarnados, na tentativa de auxiliar e ajudar. Pelo fato de os negros terem vindo ao Brasil como escravos, há uma noção que eles seriam detentores de menos conhecimentos, o que antropologicamente é um conceito ultrapassado, pois havia escravos muçulmanos vindos a nossas terras com conhecimento de astronomia, química, física, matemática, enquanto seus senhores eram analfabetos. Mesmo quando vem de tribos, válido ressaltar que o conhecimento de medicina natural que eles tinham era fantástico.

Pelo fato de a Umbanda utilizar vocabulários mais simples, como "boiadeiro", "caboclo (que é a mistura do branco com o índio, mas na Umbanda é associada ao índio), por exemplo, faz-se uma falsa noção que seria um modo inferior de lidar com espiritualidade no sentido de conhecimento e intenções. Ledo engano! Novamente utilizamos a útil noção antropológica que cultura não se compara, não havendo, no século XXI, noção de cultura mais avançada ou atrasada, mas de noções de mundo diferenciados em cada cultura.

Na Umbanda, vi duas formas diametralmente opostas de tratar com desencarnados de pendendo do terreiro:

– Uma relação de submissão com o desencarnado, o que, na minha opinião, é contraproducente para ambos: encarnado e desencarnado.

– Uma relação de parceria, amizade e igualdade, o que gera um equilíbrio na relação, trazendo troca de ideias entre ambos (encarnados e desencarnados), trazendo crescimento mútuo.

***Centros espíritas dignos de elogio em Curitiba:

- **Luz Eterna:**

Rua Des. Hugo Simas, próximo ao cemitério municipal.

Maturos, atualizados, com estudos científicos apurados voltados à ciência terrestre-física quântica, por exemplo (a maioria dos frequentadores). Conseguem aliar ciência embasada em estudo atualizado com sentimento, caridade. Elogio feito ao Carlos Parchen, que sintetiza o escrito.

- Capa dos Pobres:

Centro espírita ao lado do hospital Evangélico.

Tolerante, aberto, conhecido em Curitiba por ser um centro sem dogmas (não existe dogmas no Espiritismo, as pessoas que as inventam), com uma psicosfera de Amor conhecida em toda cidade.

- Luz e Verdade:

Centro espírita na rua Comendador Roseira, próximo à PUC – bairro Prado Velho em Curitiba/PR.

Centro espírita de pessoas com psicosfera (atmosfera mental coletiva de pensamentos e sentimentos do local) de humildade e amor fantástica. Pessoas de bom coração com vontade ajudar o próximo.

- Grupo B....:

Este grupo, que chamei de "grupo B", possuía algumas características: havia, quando lá frequentei, uma alegria de viver no grupo. Uma alegria de fazer parte e se sentir parte da natureza, vendo animais como irmãos e a terra como mãe sagrada que tudo fornece e provê. Havia sabedoria em apreciar as coisas boas da vida.

Um pajé, vindo de um país da América do Sul, fazia explanações maravilhosas e de alta sabedoria, profunda de vida. Ele e os que o ouvem sabem que existe reencarnação. São desprovidos de pecado. Havia alegria, entre eles, em fazer parte da natureza.

Pela questão terrível das drogas, o Brasil virou as costas ao resto da América Latina, como se dela só proviessem drogas e problemas. Essa visão está mudando. Este grupo auxiliava nisso. Existe uma sabedoria imensa e plena de vida dos índios e das culturas indígenas, que são fortes em boa parte do continente americano. Só um ignorante para dizer e não contextualizar e perceber que o "selvagem", que O Livro dos Espíritos se refere aos índios, foi um momento cultural que o francês do século XIX vivia, em que não havia as noções antropológicas de hoje, quando, ridiculamente, os europeus, para justificar a colonização, se achavam superiores aos demais povos, sem perceber que estes tinham visões diferentes das suas, muitas vezes, noções de humanidade, ciências e higiene mais profundas ou diferentes do que os povos do continente europeu tinha. Kardec foi humano, como humano adaptado a um ambiente cultural (França do século XIX), onde a mentalidade daquele país, naquela época, girava em torno do conceito exposto anteriormente. Portanto, os espíritos que o orientaram necessitaram utilizar os conceitos que ele, europeu do século XIX, possuía.

Há uma sabedoria maravilhosa nos índios. Os que vivem em tribos têm noção profunda de contato com a natureza e de percepção da vida, mesmo os que viviam em cidades cosmopolitas, como os Maias, Astecas e Incas a tem.

De outra forma, existem algumas questões mercantilistas patrocinadas por algumas empresas de turismo que só têm interesse em arrecadar, utilizando falsos pajés. Entre os verdadeiros pajés, há muita sabedoria e nos índios de forma profunda.

Soube atualmente, por uma pessoa egressa do grupo B, que saiu deste grupo, pois um pajé se deixou dominar pela ganância e usa sua autoridade para exercer poder sobre as pessoas por dinheiro, influência, poder por sexo e política, infelizmente.

Sobre os verdadeiros pajés, a noção de que índios são ingênuos ou ignorantes faz quem pensa assim ignorante (ignorante na noção falta de conhecimento), pois não sabe que cada cultura tem modo diferente de ver o mundo. Assim como exemplo de sabedoria, temos, a seguir, carta do cacique Seattle ao Presidente dos EUA, quando este ofereceu para comprar suas terras:

Há mais de um século e meio, em 1855, o cacique Seattle, dos Suquamish, do Estado de Washington, costa Oeste dos Estados Unidos, enviou esta carta ao presidente Franklin Pierce, em resposta a uma oferta para compra do território indígena. As reflexões do líder Suquamish ainda têm uma surpreendente atualidade.

Carta do Cacique Seattle:

> O grande chefe de Washington mandou dizer que quer comprar nossa terra. O grande chefe assegurou-nos

também da sua amizade e benevolência. É uma atitude gentil da parte dele, pois sabemos que não necessita da nossa amizade. Vamos pensar na oferta. Sabemos que se não o fizermos, o homem branco virá com armas e se apossará dela. O grande chefe de Washington pode acreditar no que o chefe Seattle diz com a mesma certeza com que nossos irmãos brancos podem confiar na mudança das estações do ano. Minha palavra é como as estrelas: não perdem o brilho.

Mas como é possível comprar ou vender o céu, o calor da terra? É uma ideia estranha. Não somos donos da pureza do ar e do brilho da água. Como alguém pode então comprá-los de nós? Decidimos apenas sobre coisas do nosso tempo. Toda esta terra é sagrada para o meu povo. Cada folha reluzente, todas as praias de areia, cada floco de neblina nas florestas escuras, cada clareira, todos os insetos a zumbir são sagrados nas tradições e na crença do meu povo.

Sabemos que o homem branco não compreende o nosso modo de viver. Para ele um torrão de terra é o mesmo que outro. Porque ele é um estranho, que vem de noite e rouba da terra tudo quanto necessita. A terra não é sua irmã, nem sua amiga, e depois de esgotá-la ele vai embora. Deixa para trás o túmulo de seu pai sem nenhum sentimento. Rouba a terra de seus filhos, nada respeita. Esquece os antepassados e os direitos dos filhos. Sua ganância empobrece a terra e deixa atrás de si os desertos. Suas cidades são um tormento para os olhos do homem vermelho, mas talvez seja assim porque o homem vermelho seria um selvagem que nada compreende.

Não há paz nas cidades do homem branco. Nem lugar onde se possa ouvir o som do desabrochar da folhagem na primavera, o zumbir das asas dos insetos. Talvez por ser um selvagem que nada entende, o barulho das cidades é terrível para os meus ouvidos. E que espécie de vida é aquela em que o homem não pode ouvir a voz do corvo noturno ou a conversa dos sapos no brejo à noite? Um índio prefere o suave sussurro do vento sobre o espelho d'água e o próprio cheiro do vento, purificado pela chuva do meio-dia e com perfume de pinho. O ar é precioso para o homem vermelho, porque todos os seres vivos respiram o mesmo ar, animais, árvores, homens. Não parece que o homem branco se importe com o ar que respira. Como um moribundo, ele é insensível ao mau cheiro.

Se eu me decidir a aceitar a venda, imporei uma condição: o homem branco deve tratar os animais como se fossem seus irmãos. Sou um selvagem e não compreendo que possa ser de outra forma. Vi milhares de bisões apodrecendo nas pradarias abandonados pelo homem branco que os abatia a tiros. Sou um selvagem e não compreendo como um fumegante cavalo de ferro possa ser mais valioso que um bisão, que nós, peles vermelhas matamos apenas para sustentar a nossa própria vida. O que é o homem sem os animais? Se todos os animais acabassem os homens morreriam de solidão espiritual, porque tudo quanto acontece aos animais pode também afetar os homens. Tudo quanto fere a terra, fere também os filhos da terra.

Nossos filhos viram os pais humilhados na derrota. Nossos guerreiros vergam sob o peso da vergonha. E depois da derrota passam o tempo em ócio e envenenam seu corpo com alimentos doces e bebidas ardentes. Não importa muito onde passaremos nossos últimos dias. Eles não são muitos. Mais algumas horas ou até mesmo alguns invernos e nenhum dos filhos das grandes tribos que viveram nestas terras ou que tem vagueado em pequenos bandos pelos bosques, sobrará para chorar, sobre os túmulos, um povo que um dia foi tão poderoso e cheio de confiança como o nosso povo.

Sabemos de uma coisa que o homem branco talvez venha um dia a descobrir: nosso Deus é o mesmo Deus. Julga, talvez, que pode ser dono Dele da mesma maneira como deseja possuir nossa terra. Mas não pode. Ele é Deus de todos. E quer bem da mesma maneira do homem vermelho como do branco. A terra é amada por Ele. Causar dano à terra é demonstrar desprezo pelo Criador. O homem branco também vai desaparecer, talvez mais depressa que as outras raças. Continua sujando sua própria cama e há de morrer, uma noite, sufocado nos seus próprios dejetos. Depois de abatido o último bisão e domados todos os cavalos selvagens, quando as matas misteriosas federem à gente, quando as colinas escarpadas se encherem de fios que falam, onde ficarão então os sertões? Terão acabado. E as águias? Terão ido embora. Restará dar adeus à andorinha da torre e à caça. É o fim da vida e o começo da sobrevivência.

Talvez compreendêssemos com que sonha o homem branco se soubéssemos que esperanças transmite a seus filhos nas longas noites de inverno, que visões do futuro oferece para que possam tomar forma os desejos do dia de amanhã. Mas nós somos selvagens. Os sonhos do homem branco são desconhecidos para nós. E por serem desconhecidos, temos que escolher nosso próprio caminho. Se concordarmos com a venda é para garantir as reservas que foram prometidas. Lá talvez possamos viver nossos últimos dias. Depois que o último homem vermelho tiver partido e a sua lembrança não passar da sombra de uma nuvem sobre as pradarias, a alma do meu povo continuará a viver nestas florestas e praias, porque nós as amamos como um recém-nascido ama o bater do coração de sua mãe. Se vendermos nossa terra, ama-a como nós a amávamos. Protege-a como nós a protegíamos. Nunca se esqueçam de como era a terra quando tomaram posse dela. E com toda a sua força, o seu poder, e todo o seu coração, conserva-a para os seus filhos e ama-a como Deus ama a todos nós. Uma coisa sabemos: o nosso Deus é o mesmo Deus. Esta terra é querida por Ele. Nem mesmo o homem branco pode evitar o nosso destino. (A REPÚBLICA DA ALVORADA, 2012)

Retirada de: http://ignisnri.blogspot.com.br/2007/12/carta-do-cacique-seattle.html – "Blog "A República da Alvorada", em 25 nov. 2012.

Aí vê se uma noção espiritualista profunda. Se isso é ser primitivo e estar nas primeiras encarnações, quero estar entre eles.

Algo que percebi em minhas observações em vários grupos espiritualistas, como Rosacruz, maçons, Gnose, Teosofia, Espiritismo, Espiritismo com apometria, Umbanda, Candomblé, grupos familiares independentes, grupos espiritualistas sem nomenclatura alguma, budistas, hindus e tantos outros, é que todos se ajudam em nome do amor ao próximo e ajudam a humanidade. Isso é um sinal de maturidade coletiva que a humanidade já alcançou, sendo algo muito positivo para humanidade e para a rede de pensamento na qual todos estamos inseridos.

É visto que cada vez há uma interação mútua e aprendizado mútuo de cada grupo e que, muitas vezes, uma pessoa frequenta um ou mais grupos.

Ainda sobre espiritualidade e os índios, escrevo este livro com "reflexões para amadurecimento dos movimentos espiritualistas",

OBSERVAÇÕES, PESQUISAS E ANOTAÇÕES SOBRE ESPIRITUALIDADE

sem querer impor nada a ninguém, a título de reflexão e sugestão, pois, entre outras coisas, não se pode falar no século XXI, que o índio é inferior, ou absurdo que pessoas encarnadas como escravos sofreram porque tinham que aprender pelo sofrimento ou que eram inferiores (absurdo). São conceitos ultrapassados, que o pesquisador Kardec discordava.

Vejamos a citação de fundamental importância para atualização do modo de pensar de alguns espíritas na obra de Manoel Philomeno de Miranda. Quando a encontrei, estava escrevendo este livro, pensando como o movimento espírita e outros movimentos espiritualistas, poderiam atualizar-se em relação à visão antropológica a respeito de índios e tribos, e deixou-me muito feliz o encontro dessa citação do Espírito Charles White, que diz ter tido última encarnação na Inglaterra, na obra *Transição Planetária* (MIRANDA; FRANCO, 2010, p. 44-45)[44]:

> -Quando, no corpo somático, vivi o maior período da existência na região da Polinésia. Fiz parte dos conquistadores que chamávamos indígenas, e, em nome de nossos falsos valores, lutamos para aculturá-los com a nossa presunção de senhores do conhecimento.
>
> "Ledo engano! À medida que convivíamos com eles descobrimos a sabedoria de que eram portadores, no seu aparente primitivismo. Encontramos, nos seus cultos, considerados grosseiros, informações profundas, que eram passadas de uma para outra geração oralmente e pelos trabalhos a que se afeiçoavam. Seus xamãs, em momentosas comunicações espirituais eram, ao mesmo tempo, sacerdotes e médicos, pensadores e sábios, conselheiros, administradores e psicólogos eficientes...
>
> Com eles tomamos conhecimento da interferência dos mortos na existência dos vivos e aprendemos que a terapia mais eficiente diante dos desafios do binômio saúde-doença é sempre o amor expresso no respeito recíproco e nos cuidados que são oferecidos por todos os membros do clã.

Vide aí a excelente citação do Espírito Charles White, atualíssima com os conceitos da antropologia e o que a antropologia atual já percebeu há muito: não se pode usar uma cultura para comparar à outra,

---

[44] *"Transição Planetária"*, em: Miranda, Manoel Philomeno de; Franco, Divaldo Pereira. 2. ed. p. 44-45. Ed. LEAL, 2010.

pois cada cultura se desenvolve de acordo com sua visão de mundo diferenciada, sendo comum a todas elas os sentimentos latentes em qualquer ser humano, como amor, bondade, afeto, esperança etc., que são sentimentos universais.

Não estamos falando de pajés falsos que estão interessados em dinheiro.

Estamos falando dos verdadeiros pajés. Aliás, muitos psicoterapeutas modernos recorrem a tribos e civilizações que optaram por viver mais próximos à natureza para resolver problemas e questões psicológicas de civilizações que resolveram afastar-se dela, como é o caso da civilização europeia ocidental, dentre outras. Incomodava-me afirmações absurdas e não pensadas em alguns centros espíritas de que tribos indígenas eram espiritualmente inferiores ao homem que vive em cidades. Incomodava-me pela ignorância e pela falta de conhecimento e, por ingenuamente, só repetirem sem contextualizar o conhecimento para o século XXI.

Tais conceitos, que eram aceitos pelo europeu do século XIX, hoje são rechaçados, pois o que é ser mais evoluído? É ter instrumentos? Ou viver com sabedoria junto à natureza?

As civilizações Maia, Asteca e Inca tinham instrumentos muito mais avançados que os europeus, quando estes chegaram às Américas. Mas os europeus tinham armas mais eficazes e doenças.

O que é ser mais avançado?

É ter mais conhecimento intelectual?

Os índios e aborígenes de qualquer parte têm muito mais conhecimento sobre plantas e animais, medicamentos e cura transmitida oralmente e percebida por intuição que muitos farmacêuticos. Tanto que muitas empresas farmacêuticas enviam estrangeiros às selvas para perguntar aos nativos que tipo de vegetal traz cura para determinada doença, para daí essas empresas extraírem delas o princípio ativo, patentearem e sustentarem a bilionária indústria farmacêutica.

O que é ser mais avançado?

É ter sentimentos morais como amor, compaixão?

Em algumas tribos indígenas, quando a mulher tem filhos, toda tribo é responsável por cuidar daquela criança, é pai e mãe da criança, sendo que ela nunca fica ao abandono. Isso não é sabedoria?

OBSERVAÇÕES, PESQUISAS E ANOTAÇÕES SOBRE ESPIRITUALIDADE

O movimento espírita, encarnado e desencarnado, deve raciocinar e atualizar seus conceitos percebendo que o conceito de cultura tem diferentes pontos de vista e somente porque uma cultura acha que ser avançado é construir edifícios, por exemplo, e a outra acha que ser avançado é viver junto à natureza, sua mãe, não se pode classificar de mais avançada e menos avançada.

Apesar de o autor, espírito desencarnado, fazer algumas referências nas páginas seguintes da mesma obra em relação aos espíritos de povos de ilhas da Polinésia como "simples e ingênuos" (*Transição Planetária*", em: Miranda, Manoel Philomeno de; Franco, Divaldo Pereira. Ed. LEAL, 2 ed. 2010. p. 45), visão essa arraigada ao século XIX, talvez porque o respeitável Manoel Philomeno ainda guarde resquícios das noções do século XIX a respeito de povos não europeus e que transpareceram nas obras do grande pesquisador Allan Kardec e, lamentavelmente, foram repetidos sem a evolução necessária de conceitos que o Espiritismo deve ter, conforme já preceitua Kardec, na sua obra *A Gênese*:[45] "*Se a ciência se modificar a respeito de um ponto o Espiritismo também se modificará*" (KARDEC, 2013, p. 78). Visão excelente de Kardec para construção, evolução e aprimoramento do Espiritismo, fato que não foi compreendido ainda por alguns espíritas e alguns espíritos desencarnados que frequentam movimento espírita com um coração muito bom, mas algo a construir em relação a conhecimento e esclarecimento de conceitos atuais da ciência.

Cursei seis meses do curso de Ciências Sociais na UFPR, tranquei-o, mas um dos conceitos mais maravilhosos que aprendi na matéria de antropologia, conceito esse que me foi muito útil para vida toda, é que, para ver outra cultura, se deve despir da sua, não ver outra cultura a partir da sua, com conceitos de mais avançados ou atrasados, melhor ou pior. É preciso despir-se para ver o que e de que forma aquele agrupamento humano vê o mundo. Se, para você ser mais avançado, é ter computador, para um aborígene da selva, é ter intuição no meio da selva sobre medicamentos que você nem sonha em conhecer. Se, para você e sua cultura, ser avançado é raciocinar, para um índio brasileiro, é intuir. Os conceitos do *Livro dos Espíritos* sobre índios e aborígenes, chamados de "selvagens" no

---

[45] "uma de duas: ou a ciência está em erro, ou tem razão. se tem razão, não pode fazer seja verdadeira uma opinião que lhe é contrária. não há revelação que se possa sobrepor à autoridade dos fatos". KARDEC, Allan. *A Gênese*. 5. ed. Tradução de Guillon Ribeiro. Brasília: FEB, 2013. p. 78.

livro, são conceitos do século XIX feitos no século XIX para homens franceses do século XIX entenderem. Não cabem mais no século XXI. Se chegarmos hoje no setor de antropologia da Universidade Sorbonne em Paris e dissermos que o índio e aborígene são inferiores, seremos ridicularizados, pois já é sólida, no século XXI, a ideia de que cultura não se compara, sendo que situações de uma cultura não são válidas para outra.

Se quisermos fazer ciência sobre esse fato da natureza que é espiritualidade, devemos raciocinar e não repetir o que está escrito nos livros, pois este primeiro não foi escrito com esse fim, mas, sim, com a intenção de pesquisa e atualização sobre este fato da natureza que é espiritualidade e sobre a vida dos seres.

CAPÍTULO XX

SEGUIR A SI MESMO – É VOCÊ E O UNIVERSO

Não se deve seguir uma doutrina. Deve se perguntar se alguma doutrina é útil para mim e para a humanidade. Se ela for, deve propagá-la. Parece-me que esse era o pensamento de Kardec. Deve se ver a essência.

Falei neste livro que é fundamental ir a locais diferentes. Por isso, em minha trajetória, gostaria de agradecer a todos: Waldo Vieira (IIPC), Divaldo Franco, Chico Xavier, grupo A, Luz Eterna, pessoal da apometria, Budismo zen e tibetano, variados grupos e pessoas, exemplos católicos de ajuda ao próximo espalhados pelo mundo, por terem cada um dado um pouco do exemplo pelo qual EU ME CONSTRUÍ.

Existem dois aspectos a serem trabalhados para o buscador: o exterior atividades espirituais interagindo com o plano extrafísico e o INTERIOR, que são os potenciais interiores que podem ser alcançados AGORA, pois há um Deus interior e que pode ser alcançado *AGORA*, COM PRAZER MANTENDO OS SENTIDOS NO PRESENTE, O QUE GERA PRAZER, ALCANÇADO PELO SILÊNCIO DA MENTE, O CORPO CRÍSTICO, O DEUS INTERIOR. Boa sorte!

CAPÍTULO XXI

SUGESTÕES A DIVERSOS LOCAIS ESPIRITUALISTAS ESPALHADOS PELO GLOBO E PARA VOCÊ/METAS PARA O SÉCULO XXI

Aqui estão algumas sugestões para diversos locais espiritualistas:

– Locais espiritualistas devem ter uma sala ou um local de pesquisas.

– Deve haver uma parte financeira do local espiritualista dirigido a pesquisas para compra de material com a união, "vaquinha" financeira para esse fim.

– A descoberta científica engrandece e enobrece quando usada para fim de conhecimento e ajuda ao próximo e da humanidade[46].

– Importante não centralizar o conhecimento em um só lugar. É importante haver diversos grupos com visões e opiniões diferentes sobre esse fato da natureza que é espiritualidade. É importante não centralizar o conhecimento dizendo que só um local ou curso tem a verdade. É importante que haja grupos diferentes, pois, muitas vezes, o que um vê, em todos os sentidos, pode ser o que o outro não percebe e, fazendo interação, podem trocar experiências para crescimento mútuo.

– Procure um centro espiritualista onde o "achismo" não prevaleça.

– Onde as pessoas não repitam o que os outros falam só porque foi dito por um Espírito.

– Onde haja entre o Espírito desencarnado e as pessoas uma relação de parceria, companheirismo e IGUALDADE, e não uma relação de submissão com o Espírito desencarnado. Tal visão

---

[46] No livro Células-Tronco, Bebês de Proveta e Lei: Onde Há Vida – Uma Análise Legal, Jurisprudencial e Científica Parapsicológica",2011.1. ed., do mesmo autor desta obra, houve tentativa primordial em demonstrar que seres vivos em outro nível de frequência, no extrafísico, é fato da natureza, só mais um reino da natureza como o reino animal, vegetal e mineral. O livro demonstra cinco comprovações de que o ser extrafísico (MOB) forma o feto junto com o DNA.

de submissão, provêm de um substrato católico presente no inconsciente coletivo do Brasil e, possivelmente, de experiências reencarnatórias junto à Igreja no passado. Há, no meio católico brasileiro, uma energia muito forte e positiva direcionada à Nossa Senhora, pelas milhares de pessoas fazendo prece por essa representação da mãe divina, o que é muito positivo, mas a Igreja do passado, como instituição, tinha uma relação de imposição e submissão com as pessoas.

– Procure locais onde as pessoas tenham o "espírito" de pesquisa que tinha Kardec e outros pesquisadores, e não somente decorem as obras de Kardec, assim como algumas religiões decoram a Bíblia, por considerá-la algo santificado, sem entender sua essência e seu contexto histórico, social e antropológico.

– Procure locais onde haja pesquisa e um departamento de pesquisa, desbravador e criterioso, como foi o Engenheiro Hernani Guimarães Andrade, o maior parapsicólogo brasileiro.

– Procure locais onde não haja as ideias de culpa, medo e pecado herdadas de um Catolicismo arcaico, que nem o Catolicismo utiliza mais.

– Procure locais onde não haja apologia do karma, mas haja a noção real de que, com Amor e descobrindo o EU superior irradiando Amor, já podemos eliminar o karma, como já perceberam os iogues indianos.

Procure um local onde não haja um presidente vitalício.

– É interessante incentivar as pessoas a criar um bolsão de pensamento, também chamado de holopensene (holo-todo, pen-pensamento, sen-sentimento e-energia) em casa, no trabalho, dizendo, com vontade, todo dia, ao entrar no ambiente de trabalho ou em casa, ou qualquer outro lugar: *"QUE A PAZ ESTEJA NESTE LUGAR"*. Este pensamento, com vontade, ajuda a psicosfera (atmosfera mental) do ambiente, quando dito com convicção, e ajuda a psicosfera do planeta.

A intenção principal de ter escrito este livro é demonstrar que o movimento espírita e os outros movimentos espiritualistas que lidam com o fato da natureza espiritualidade não precisam mais das noções provindas do Catolicismo do século XIX, que era carregado de culpa por questões de dominação política, psicológica, cultural e social. O movimento espírita já tem "corpo" e massa crítica suficiente para se desapegar disso e cumprir seu objetivo, que é divulgar o Espiritismo e outros segmentos espiritualistas, como instrumento para que o homem alcance seu interior, o Deus que está dentro de cada um de nós, bem como compreensão de fatos da natureza, como vida após a morte do corpo físico.

Você pode alcançar seu interior agora mesmo. Não é preciso repetir aquelas frases pré-moldadas estilo "walita": "você precisa sofrer em várias encarnações para chegar à perfeição." É preciso que as pessoas dentro dos centros espíritas e locais espiritualistas raciocinem a respeito de leis da natureza, como o karma e como lidar com ele, e não só repitam o que leram, mas antes de tudo pesquisem, para poderem chegar a um resultado mais aprofundado. Daí a necessidade de implantação de um setor ou sala de pesquisas como mencionado em item anterior deste livro.

Sobre ser feliz, você pode ser feliz agora, já!!!! Pratique exercícios para *ouvir o silêncio,* como propõe o livro *A Fonte Interior,* da autora Katheleen Vande Kieft, que indica exercícios deliciosos usando os sentidos no presente: audição, visão, tato olfato, paladar. A autora propõe que, primeiramente, experimente como é deixar a mente vazia sem pensamentos, percebendo tudo à sua volta. Depois, que você se concentre em cada um desses sentidos durante um dia todo, durante suas atividades diárias. No sexto dia, some todos esses sentidos, vendo e percebendo tudo à sua volta. É uma delícia! Dá sensação de estar vivo, ver, ouvir, cheirar, tocar, sentir toda beleza a sua volta, que você não percebe.

A ideia deste livro é demonstrar que todas as doutrinas espiritualistas têm a mesma essência e vão para um mesmo fim, que é o aprimoramento do ser humano.

Outrora se necessitava, por questão de dominação política, a figura de um Deus externo que te vigia. Já hoje já se tem a noção de que, se Deus é perfeito, ele criou tudo para um fim perfeito. Basta perceber isso, olhando para si mesmo e descobrindo suas potencialidades interiores, por meio dos sentidos, como propõe o excelente livro *A Fonte Interior,* de Kathleen Vande Kieft, já mencionado.

É possível que, após escrever este livro, eu aprimore ideias, já que a lei da vida para todos é evolução. Minha maior intenção é que esta obra instigue você à reflexão e ao aprimoramento. Esse é o objetivo desta obra: reflexão, independência e capacidade de perceber que há um Deus dentro de você, que pode ser acessado agora com suas potencialidades. O objetivo deste livro é retirar ideias estéreis como submissão e autopunição dos movimentos espiritualistas, que herdaram tal fato por osmose, sem reflexão. Digo que o pesquisador deve construir e acompanhar aquele que procura compreender a natureza.

Não sou mestre de ninguém, apenas alguém que reflete.

É possível que eu concorde e discorde do que escrevi. Faço questão que seja assim, pois a lei da vida é evolução, e a maior prisão para um autor, encarnado ou desencarnado, é o leitor achar que ele ficou preso no tempo, não estudou, aprimorou ideias, evoluiu cresceu e viu outros ângulos.

Escrevi este livro porque penso que os movimentos espiritualistas podem ir além por meio da pesquisa. E você, como ser humano, também pode, com outros movimentos espiritualistas.

As pessoas criam suas próprias limitações. As técnicas político-religiosas de manipulação de massa, de dizer que o ser humano é inferior, usadas no passado e incorporadas ao movimento espírita e outros espiritualistas, por osmose, sem pensar, não servem mais para hoje.

O motivo de este livro ter sido escrito é pelo movimento espírita e outros grupos espiritualistas terem alcançado uma amplitude. Se o movimento espírita se adaptar ao século XXI, poderá fazer muito mais pessoas felizes, retirando-se seus atavismos e adaptando-se a este fato da natureza que é espiritualidade.

A realidade é agora! Sinta a beleza de fazer parte da criação. Sinta que a perfeição está dentro de si! Permita-se ser feliz! Seja feliz com as várias potencialidades de seu ser, com o prazer de usar os sentidos e deixar a mente no presente e todas as potencialidades mais que você, ser humano, tem.

É preciso que o movimento espírita alcance a essência do Espiritismo, que é a essência das doutrinas espiritualistas: que há um Deus interior e que cada um é coautor da criação.

Não tenho a intenção de alcançar qualquer *status* dentro do movimento espírita ou de outros movimentos espiritualistas.

Não tenho intenção de causar rupturas no movimento espírita ou em qualquer outro movimento. Minha intenção é que você cause rupturas em você, para ser mais livre.

A intenção deste livro não é fazer uma "média" com todos, dizendo que todos são bons, mas reconhecer que todos que têm boas intenções e ações em qualquer lugar e culturas são úteis a todos pela riqueza de ser humano.

A diversidade é salutar no modo de ver diferentes coisas, questões e modos de ver o mundo, causando crescimento. O crescimento pode vir por meio de pesquisas e reformas íntimas. Ao longo da história, sempre foi assim.

Que este livro ajude alguém!!!

CAPÍTULO XXII

PESSOAS VARIADAS, ENSINAMENTOS PRECIOSOS

Tenho amigos muito queridos, que são Dalton Campos Roque e Andréa da Silva[47], casal de estudantes espiritualistas que respeito. Concordo com algumas opiniões deles, enquanto discordo de outras, o que é muito salutar, pois cada pessoa tem sua própria experiência e o modo próprio como sentiu e viu essa experiência. Achei muito eficaz a exemplificação colocada por eles, no seu livro *Karma e Suas Leis,* sobre pessoas espiritualistas que já conheceram. Por achar tal exemplificação pedagógica, para fins de ensino espiritualista, a seguir, coloco alguns espiritualistas que eu já conheci, de várias linhas diferentes, omitindo seus nomes por uma questão de respeito, para que o leitor faça suas distinções e sua noção crítica. Minha intenção é que o leitor tire suas conclusões, tirando o que é de bom para si em cada tipo de pessoa e que tenha visão crítica sobre as pessoas que vier a conhecer, sabendo que são seres humanos com defeitos e qualidades e que têm esse direito.

Exemplos de pessoas espiritualistas vistas ao longo da vida, por mim:

Primeira pessoa:

Essa pessoa tem uma relação de dependência psicológica com relação a um desencarnado, médium ou qualquer ser extrafísico. Quando discordam dele, espiritualista, refugia-se no conceito de que "foi a espiritualidade que mandou", tal qual criança se refere ao pai. Há referência subconsciente ao desencarnado como alguém superior. Tem consciência de que há um Deus dentro de si (Eu Superior – O corpo Crístico), mas não sabe como acessar este Deus agora. Acha erroneamente que a finalidade da vida é passar milhares de encarnações na dor e no sofrimento até chegar à perfeição. Só vê espiritualidade em função da lei de ação e reação, como se ele fosse refém do karma, e

---

[47] https://consciencial.org/.

não autor da sua própria liberdade. Herança de um Catolicismo arcaico que ficou em si de forma inconsciente, como se fosse meritório sentir culpa e dizer que é inferior. Realmente acredita ser inferior.

Segunda pessoa:

Trabalha com apometria. Faz excelente trabalho pela humanidade. Ajuda milhares de pessoas e a humanidade. Tem os mesmos conceitos da pessoa do tipo 1 (acima "Primeira Pessoa"), relacionados anteriormente. A todo momento, refere-se à "lei" como se a lei de ação e reação (karma) estivesse com um tacape em cima dele a todo momento para lhe dar um soco na cabeça. Trata desencarnados mais evoluídos como anjos católicos. Acha que espíritos inferiores, mas inteligentes e espertos, devem sentir medo para não fazerem o mal. Encanta-se com os conhecimentos que adquiriu e suas capacidades *psi*. Escolheu trabalhar com coisas mais difíceis no astral como obsessões complexas, ajudando muitas pessoas. Espera sempre ordens de alguém superior no astral. Não tem a consciência de que ele faz parte de Deus e do todo e que, tendo Deus em si, não precisa receber ordens de ninguém, pois já está em Deus. Agora! Esta pessoa especializou-se em sair do corpo e ir a locais mais inferiores do astral ajudar o próximo. Esta pessoa estuda vários ramos que estudam e trabalham com espiritualidade como Umbanda, Espiritismo e outros, bem como os livros da Bárbara Ann Brennan e outros.

Terceira pessoa:

Mais suave que os dois primeiros, essa pessoa tem conhecimentos de homeopatia, energias, já percebeu que as diferentes doutrinas espiritualistas, e os considerados mestres da humanidade quiseram falar a mesma coisa: "seja feliz", fora questões políticas e históricas que foram manipuladas depois, ao longo dos séculos. Usa seus conhecimentos para o bem coletivo e para ajudar os outros. Procura vários conhecimentos espiritualistas em vários ramos espiritualistas, de coração aberto. Já sabe que Deus está dentro de si, mas acha difícil alcançá-lo. Consegue distinguir religião como coisa dos homens e religiosidade como o sentimento religioso de perfeição da vida, que pode haver em qualquer religião; e que essas são só manifestação da observação do homem pela perfeição da vida, tirando os dogmas e questões políticas que lá foram colocadas. Considera que sua religião é o Creador de tudo, Deus, e que ele e Deus se bastam. É sábio.

Quarta pessoa:

Bondoso, vai ao local onde tem reuniões espiritualistas, com o coração aberto, com vontade ajudar o próximo. Possui amor e vontade ajudar. Acha com ingenuidade, que, na atualidade, só o seu ramo espiritualista tem conhecimento sobre espiritualidade ou é o melhor ramo.

Quinta pessoa:

Essa pessoa tem coração bom e alegria de viver. Sabe que Deus está dentro de si e que há um corpo Crístico, que é Deus dentro de si e que pode ser alcançado agora. Ama a vida e as pessoas. Fala mais em Amor do que em karma. Sabe que o karma existe, mas não faz apologia dele, mas, sim, do Deus interno que tem em si. Pelo fato de ter visto e experenciado que O Deus interno (corpo Crístico) está dentro de si e pode ser alcançado *agora,* vê a si próprio como parte e cocriador da criação e co-Deus, como todos nós somos. Vê dessa forma também os outros seres. Trata espíritos desencarnados e todos os milhares de espécies de seres extrafísicos como iguais, pois sabe que há um Deus em si e nos outros seres. Essa pessoa se preocupa com as imensas potencialidades que cada um de nós tem e ela mesmo tem. Essa pessoa não tem classificações como espíritos superiores ou inferiores, mundos superiores ou inferiores (o que é uma hierarquia velada, que pode ser usada como dominação política), nem tampouco se sente inferior pelo fato de estar encarnado, pois vê o EU divino que está em tudo e pode ser alcançado agora por cada ser. Tal fato é o que possibilita a ele maior liberdade e compreensão da vida. Não fica se apegando ao que foi em encarnações passadas, com culpa ou em função do karma, mas se preocupa em construir positivamente e viver. Sabe que existe reencarnação. Lembra-se de algumas encarnações que teve, mas não faz apologia do karma. Auxilia a humanidade no sentido de que cada um alcance o seu próprio EU Superior. Medita com um grupo e envia energia para que cada pessoa descubra o EU superior e a cura em si e gere sua própria cura. Essa pessoa já sentiu o Amor aqui e nas outras esferas extrafísicas, quando sai do corpo consciente para ter experiências e trabalhar. Não vê divisões ou submissão entre encarnados e desencarnados. No entanto, essa pessoa pensa que espiritualidade não é algo difundido na sociedade. Pensa que religião é técnica de manipulação de massa com dogmas que causam separações na sociedade. Vê espiritualidade como fato da natureza (como também é a fotossíntese, o oxigênio, o sol nascendo etc.), não como religião. Vê as capacidades psi que possui (vidência, clauriaudiência, sair do corpo lúcido de forma consciente e outras) como algo normal, não como algo que foi aprendido, mas só um fato. Não se encanta com essas capacidades psi nem com seus conhecimentos. Tem contato diário com extraterrestres extrafísicos (de Júpiter e outros) e vê isso com naturalidade. Não tem encantamento, nem relação de submissão com esses extraterrestres porque sabe que há um Deus em cada ser da criação. Tem com eles uma relação de parceria, igualdade e amizade. Sabe que a intenção principal da vida é amar. Essa pessoa já percebeu que espiritualidade está dentro de si, não em locais específicos, templos, líderes, livros, religiões, doutrinas etc. Sabe que locais físicos podem ser usados como porto de auxílio extrafísico. Vê a si mesmo como Deus e todos como Deus. É pessoa simples e alegre. Pelo fato de essa pessoa ter tido encarnações mais ligadas ao Oriente Antigo, não há nela as noções de culpa, pecado, medo e de que somos inferiores. Essa pessoa aprendeu sobre espiritualidade com mestres de seu grupo familiar e saindo do corpo consciente para trabalhar, aprender e investigar, com seus mestres, ou sem eles. Aprendeu na vida prática, portanto, sem livros, doutrinas ou grupos maiores; só com seu grupo familiar, portanto. Essa pessoa não tinha contato com o Espiritismo, Rosacruz ou Teosofia, que são outros grupos que lidam com o fato da natureza espiritualidade de forma diferenciada. Essa pessoa saía do corpo e ia ao astral ajudar ,ou ia a esferas mais altas ou fora do planeta Terra. Não tinha sua atuação restrita ao extrafísico do planeta Terra. Especializou-se mais em sair do corpo e pesquisar e ajudar em questões extrafísicas fora da Terra. Essa pessoa aprendeu a lidar com espiritualidade sem doutrinas ou livros. Aprendeu na prática saindo do corpo, pesquisando e trabalhando. Não trabalha com desobsessão e karma.

Observação do pesquisador: esta pessoa fazia parte de grupo pequeno familiar, mas grupo forte espiritualmente e alegre. Não tinha contato com outros grupos espiritualistas do ocidente como Espiritismo, Umbanda, Teosofia. Aprendeu sobre espiritualidade na prática, saindo do corpo sozinho ou com seu grupo familiar. Usa energia da água no extrafísico para potencializar (aumentar a força) de locais para projeção astral e cura. Sua especialidade não é karma e desobsessão, que nem conhece, mas enviar energia a pessoas que precisam para que o EU Superior daquela pessoa ache a cura. Penso que este tipo de pessoa, deste tipo de grupo, livre, é mais fácil pesquisar pois ele(s) vai direto ao astral trabalhar e estudar e age com ética, sem preocupar-se com doutrinas, livros, dogmas etc. Se preocupa em trabalhar pelo bem da humanidade e Amar. O fato desta pessoa não lidar com apologia do karma, não ter noção de nossa suposta inferioridade e escolher não trabalhar com desobsessão, mas com envio de energia para que pessoas achem a cura faz deste grupo interessante de se pesquisar e faz do grupo mais suave. Em alguns casos, no entanto, desobsessão é fundamental, para cura em minha opinião, com apometria ou sem ela, dependendo do caso.

Sexta pessoa:

Viveu a vida em função de um médium ou espírito. Auxiliou de bom coração obras sociais e pessoas, mas tem sempre presente a noção de que auxilia para pegar "créditos" perante as leis naturais, como se fosse ganhar pontos. Procura aproximar-se de seu líder o máximo possível, como forma de se sentir confortável. Não tem noção que o líder está dentro de si. É fruto de uma herança, quando espiritualidade não era um conceito difundido na sociedade, ao contrário de hoje.

Sétima pessoa:

Faz experiências e discussões abertas sobre espiritualidade. Questionador. Ainda de forma inconsciente, gira em torno de um líder de grupo, mas questiona esse líder, por incentivo desse, que já alcançou, que se deve questionar. Faz experiências consigo e com os outros, sobre o fato da natureza espiritualidade. Algumas pessoas ainda giram em torno desse líder com dependência.

Vê os índios como seres humanos inexperientes, espíritos primitivos, indo contra a noção que a antropologia do século XXI alcançou, de que são uma comunidade com forma de vida e visão diferentes de mundo, diferentes da sociedade capitalista. Não tem a noção de que, no século XXI, não cabe a visão de cultura mais avançada ou atrasada, mas, sim, culturas com visões de mundo diferentes. Tal percepção em depreciação dos indígenas vem de uma visão espírita ultrapassada, que, por sua vez, vem de uma visão católica do século XIX, quando o europeu tinha noção absolutamente equivocada, em sua falta de conhecimento e ignorância, que era superior a outros povos. Vendo esta noção, lembro de certa vez, neste grupo, que um grupo manteve contato com índios desencarnados e conversaram se deveriam interferir ou não em seu modo de vida, como se os considerasse dignos de civilização e ajuda, não de troca entre culturas, como acontece com a noção antropológica atualizada.

Oitavo pessoa:

Possui Amor pelas pessoas e pela vida. Ajuda pelo prazer de auxiliar e ver resultados positivos nas pessoas. Sai do corpo e vai trabalhar no astral de forma consciente, vendo tal fato natural com tranquilidade. Não segue nada e ninguém. É feliz. Ajuda os outros por Amor. Não se preocupa com lei da ação ou da reação ou com o karma, ou faz apologia dele, mas se preocupa em amar. Vê existência de extraterrestres com naturalidade. Sabe que há reencarnação entre planetas diferentes. Ama a natureza. Vê desencarnados como iguais. Há relação de parceria, igualdade, amizade e companheirismo dele com esses seres, porque os vê como iguais, bem como todos os seres da natureza, seres físicos e extrafísicos. Vê as capacidades *psi* que possui (vidência e clariaudiência) como algo normal. Vê a vida com suavidade. Vê o lado bom em cada pessoa. Já percebeu que espiritualidade está dentro de si e cada pessoa, não em locais específicos, templos, líderes, doutrinas, religiões etc. Sabe que locais físicos, como centros espíritas, terreiros, algumas Igrejas, podem ser usados como porto de auxílio extrafísico. É feliz.

Nona pessoa:

Vê espiritualidade, extrafísico, como algo distante, mas sabe que ela existe. Sem perceber, frequenta lugar onde há um sistema hierárquico

OBSERVAÇÕES, PESQUISAS E ANOTAÇÕES SOBRE ESPIRITUALIDADE

em que só participa das reuniões mediúnicas quem tem determinado treinamento. Acha que espiritualidade é algo distante de si, mas sabe que ela existe. Preocupa-se muito em andar na linha e faz a toda hora apologia do karma. Acha meritório dizer que somos culpados e erramos em várias encarnações. Não tem experiência prática consciente com espiritualidade, só teórica. Só repete o que os livros dizem. Não pesquisa de per si espiritualidade. Usa conceitos antropológicos ultrapassados. Lê livros espíritas como algo estanque, parado, usando conceitos do século XIX e da década de 1940. Acha que só pode fazer as coisas se "a espiritualidade permitir", como se tivesse que receber ordens de outros.

Décima pessoa:

De bom coração, fica feliz por frequentar sua religião. Acha que deve levar todos a ela e não percebe que Deus está em tudo e todas. Acha que progresso material é forma de felicidade e religião. Espera prêmios de Deus como se este estivesse fora de si presenteando. Ainda de forma inconsciente, tem a noção do Deus distante que pune ou premia. Ama seus filhos e a vida. Não sabe que reencarnação é fato da natureza e não acredita nela. Segue um líder como se ele fosse perfeito. Fascinado, é facilmente manipulável e fanático. Tem a noção que só sua religião é a boa e que Deus só está em sua religião.

Observação do pesquisador: em algumas religiões, como essa da décima pessoa, é feito o que chamo de "sequestro emocional", em que a pessoa tem uma benesse, como sair das drogas, ajuda financeira e material, mas é feito uma "chantagem" com ela em dizer que só há benefícios na sua religião, ou que, se ela sair de lá, será ingrata. Há também a situação de a pessoa ficar emocionada e perder a capacidade de raciocínio e aceitar, passivamente, tudo que vem do local, ou líder religioso, pois emoção impede a capacidade de raciocínio, sendo, assim, facilmente manipulável. Tal fato pode ocorrer também em locais pseudoespiritualistas que têm a intenção de exercer poder por política, dinheiro, sexo e outros. Na religião da "décima pessoa", são jogadas "pitadas de medo e ódio" e é passado aos fiéis que há inimigos por toda parte, que devem ser combatidos ou convertidos e que oferecem risco aos fiéis, fazendo com que eles fiquem agressivos ou temerosos e vejam o líder da religião como salvador do medo e ódio que eles sentem, ficando dependentes dele.

Décima primeira pessoa:

Fez vários cursos na Índia. Sabe que existe a lei da ação e reação (karma), mas não pensa nela. Seu objetivo é alcançar o Deus interno AGORA e sabe que o Deus Interno está agora e pode ser alcançado agora. Nem pensa em karma ou lei da ação e reação, dando vazão ao Deus que está em si e ao Amor que pode sentir.Considera a busca da vida a busca pelo Eu Superior Agora. Vê-se como autora de sua própria vida. Possui conhecimentos de técnicas espiritualistas e capacidades *psi* retiradas de estudos em tribos africanas e na Índia. Admira a mestre Gangaji[48]. Não faz apologia do karma (lei da ação e reação).

Décima segunda pessoa:

Possui vidência: vê e ouve outros níveis de frequência. Encanta-se com suas capacidades *psi* e usa-as para exercer poder aos que se encantam com elas, por esses não terem conhecimento. Sente-se superior aos demais. Tem relação de submissão com o desencarnado. Sente-se arrogante (a bruxa poderosa), não admite ser rejeitada, só fala em karma e em quem tem que pagar o que, inclusive, sobre si mesma karmicamente. Mesmo assim, tenta esforçar-se no bem, ajudando algumas instituições de caridade e usando sua mediunidade em serviços de desobsessão, mas ainda tem que vencer certa arrogância em si mesma, que inclusive é motivo de estranheza e piada por isso, em alguns locais espiritualistas que frequenta. Tem a atenção chamada algumas vezes para conter o seu ego.

Décima terceira pessoa:

Diz-se espírita e compreende que o Espiritismo (doutrina codificada por Allan Kardec) não é algo estanque, em que só se deve ler a letra dos livros e repetir e acreditar em tudo que se lê. Compreende que a intenção de Kardec era promover pesquisa sobre esse fato da natureza que é espiritualidade. Percebe que espíritas mais velhos, por herança do Catolicismo ,leem *O Livro dos Espíritos* e outros livros de Kardec de forma dogmática, como católicos antigos leem a *Bíblia*: algo no que deve acreditar sem questionar. Este espiritualista, espí-

---

[48] https://gangaji.org/.

rita, não vê índio como selvagem, pois percebe que essa afirmação pertence ao homem europeu do século XIX e que a antropologia do século XXI não aceita mais esse conceito, havendo riqueza profunda em conhecimentos indígenas, já que cultura não se compara. Percebe que comparação de culturas é algo do século XIX. Tem relação de amizade, parceria e companheirismo com espírito desencarnado e vê-o como igual, pois sabe que ele é um homem em outro nível de frequência. Não vê a Umbanda e Candomblé como modo menos técnico de ver espiritualidade, mas, sim, como uma outra técnica que tem outros objetivos. Procura pesquisar espiritualidade e questões relativas a ela como mediunidade, em grupos espíritas e outros grupos espiritualistas, para ver se consegue melhor resultados em grupos espiritualistas para ajudar o próximo etc. Entende apometria como uma técnica, que, se bem aplicada com Amor, pode auxiliar muita gente.

Pensa em pesquisas complexas e simples, como: pesar o médium antes e depois da sessão mediúnica para ver se há perda de ectoplasma ou outra substância. Percebe que há muitas maneiras de ver este fato da natureza (espiritualidade) e que todos são ricos, desde que tenham boas intenções, conforme a especialidade de cada um. Entende que Espiritismo e a intenção de Kardec era pesquisa, não criar uma religião estanque. Sabe que vários grupos, além do Espiritismo, trabalham com espiritualidade e considera-os todos válidos. Pensa que o Espiritismo, Kardec, vai além dos seus livros, pois o que vale é pesquisa e Amor em ação e que as obras não podem paralisar-se em letras e dogmas. Considera que estudar outros ramos espiritualistas também faz parte do Espiritismo. Vê que a grande maioria da "vida" é como um rio, que flui de forma natural para sempre uma positividade, para perfeição. Vê karma como pequenas manchas. Não faz apologia do karma, como alguns espíritas fazem, que só veem em função dele e o veem como o pecado católico (apologia da punição).

Décima quarta pessoa:

Consegue conjugar espiritualidade com vida prática. Teve professores encarnados e desencarnados que os ensinaram a aplicar espiritualidade com os conceitos do cotidiano da Terra. Lamentavelmente, não conhece Espiritismo fora do local em que frequenta e até tira sarro de outros locais, pois só seu centro é válido. Gira em torno de um médium ou espírito específico. Aceita passivamente o que vem destes. Trata o desencarnado manifestante como alguém superior e distante. Não tem visão crítica sobre o que ouve do espírito manifestante.

Décima quinta pessoa:

Fica encantado com aparelhos e situações do mundo extrafísico, como ônibus que levitam, vida após morte do corpo físico, aparelhos e tantas outras coisas que deveriam ser encaradas como algo natural naquela dimensão onde há menos massa (matéria). Trata tais questões como algo maravilhoso, sendo, por esse motivo, facilmente manipulável por qualquer opinião de encarnado e desencarnado que se apresente associado a esse quadro extrafísico. Tem bom coração e vontade de ajudar, mas não tem senso crítico pelo encanto que se deixa levar. Ainda não descobriu que pode alcançar o seu EU agora e que tudo que é de mais divino pode ser alcançado nele agora.

Décima sexta pessoa:

Vê e ouve níveis de frequência bem sutis, vendo espíritos e seres em outros níveis de frequência diariamente. Encara isso com naturalidade. É católica romana. Pensa que deve se apegar ao Catolicismo porque gosta de frequentar a Igreja.

Observações do autor/pesquisador: ao longo da vida, vi viu várias pessoas de diversas crenças e sem crença nenhuma que veem e ouvem outros níveis de frequência (mediunidade), sendo tal fato natural e parte da natureza humana. Há a ressalva que alguns grupos lidam de forma melhor e mais técnica com essas capacidades, como Rosacruz, IIPC, Espiritismo, Umbanda, e outros grupos santificam ou mistificam demais.

Décima sétima pessoa:

Pessoa que tem mediunidade ostensiva (vidência).Vê e ouve outro nível de frequência. Vê espíritos e seres extrafísicos. Chama esses seres de "anjos" ou "demônios", segundo sua crença, que é Evangélica. Acha que deve submeter-se à Igreja e aos pastores para alcançar a salvação. Pensa que só sua Igreja é a correta.

Décimo Oitavo Pessoa:

Pessoa boa, de bom coração. Passou por experiência sérias, como acidente grave de carro, que a deixou impossibilitada de algumas possibilidades na fala. Chegou a um grau de espiritualização e compreensão da vida muito boa. Não consegue lidar com situações adversas do cotidiano terrestre, ficando condicionada a lidar só com ambientes positivos e energias positivas, como amor, paz, esperança etc. Tem dificuldade em lidar na vida prática com energias piores e ambientes ruins, não se treinando espiritualmente para isso. Desenvolveu as capacidades parapsíquicas, que são parte de todo o ser, como captar pensamentos. Tem grau de vidência bom. Participou e saiu de grupos fechados que estudam espiritualidade, pois percebeu que havia muita hierarquia. Percebeu, então, que espiritualidade faz parte de cada ser, não precisando de grupo ou hierarquia, muito menos jogos de poder.

Décima nona pessoa:

Pessoa boa de bom coração. Mãe dedicada e amorosa. Vê e ouve outros níveis de frequência e seres vivos nestes níveis de frequência de forma nítida, diariamente e o tempo todo (vidência e clariaudiência – mediunidade). Muito útil a comunidade, muito útil a encarnados obsediados e desencarnados necessitados de ajuda com sua mediunidade. Por herança cultural católica subconsciente, refere-se a desencarnados e a plano espiritual como "mensagens recebidas", como se fosse algo divinal ou do "além" (algo distante e divino, longe dela como se fosse santo católico). Insiste em ver mediunidade em função da culpa, de ser médium em função da situação de "culpa" de ter tido muito karma. Insiste na noção de que todos os encarnados no plano físico somos "bebês" espirituais e que temos muito que aprender através de milhares de encarnações, muitas vezes, sofrendo, o que, segundo a visão dessa pessoa, é algo meritório. Pelo fato de se achar um "bebê" espiritual, possui relação de dependência psicológica com desencarnado bem-esclarecido, a quem ela, de forma inconsciente, trata como santo católico (distante, divino, "superior"). Parece não compreender que Kardec queria, a partir de suas pesquisas, que as pessoas evoluíssem por meio de método para estudar fato da natureza espiritualidade de forma sistematizada. Essa pessoa considera a doutrina espírita como única "salvação", ideia, ao meu entender, não cabível ao pensamento de Kardec.

Vigésima pessoa:

Acha as experiências que teve, como ficar fora do corpo, são algo importante e ficou fascinado com essa experiência natural do ser humano. Pensa que maconha pode ser utilizada para ter experiências *psi,* mas não percebe que essas experiências são naturais do ser humano e podem ser feitas de forma muito mais saudável e produtiva, sem substância química alguma.

Como forma de desculpa, acha que substâncias presentes nos vegetais, como a maconha, podem ser utilizadas para experiência *psi,* mas não percebe que está utilizando modos artificiais que podem causar dependência psicológica, física e emocional.

Observações do autor/pesquisador: a respeito de substâncias químicas, plantas ou drogas para experiência espirituais, sou contra. As experiências *psi* são naturais do ser humano e podem ser conseguidas com as infinitas técnicas presentes em vários e milhares de lugares hoje em dia, como métodos de respiração para relaxamento, yoga, meditação, pirâmide. O IIPC do Dr. Waldo Vieira tem métodos muito bons. Enfim, métodos para sair do corpo ou métodos para experiências espirituais não faltam como métodos de respiração ou fazer o mantra oooommm, fazendo vibrar a caixa craniana que causa sensação de relaxamento. Não há necessidade de substâncias químicas, como a maconha e outras drogas, que causam emanações pelos poros que são aspirados por espíritos viciados e outros manipuladores mais fortes atrás deles. Inclusive, nas prisões, vemos como juristas a triste evolução das pessoas, lamentavelmente da maconha ou do álcool para a cocaína e o crack, tendo como resultado furtos, roubos latrocínios ou homicídios para conseguir a droga, pois o corpo do viciado pede droga, e ele furta, rouba ou mata para consegui-la. O ser se torna escravo da droga, pois seu corpo pede droga. Isso é vício. Assim penso não ser necessária nenhuma substância química para se ter experiência *psi* qualquer.

> Não acho que seja necessário de forma nenhuma, substâncias lícitas ou ilícitas para se chegar à experiência *psi* qualquer.

OBSERVAÇÕES, PESQUISAS E ANOTAÇÕES SOBRE ESPIRITUALIDADE

Nunca tomei bebidas alcóolicas, nem cerveja ou vinho, nunca usei nenhuma substância química como maconha, álcool ou cocaína, ou qualquer outra substância lícita ou ilícita. Nunca experimentei nenhuma dessas drogas lícitas ou ilícitas, quando estava nessa fase juvenil, muito menos posteriormente, quando agora mais maduro. Nunca precisei disso. O que quero dizer é que nenhuma substância química é necessária para se ter experiências espirituais, pois essas experiências são naturais do ser humano e podem ser conseguidas pelos meios já mencionados: respiração, meditação, exercícios, estado vibracional, exercícios com os chakras e com a mente, entre outros, sem nenhuma substância. Penso que ninguém deve depender de nenhuma substância externa a si para nada.

As pessoas que pensam em revolução pelo Amor, mas falam em financiamento pelas drogas, não entendem a seguinte sequência de fatos que ocorrem pela manutenção do vício em drogas.

Exemplo: temos guerrilhas financiadas pelo narcotráfico na América do Sul, no Afeganistão e em outros locais. Temos tentativas de lucro e controle de drogas pelo Estado no Uruguai e em Estados Norte Americanos.

Então assim, na natureza, onde pensamento é energia, o lamentável ciclo das drogas funciona desta forma:

1) Todos os seres e todos nós, seres humanos, somos interligados por uma rede de pensamentos, como demonstram pesquisas do Dr. Dean Radin PhD, Roger Nelson PhD, e como várias civilizações, como a Indiana, sabe que todos estamos interligados em rede de pensamento. Allan Kardec também se refere a essa ligação de pensamento coletiva (pois pensamento é energia), quando se refere ao "éter universal".

2) Os locais e situações mencionados (alguns locais da América do Sul e Afeganistão) incentivam e sobrevivem da venda de drogas.

3) Essas drogas causam dependência química e doenças, como a maconha potencializa esquizofrenia, causa impotência sexual, esterilidade, perda de memória, segundo aula com o médico psiquiatra Dr. João Artur Wilkmann, professor do curso de pós-graduação em estudos da Consciência em Parapsicologia das Faculdades Integradas Espírita, em Curitiba/PR, curso de pós-graduação que realizei.

4) As pessoas usuárias dessas drogas tornar-se-ão dependentes, viciados e causarão crimes para usar a droga (furtos, roubos, latrocínios para comprar droga e sustentar o vício[49]) e terão doenças como resultado do uso de drogas.

5) Esses usuários de drogas incomodarão pessoas próximas, como familiares, com tratamento de saúde pela dependência e doenças causadas por essas drogas. Incomodarão a sociedade também. Incomodarão vizinhos, causarão acidentes de trânsito, furtos e roubos para usar drogas.

6) Isso gerará uma onda de milhares de pessoas pensando negativamente e blasfemando contra os produtores de drogas e contra aqueles que lucram e sustentam a venda e produção dessas substâncias.

7) Pensamentos se materializam no físico, influenciando este físico, pois tudo é energia em diferentes estados vibracionais.

8) Com milhares de pessoas emitindo esse pensamento coletivo negativo, blasfemando contra aqueles que tanto mal causaram, com a venda de drogas, causará mal a estas pessoas e lugares produtores de drogas, com o grande pensamento coletivo das vítimas direcionado aos produtores de drogas, causando situações físicas negativas nos locais produtores.

9) Só o ciclo da bondade, bem fazer e bem-estar, pode quebrar este ciclo, com pensamentos positivos pelo bem. Não se pode plantar o mal e esperar o bem.

Vigésima primeira pessoa:

Pessoa que se viciou em um só modo de ver e trabalhar com espiritualidade (no caso dele são: apologia do karma, tenho que pagar, tenho dívidas), ver espiritualidade como algo fora dele, ou

---

[49] No início da década de 2010, a OAB/PR fez uma pesquisa com quase todos os presos de Curitiba/PR e região metropolitana. O resultado foi que 95% dos presos começaram a escalada de crimes com o vício em maconha. Ele começa com a maconha, depois usa cocaína e depois se vicia em crack. Então, furta, rouba ou mata para sustentar o vício, porque o corpo dele pede droga. Há mais de 20 anos, uma banda de rock no Brasil passou uma noção falsa a toda uma geração de jovens e crianças de que maconha não fazia mal e levou uma geração inteira ao crack, a doenças psiquiátricas, furtos, latrocínios e roubos, crimes que não se justificam. Importante que o viciado procure ajuda médica, inclusive com as ditas medicinas alternativas somadas à ajuda médica psiquiátrica.

OBSERVAÇÕES, PESQUISAS E ANOTAÇÕES SOBRE ESPIRITUALIDADE

como alguém superior a ele, "a espiritualidade que mandou". Utiliza o seu método de aprendizado como veículo de status para ser sempre visto pelos outros. Tem que estar sempre em evidência. Fala compulsivamente. A única verdade é a sua. Fala frases prontas. Chega a interromper pessoas quando falam para sobrepor sua opinião. Sempre diz que é amigo de uma pessoa marcante no movimento espírita e usa isso como símbolo de *status*. É vítima de obsessão complexa. Eu, Estevão, pesquisador, fui informado, por três fontes diferentes, que não têm ligação entre si, de que essa pessoa é vítima de obsessão complexa. Essa pessoa encanta pessoas menos experientes com facilidade, com "vômito" de palavras prontas que são faladas compulsivamente e pela velocidade com que são proferidas, não dá margem a pessoas mais emotivas raciocinarem sobre o que ele diz, pois as encanta pela emoção e com histórias curiosas emocionais e prontas. Não raciocina sobre o que fala em relação à espiritualidade. Só repete frases, situações e palavras chavão. Essa pessoa é vítima de obsessão complexa que tem acontecido como ataque em grupos de apometria. E aconteceu com outras pessoas em Brasília, Curitiba e no interior de São Paulo, segundo contatos que fiz.

Vigésima segunda pessoa:

Pessoa que diz ter mediunidade e orientação de espíritos bem conhecidos no movimento espírita. Tem capacidades de perceber outros níveis de frequência. Em conversa com ela, percebe-se que mistura suas situações mediúnicas com traumas de infância, como abusos que diz ter sofrido. Utiliza a mediunidade como forma inconsciente de chamar a atenção, mesclando suas capacidades *psi* com necessidade de expurgar esse trauma de infância.

Vigésima terceira pessoa:

Dizem que essa pessoa sofreu abusos na infância. Sobre essa pessoa, uma de sua família incutiu-lhe a ideia de que ele é um astro famoso de música internacional reencarnado. Possivelmente como forma de proteção ou de lhe incutir algo positivo, como forma de acalmar esse trauma de abusos que sofreu. Já é adulto em idade laboral e não trabalha. Esse familiar dele diz ter capacidades *psi* e utiliza-as como meio de troca emocional com as pessoas que os auxiliam financeiramente, pois ambos não trabalham, dizendo às pessoas: que "o espírito "fulano" disse isso de bom sobre você", para pessoas mais próximas. As mensagens desses espíritos são chavões do tipo "gosto de você" ou "obrigado pelo que está fazendo", ou ainda mensagens depois que ouve comentários sobre determinados assuntos, adapta-os e diz que foi "intuída."

Observação do pesquisador: Vê-se situação patológica, em conjunto com mediunidade usada para exercer poder sobre as pessoas, como é normal em médiuns sem caráter e sem ética, que, em consequência, atraem espíritos zombeteiros, brincalhões e interessadas em baixas relações de poder sem ética.

Vigésima quarta pessoa:

Pessoa de bom coração, extremamente ativa e bonita por dentro e por fora. Ama a vida e possui alegria de viver. Tem "fé" no sentido de acreditar na vida e no bem maior. Sente prazer em ajudar os outros. Possui alegria de viver. Tem alegria em ser útil aos outros. É mais saudável que as pessoas de sua idade (já um pouco avançada). Espírita. Refere-se à "espiritualidade" (desencarnados) como se fosse o santo católico que deve nortear seus passos. Repete a questão do karma e vê espiritualidade em função de débitos e créditos com a justiça divina – forma temerosa inconsciente de um Deus fora de si e punitivo – binômio inferioridade e culpa (estamos aqui para pagar, somos culpados). Pensa que a doutrina de Kardec é a mais avançada que se tem notícia na humanidade. Fala que Kardec é pesquisador, como realmente foi, mas não o vê como alguém que quis ver os conceitos se desenvolverem no tempo, como parece que foi a intenção desse grande pesquisador. Vê os livros de Kardec como quem lê a Bíblia decorada, sendo seus escritos vistos de forma inconsciente como "santificados". Sua parte emocional, que é positiva (alegria de viver, fé na vida com a doutrina que abraça), a impede de sair da zona de conforto que criou e ver e participar de outros grupos. Não conhece outros modos de pensar e ver o fato da natureza espiritualidade em outros grupos. Pensa que não é saudável frequentar outros lugares, pois isso faria "distribuir a energia e ficar como barco sem rumo que não focaliza uma meta". Sente-se inferiorizada a seres que vivem em outro nível de frequência, pelo fato de estar encarnada, por isso depende deles (vê-os como santos católicos-diáfano, divino, distante, superior e que manda nela).

Vigésima quinta pessoa:

Pessoa de bom coração. É alegre em servir ao próximo. Teve situação financeira privilegiada e perdeu muito dinheiro, caindo em depressão e síndrome do pânico. Entendeu que esse fato o ajudou a amadurecer e a se tornar menos mandão e possessivo. Entende que "a espiritualidade mandou" ou fez isso para seu aprendizado. Ponto positivo: essa situação lhe trouxe amadurecimento e hoje é feliz em ajudar e servir. Ponto a melhorar: vê relação de submissão com seres extrafísicos, "foi a espiritualidade que mandou". Vê em função do karma a situação por que passou, e não em função de questões positivas que pode aprimorar em si.

Vigésima sexta pessoa:

É pesquisador espiritualista de renome. Pessoa que consegue conservar hábitos simples e postura simples. Humano, boa pessoa. A preocupação dele é que seus estudos sejam aceitos na comunidade científica espiritualista e não espiritualista. Seus estudos científicos fazem com que tenha perdido um pouco da capacidade sentimental, por ser crítico demais. Nas vivências que proporciona a outrem, demonstra sentimento e preocupação com as pessoas.

Vigésima sétima pessoa:

É um ser humano bonito e evoluído. Ama as pessoas e todas as formas de vida, desde insetos, plantas, animais e pessoas. Tem um nível de doação pelo próximo fantástico. Não soube lidar com questões materiais e financeiras. Recusou vultuosa ajuda financeira à instituição filantrópica que presidia com abnegação e Amor total durante anos. Por esses motivos, a instituição foi à falência, e centenas de crianças ficaram desamparadas, pois ela não sabia lidar com questões como pagamento de impostos e questões trabalhistas e que processos trabalhistas precisam de defesa. Esqueceu que o mundo material e o sistema econômico ainda existem.

Refere-se à espiritualidade como alguém que sempre a socorre, esquecendo-se que deve ter uma relação de igualdade e troca de opiniões e informações com seres espirituais evoluídos, e não de dependência ou submissão.

Levou a instituição à falência por não agir em relação à defesa jurídica da instituição filantrópica no sentido tributário e trabalhista. Não sabe lidar com questões documentais relativas a isso. Após isso, pessoas abnegadas, de bom coração, que têm noção de que o mundo material existe e o sistema econômico, tributário e trabalhista existem, bem como suas leis, tentaram abnegadamente, voluntariamente, auxiliar e levantar com algum sucesso e dificuldade a instituição.

Essa pessoa teve o bonito o ato de perdoar pessoas que lesaram e abandonaram a instituição, mas esqueceu que cada um deve ser responsabilizado pelos seus erros judicialmente. Confundiu perdão, que é algo positivo, com falta de atitude no mundo material. A recusa dela em saber lidar com o mundo material, como se ainda no plano espiritual ela estivesse, prejudicou, sem querer, milhares de pessoas. Antes, deveriam ter pedido isenções tributárias, fiscais em benefício da instituição que milhares de pessoas ajudou.

Observação do autor: essa pessoa é evoluída e sempre foi incentivada pelos seus pais e irmãos, espiritualistas, a ajudar o próximo e estudar espiritualidade. Essa pessoa, portanto, passou a vida ajudando o próximo, o que é algo fantástico, mas tem dificuldade extrema em lidar com o dinheiro, que dirá impostos, questões judiciais, querendo viver numa ilha de "espiritualidade e Amor", o que foi um erro em sua criação. Penso que não se deve ganhar dinheiro com espiritualidade. O espiritualista tem que ter seu trabalho, como advogado, lixeiro, comerciante, padeiro, juiz, costureira, empregada doméstica, ou qual for. Não se deve ganhar dinheiro com espiritualidade ou mediunidade, pois mediunidade depende de você e outro desencarnado. Aí não depende de você. Um desencarnado sério não faria por dinheiro. Faria por Amor ao próximo, pois sabe que todos somos interligados e interdependemos em rede de pensamento. Assim, quando uma pessoa melhora, todos melhoram. Então, quem cobra por mediunidade é alvo de espíritos zombeteiros, brincalhões, não sérios. Não é sobre isso em relação ao dinheiro que estamos falando em relação à pessoa em análise. Estamos falando que a pessoa em análise recusava completamente o mundo material: impostos, saber lidar com questões tributárias, trabalhistas, advogados, defesa. Por essa recusa, prejudicou milhares de pessoas sem querer. Se eu, autor, fosse dar um curso para espíritos superiores que reencarnarão, seria sobre questões tributárias e questões trabalhistas. Você tem que reencarnar e saber lidar com as coisas do mundo material, senão prejudicará pessoas.

Vigésima oitava pessoa:

Foi curada de doença em centro espírita. Ficou maravilhada com este fato natural, pelo fato dos desencarnados utilizarem e viverem em um nível de matéria menos densa, fato esse que influenciou seu corpo energético emocional e lhe possibilitou a cura. Atribui a cura a algo divino, esquecendo-se que TUDO é divino. Pelo fato de ter ficado encantada com a cura, essa pessoa aceita passivamente tudo que vem do médium que a curou, tendo com ele uma relação de submissão.

Vigésima nona pessoa:

Pessoa que foi "salva" pelo yoga da depressão. Tem bastante conhecimento sobre yoga e os orientais. Não tem o conhecimento técnico que o Espiritismo, Umbanda e a Rosacruz têm sobre o plano espiritual. Eu, Estevão, sempre disse que, se todos tivessem o conhecimento do EU superior do Oriente, com o conhecimento técnico do Ocidente sobre o plano espiritual, seria perfeito. O caso da pessoa em análise, é que ela tem conhecimento sobre o alcance do EU superior no Oriente, yoga e outros, mas recusa o conhecimento do Ocidente por arrogância, como "eu não preciso disso", quando, na verdade, precisa, pois tem episódios de depressão, solidão e carência, não conseguindo, por isso, acessar o EU Superior. Recusa-se, por exemplo, ir a locais mais privilegiados energeticamente, como a Rosacruz, centros espíritas, lojas teosóficas, pois "não preciso disso, pois sou yogue". Tornou-se uma "arrogante espiritual carente". Chega a "pisar" nas pessoas que a ajudam, não tanto por maldade, mas porque, inconscientemente, não admite ser ajudada, pois é arrogante, inconscientemente, por imitação de sua mãe, que também era arrogante o que ela confunde com independência feminina. Confunde erroneamente independência feminina com egoísmo: o importante "sou eu" e minha independência. Por isso sente-se sozinha. Não percebe que ajudar "de coração" pode curá-la. Pessoa próxima a ela, tem o mesmo comportamento, pensando que gestos de carinho com o sexo oposto, é submissão[50]. Não entende, portanto, que carinho é expressão suave de Amor. Ambas veem as coisas sob sua lente distorcida.

Essa pessoa analisada, vigésima nona pessoa, não tem os conhecimentos técnicos do Ocidente sobre o extrafísico (plano espiritual), como o conhecimento básico que qualquer espírito desencarnado pode disfarçar-se de qualquer coisa, durante o sono físico de um encarnado, disfarçar-se de grande Mestre, por exemplo, como o Yogananda ou familiar próximo (mãe, pai), e se aproximar dela, para enganá-la ou tirar-lhe energia ou ectoplasma, essa pessoa se deixa levar e enganar por qualquer sonho que tem, como algo do inconsciente ou, às vezes, acha que foi o Mestre ou parente desencarnado que veio falar com ela (durante o sono físico ou projeção astral lúcida, deve distingue-se os seres pela energia, não tanto pela aparência). O conhecimento fez dela arrogante: "não preciso de ajuda, mas sou sentimentalmente carente". Essa pessoa ajuda o próximo em algumas situações, mas usa espiritualidade mais como algo para seu deleite. Não ajuda o próximo de coração. Há nela certo egoísmo em querer passar a vida viajando, como se viagem fosse um brinquedo ou uma distração para seus problemas, um anestésico, mas não percebe que o objetivo da vida são as pessoas. De certa forma, sem perceber, descarta pessoas como objetos, pois o importante é sua independência. Essa vigésima nona pessoa imita os pais de forma inconsciente, sem perceber, como várias pessoas que conheço. Imita a mãe, que era autoritária. Preocupa-se muito em ser mulher independente, mas confunde essa independência com arrogância e, por isso, é infeliz. Pelos exemplos maternos, bons e maus, acha que ser mulher independente é ser arrogante e autoritária como sua mãe era, por isso é infeliz. Tem medo de se entregar. Tem bom coração, mas o esconde para passar a imagem de mulher autoritária que aprendeu com exemplos familiares, autoridade que a faz infeliz. Esta pessoa não percebe que imitar sua mãe autoritária, de forma inconsciente a faz infeliz. Tem uma "casca" de

---

[50] Um coração machucado por experiências anteriores tem dificuldade em perceber pequenos gestos de amor. É preciso limpar o coração da lembrança e associação negativa que a pessoa fez com outras ideias, através de tratamentos, para que ela perceba como é amada e pode ser amada, e como há amor a sua volta, pois as vezes ela não enxerga este amor.

OBSERVAÇÕES, PESQUISAS E ANOTAÇÕES SOBRE ESPIRITUALIDADE

"independente descolada", mas é carente e triste. Tem tristeza por ter, em sua maioria, atraído sempre homens dependentes e frágeis por causa de seu comportamento. Não percebe que "sagrado feminino" é amar a natureza, amar a vida, amar crianças, a gravidez e a si mesma e a família que precisa dela, e, que questões particulares contra a masculinidade devem ser tratadas em terapia. Reza para as representações das mães divinas, mas é a favor do aborto.

Observação do pesquisador: nesta observação, o autor gostaria de fazer uma reflexão. É natural que mulheres ou qualquer pessoa violentada, o que não é o caso da pessoa descrita aqui, mas lamentavelmente de muitas mulheres, infelizmente, tenham raiva. Assim, fazemos aqui uma sugestão de que a pessoa procure auxílio psicológico, mesmo em faculdades de Psicologia que dão assistência psicológica gratuita ou outros locais. Homeopatia e florais são eficazes também, se tomados corretamente. Acupuntura distribui energia corretamente no corpo energético (perispírito), causando bem-estar, e pode ser útil. O movimento feminista é fundamental para sociedade: fundamental na defesa da mulher e na defesa de qualquer ser. A Lei Maria da Penha e suas medidas protetivas (Lei 11.340/2006) foram um excelente avanço nos Direitos Humanos, pois ninguém "aguentava" mais ver violência doméstica, como ocorria na década de 1980, por exemplo, proveniente de bebidas alcóolicas[51], muitas vezes, ou outras substâncias químicas ingeridas pelo agressor. Sobre o movimento feminista, as mulheres e qualquer pessoa têm que ser independentes, o que é diferente de ser arrogante ou egoísta. O que quero dizer é que o "ódio" não pode entrar em *qualquer* movimento social, pois ele destrói o movimento. É preciso que a pessoa agredida se trate psicologicamente, primeiramente. Aconselhável também tratamento conjunto com acupuntura e homeopatia. O movimento social tem que ser inclusivo a todos, não exclusivo com ódio contra alguns.

Faz parte do ser humano agredido a questão emocional da generalização. Por exemplo: a pessoa pobre, esnobada por uma

---

[51] Veja comentário de rodapé no capítulo XV, sobre as cervejarias. Atualmente, as cervejarias investiram mais em cervejas sem álcool, pelo fato de o álcool ficar muito ligado à imaturidade, decadência e violência doméstica e social (violência contra mulher, acidentes de trânsito, contra crianças e outras). Este autor já advogou para vítimas de crimes, inclusive mulheres, e verificou, ao longo da vida jurídica, que qualquer substância química que tira a pessoa de seu estado normal, da cerveja ao crack, é pressuposto que um crime aconteça (o famoso "quando eu vi já foi", ou "cinco minutos de bobeira", discutiu, estava alcoolizado, no calor da emoção, cometeu lamentável crime).

pessoa rica, tem tendência a pensar que todos os ricos são esnobes; o menino que viu muita agressão policial no bairro violento tem tendência a pensar que todo policial é agressor; o homem enganado por várias mulheres tem tendência a pensar que toda mulher é enganadora; a mulher violentada tem tendência a pensar que todo homem é violentador. Esses raciocínios são absolutamente inverídicos, como é óbvio, mas, por uma questão emocional, na tentativa de aplacar a dor que o agredido sente e para que os outros não sintam sua dor, ele generaliza, causando uma injustiça que só verificará mais tarde. Assim temos que defender todas as vítimas, mas não devemos taxar todos como agressores. Outra observação é que muitas pessoas que conheço imitam os pais de forma inconsciente, sem perceber. É o caso desta pessoa em análise que tenta imitar a mãe que era autoritária e só "se desilude" por este motivo, porque ninguém quer uma pessoa autoritária e arrogante por perto.

Vemos mais, a seguir, uma análise do autor, Estevão, sobre as duas culturas mencionadas, Ocidente e Oriente, refletindo sobre o comportamento dessa pessoa analisada:

ESPIRITUALIDADE PONTOS POSITIVOS:

OCIDENTE	ORIENTE
Procura provas. Tem visão crítica	Boa parte das escolas do oriente,não todas, sabem que existe um EU superior e que o acesso desse Deus interno pode ser feito agora.
Ramos como a Parapsicologia e Espiritismo sabem que espiritualidade, seres extra físicos são fato da natureza.	Acessando o EU superior sabe que temos infinitas possibilidades em nós.

ESPIRITUALIDADE PONTOS NEGATIVOS:

OCIDENTE	ORIENTE
Complexo de inferioridade- somos inferiores culpados. Há isso no oriente também, mas não é tão forte lá.	Mistificam demais tudo. Fenômenos normais como telepatia entre pessoas ligadas entre si, ou sonho com parentes desencarnados, que podem ser por espíritos zombeteiros ou enganadores disfarçados, ou interpretação do cérebro físico de forma incorreta, oque é conceito básico no ocidente entre o pessoal do Espiritismo, ou projetores, no ocidente é visto como algo místico, santificado. Situação facilmente enganável. Manifestação mediúnica que é algo normal, é visto como algo maravilhoso.
É forte no ocidente a questão de culpa: somos inferiores, culpados.	Pode haver uma certa arrogância do praticante: acesso meu EU superior, não preciso de ajuda e de nenhum ensino: não preciso de apometria, ir a locais espiritualistas. Sou *arrogante*. Esse é um modo de desvio do acesso ao EU superior.

Essa pessoa foi muito beneficiada pelo Yoga, como descrevemos. Sabemos que o Yoga beneficiou milhares de pessoas no mundo, ajudando na concentração, no relaxamento, autocontrole e na melhoria na qualidade de vida. Importante que o Yogue, o praticante do Yoga, não se conduza ao egoísmo, de querer só buscar a autoiluminação e recusar a humanidade, pois aí haverá uma distorção do Yoga. A humildade é o trunfo para iluminação. Uma coisa que essa pessoa tem que melhorar é a maledicência, o falar mal de outrem, que traz algo ruim para ela. A maledicência também eclipsa seu bom coração, que, com certeza, aparecerá se ela vencer a arrogância e maledicência. Se essa pessoa vencesse a arrogância e estudasse outros grupos espiritualistas, veria, por experiência própria e leituras, que o sonho pode ser, sim, uma manifestação do inconsciente. No entanto, quando o sonho é muito vívido, pode ser o fato de que você saiu do corpo físico à noite e se encontrou, por exemplo, com pessoas que você ama e, pelo fato de não ter sido o cérebro físico que viu aquilo que você viu fora do corpo físico, ele, cérebro, às vezes, tem dificuldade em se lembrar dos encontros que você teve. Escrevo isso por experiência própria, minha e de outros, pois já estive fora do corpo com pouca lucidez em locais que vim a conhecer depois. Vejo isso com extrema naturalidade. Esta lucidez, segundo projetores astrais e estudantes das projeções astrais, pode ser treinada. Esclarecemos que um dos objetivos deste livro é mostrar que todos estamos em constante evolução, e mesmo os buscadores espirituais de várias linhas, como a vigésima nona pessoa, têm defeitos os quais ela não percebe a origem, como imitação inconsciente da mãe e qualidades como um bom coração que ela esconde, porque aprendeu inconscientemente com a mãe que a mulher tem que ser arrogante. Por amor a mãe imita-a como muitas pessoas fazem, imitando os pais de forma inconsciente. Vê-se na situação da vigésima nona pessoa, que se ela tornar-se humilde e abrir-se para novos ramos espiritualistas, crescerá muito mais.

Trigésima pessoa:

Se acha a bruxa poderosa. Cobra por serviços de cartomante. Diz-se herdeira de tradições antigas de pajés da Europa pré-cristã. Pessoa bem perdida sentimentalmente. Tem "ódio ao patriarcado", escrevendo isso, inclusive. Já escreveu sobre apologia, "a raiva da mulher". Vive com raiva no coração por questões políticas e exemplos que teve na família e que ela imita de forma inconsciente (sem perceber). Alvo fácil de espíritos mistificadores e zombeteiros. Estuda medicina alternativa. Tem resquício de bom coração que não aparece, pois ela quer passar a imagem de "sou poderosa".

Observação do pesquisador: sobre obsessão política que tem essa pessoa, lembramos que esquerda e direita são modos superficiais e infantis de ver o ser humano e as coletividades. Os que se dizem de direita têm o mesmo comportamento dos que se dizem de esquerda:

OBSERVAÇÕES, PESQUISAS E ANOTAÇÕES SOBRE ESPIRITUALIDADE

ambos, às vezes, têm atos infantilizados. O correto é pensar em certo e errado que ocorre com cada pessoa, *independentemente de rótulos.* Quando uma pessoa acerta, sua atitude deve ser glorificada; quando erra, devemos aprender com o erro e não o repetir. Todo ser humano erra e acerta, e toda coletividade também, independentemente de nomes que queiram dar. *Alguns problemas do mundo estão em as pessoas não perceberem que podem pegar as melhores ideias de cada grupo e mesclá-las para si, refutando o que não é útil em cada grupo.* Esquerda e direita são modos muito infantis de ver as coletividades. Devemos ver atos, não rótulos. Muitas vezes, os que se dizem diferentes, por terem rótulos diferentes, cometem as mesmas atitudes certas e erradas. Rótulos são só rótulos. Exemplo: ditadura é tortura, morte e violência, seja ela capitalista ou comunista, esquerda ou direita ou o rótulo infantil que queiram dar. Esses rótulos são para mascarar as mesmas atitudes de grupos que se dizem opostos. É o mesmo comportamento dos que se dizem diferentes. Importante são *atitudes*, não rótulos. Ditaduras apoiadas pelos EUA ou pela URSS foram tortura, morte violência e boca calada. Então, rótulos não interessam, mas atitudes. Discordou de algo? Critique, mas não odeie, e melhor: faça sua parte, dando exemplos, como não comprando drogas, o que financia uma rede de morte, e não jogue papel no chão, por exemplo, que entope o bueiro, inundando a cidade. Pequenas coisas são grandes coisas. Irradie Amor. Outra situação: o movimento feminista é fundamental para garantir o direito das mulheres e obrigações das mulheres para consigo e a sociedade, como todos nós temos direitos e deveres para conosco e com a sociedade. É fundamental proteção à mulher contra qualquer violência física e moral, o que é inadmissível. Já participei de passeatas a favor do direito da mulher e advoguei para mulheres vítimas de crime. O que quero dizer aqui é que, por questões pessoais, o "ódio" deve ser retirado de qualquer movimento e trabalhado no local adequado, qual seja o consultório de um psicólogo, terapeuta confiável. Como dito anteriormente, uma mulher violentada, com toda razão, ficará magoada. Deve trabalhar isso em consultório, que é o local adequado e privativo. Um menino agredido por policiais corruptos ficará com raiva, como dito anteriormente. O local para transmutar essa raiva é em um consultório de um terapeuta, médico homeopata e acupunturista, não em movimentos a favor da favela (comunidade), porque assim ele espalhará ódio. Um negro, branco, oriental ou indígena, ou intensamente mestiço, como todos somos no Brasil, com muita beleza e orgulho, que sofreu preconceito lamentavelmente, deve trabalhar o mau sentimento fruto disso, num consultório de psicólogo, médico homeopata e acupunturista, não no movimento racial, senão ele desconfigura o movimento. Ele deve ir ao movimento após tratar esse sentimento. A resposta ao ódio é o Amor, além de proteger a comunidade negra e outras de agressões. Trabalhe o Amor para responder ao ódio, senão você cairá num ciclo de ódio, que será um veneno para você e os outros. Lembre-se dos exemplos de Gandhi, que libertou um país pelo Amor e pela coragem e inteligência somados.

Temos que ter compaixão por toda pessoa agredida e nos indignar, mas não criar uma espiral de conflito que pode atingir inocentes. A maior compaixão é rezar pelo agressor e o(a) agredido(a), pois energia positiva pode bloquear a negativa e dar ao agressor lucidez para que ele não mais agrida, bem como uma primeira contenção/repressão necessária que é a função da lei Maria da Penha e as medidas protetivas e prisão preventiva do agressor, se necessário (art. 312 do Código de Processo Penal), por exemplo. A prece em favor do agressor, também, é a "boia de salvação" que o agressor pode ter no lago da agressividade, para ter lucidez de não agredir mais ninguém. Homeopatia, acupuntura e terapia também auxiliam. Forçar o agressor a se tratar com essas terapias (acupuntura e homeopatia), semanalmente, pode ser uma excelente solução por meio da lei. Implantar essas terapias, acupuntura e homeopatia, em locais de "estresse", como quarteis de polícia, escolas de polícia e delegacias de polícia ajudaria muito o bem-estar de policiais, por exemplo, e, consequentemente, o bem-estar da população, ajudando-os a combater a violência doméstica e social. Colocar em delegacias de polícia, presídios e prisões nas carceragens, músicas suaves como "tigelas tibetanas[52]" presentes no YouTube, pode ajudar na tranquilização desses ambientes. Colocar plantas como a planta "Espada de São Jorge", pode ajudar na oxigenação do ambiente. Ainda sobre a trigésima pessoa, não adianta ter conhecimentos em medicina alternativa senão usar para o bem-estar da coletividade. Conheço várias clínicas que fazem, uma vez por semana, atendimento social,

---

[52] "tibetan bowls" https://www.youtube.com/watch?v=yuybyOCdoBw.

a preços acessíveis ou gratuitos para quem não pode pagar. Assim fazemos nossa parte pela humanidade. A Ordem dos Advogados do Brasil (OAB), por exemplo, ajuda muitas pessoas por meio de suas comissões, muitas vezes, sem ninguém saber. A caridade e o auxílio ao próximo espalham-se em várias instituições e pessoas, por toda parte. Penso que uma frase que pode beneficiar a sociedade, se for ensinada a crianças desde cedo, é "cada um é responsável por si e pela sociedade". Ou seja, ensinar que cada um tem que fazer a sua parte desde cedo – desde não jogar papel na rua, que vai entupir o bueiro, inundando a cidade em dia de chuva, até não comprar droga, que financia uma rede de morte e violência e leva o indivíduo a uma série de doenças e atrapalhar a si e à sociedade.

Trigésima primeira pessoa:

Homem esforçado e de origem humilde. Conseguiu estabilizar-se profissionalmente e financeiramente após muito esforço. Chegou a passar fome na faculdade. Tem intuição forte, mas não foi desenvolver, pois acha que tem que se dedicar integralmente ao trabalho. Não percebe que ir uma vez por semana a grupos espiritualistas, fazer acupuntura e homeopatia pode ajudar a estabilizá-lo emocionalmente e como pessoa. Por decepções que teve com o sexo oposto, no caso feminino, foi engolfado por ideias de que as mulheres querem usá-lo e ideias semelhantes à pessoa anterior, só que com o sexo feminino. Tem receio das mulheres por este motivo.

Observação do pesquisador: sobre essa pessoa, para escapar da pobreza que passou, dedicou-se ao trabalho esforçadamente, mas não percebe que, se ir a um local espiritualista uma vez por semana, se fizer acupuntura e for a um homeopata (homeopatia trabalha com questões emocionais que são raízes de muitos problemas físicos – o princípio do remédio homeopático são questões energéticas sutis e não químicas), pode ajudar a equilibrá-lo, ajudando no geral em sua vida. Não percebe que, se doar em caridade, pode ver novos horizontes. Essa pessoa e a trigésima pessoa, ambos que têm raiva do sexo oposto (homens e mulheres, no caso) por decepções pessoais ou criação em família, são facilmente cooptados por teorias mirabolantes e superficiais, uma pessoa contra homens, e o outro contra mulheres, tendo ambas as pessoas o mesmo comportamento com ideias superficiais para extravasar suas decepções pessoais. Interessante como as pessoas buscam teorias esdrúxulas só para justificar seus sentimentos e suas experiências. Vemos, portanto, que quem acha que homens são manipuladores e mulheres são manipuladoras não percebe que pessoas são diferentes e a personalidade independe de sexo, cor, raça, religião ou classe social, havendo pessoas de múltiplas personalidades em cada um desses grupos e que cada ser humano é único e possui defeitos e qualidades, independentemente do sexo, cor, raça, religião ou classe social. Todos podemos reencarnar nas mais diferentes situações: como homens, mulheres, pobres, ricos, negros, amarelos, mulatos, caboclos, cafuzos, índios, indianos, europeus, muçulmanos, hindus ou cristãos e centenas de experiências, para experimentar diferentes modos de viver e, assim, construir seu caminho e amadurecer. Assim, ódio a outra classe, grupo político, raça, religião ou sexo são visões superficiais, infantis e ingênuas que demonstram patologia. Em observações, já verifiquei em algumas situações, que uma pessoa que odiava muito um grupo, uma religião, um sexo, um grupo político, um povo, uma raça pode nascer no grupo ou povo, religião raça ou sexo que ela odiou, pelo fato de pensar tanto naquele grupo e atrair aquele grupo odiado por ela, por sintonia de pensamento. Tal aprendizado reencarnatório serve como aprendizado para que ela aprenda que todos os humanos sentimos e pensamos, todos temos pensamento e sentimentos, independentemente da "casca" física, até que, com o amadurecimento, ela perceberá que todos são iguais, com sentimentos e pensamentos, assim como ela tem, independentemente do "vaso" físico, e que os outros pensam como ela e sentem como ela sente. Esse aprendizado ajuda a perceber também que *todos temos uma parcela da verdade*. Vi casos de pessoas que odiavam muito uma religião e reencarnaram em meio à religião odiada; pessoas que perseguiram muito pessoas de uma raça reencarnaram na raça perseguida; pessoa que desprezava muito pessoa do sexo oposto reencarnou com aquele sexo. Pensamento atrai para onde você direciona. Vimos que, se esta trigésima primeira pessoa usar mais sua intuição e frequentar locais espiritualistas, pode crescer como pessoa. Essa pessoa já tomou Ayuasca em sua busca espiritual. Não acho que seja necessário o uso de nenhuma substância química para alcançar estados de consciência melhores que podem ser alcançados de outra forma, com respiração, meditação, yoga, homeopatia, concentração na meditação, prática de esportes. Já vi pessoas com reações positivas e negativas pelo uso da Ayuasca. Tal situação foi confirmada a mim por médicos psiquiatras e naturotera-peutas, infelizmente. Por outro lado, já vi pessoas que se livraram do vício em drogas por substituí-la por Ayuasca. Assim, não é necessário uso de nenhuma substância para fins de crescimento espiritual, na minha opinião, já que temos vários tipos de respiração, meditação, acupuntura, yoga, meditação e outras para este fim.

Trigésima segunda pessoa:

Mulher boa e de bom coração. Trabalhou com mediunidade na adolescência. Hoje tem mais de 50 anos de idade. É sensitiva. O fato de parar de trabalhar com a mediunidade fê-la ficar irritada, como se sua energia acumulasse. Sente dores de cabeça constantes, que não se resolvem com ajuda médica, talvez fruto do não uso da energia, mediunidade. Cuida mais dos outros do que de si. Após trabalhar com a mediunidade (incorporação), muda completamente o compor-tamento, parecendo mais aliviada e tranquila. Tem forte ligação de afeto com animais. Tem respeito de forma bonita por todo ser vivo, gravidez e todos os seres. Tem ligação forte com família. Respeita e cuida de crianças e idosos com carinho e afeto o que é admirável nela.

Observação do pesquisador: exemplo de pessoa que precisa trabalhar a mediunidade urgentemente para melhoria da sua quali-dade de vida, tendo problemas, talvez, pelo excesso de ectoplasma. Exemplo de pessoa boa, mas que, pelo fato de não trabalhar com sua mediunidade, ficou irritadiça, o que eclipsa seus sentimentos de bondade e seu bom coração.

Trigésima terceira pessoa:

Pessoa de bom coração. Tem prazer em ajudar o próximo. Fundou instituição para ajudar carentes, à qual se dedicou de forma assídua, ajudando muitos carentes e dando a eles cursos profissionalizantes. Tirou muitos da pobreza, dando-lhes treinamento profissional. Lar-gou emprego para voluntariamente viver na pobreza. Ajudou muitas pessoas. Foi enganada por confundir bondade, que tem como carac-terística da sua personalidade, com não ser esperto, o que pessoas de má índole confundem com ser ingênuo. Essa pessoa em análise causou problemas financeiros a familiares, por viver na pobreza.

Observação do pesquisador: existe diferença entre ser bom e ser bobo. Ser bom é algo maravilhoso no ser humano e necessário. Isso é muito diferente de não ser esperto e confiar cegamente em todos. Essa pessoa que, por sonho espiritual, foi viver na pobreza fez com que familiares o sustentassem, e a seus filhos, causando problemas. Assim, há distorção de comportamento. É necessário ser espiritualizado, mas é preciso não causar problemas a outros, que devem sustentá-lo, achando que se vive no plano espiritual. É preciso ter seu emprego como carpinteiro, pedreiro, panificador, advogado, juiz, cozinheira, lixeiro que são empregos dignos. Pode-se pedir ajuda em casos de necessidade, que todos têm, mas não ser um peso a outros. Um dia, espero que o sistema econômico mude ou não exista. Mas, enquanto se troca dinheiro por produtos e serviços, as pessoas precisam trabalhar para se sustentar. Já vi casos em distorções, em que quatro pessoas de uma família trabalham para sustentar uma pessoa que só vive meditando e estudando espiritualidade. Isso é uma distorção absoluta. Como eu disse, famílias têm obrigação de ajudar os outros em caso de necessidade. Todos têm obrigação de ajudar entidades filantrópicas com produtos, valores e serviços, o que é diferente de um espiritualista viver em função financeira de outros, depender de outros. O espiritualista deve ter seu trabalho digno como artesão, engenheiro, padeiro, lixeiro, alfaiate, psicólogo, advogado, juiz ou outro trabalho digno.

Trigésima quarta pessoa:

Pessoa suave e bonita. Mulher bonita por dentro e por fora. Desde muito nova, frequentou grupo espiritualista familiar composto de poucas pessoas. Faziam estudos profundos sobre o plano espiritual por meio de suas saídas do corpo e observações sobre o extrafísico. Essa pessoa não come carne. Pessoa evoluída sentimentalmente. Desenvolveu suas capacidades parapsíquicas com naturalidade mediante o convívio com esse grupo. Vê as capacidades parapsíquicas com extrema naturalidade. Essa pessoa tem vidência (vê outro nível de frequência), vendo, inclusive, extraterrestres extrafísicos. Essa pessoa sabe distinguir quando é um extraterrestre extrafísico ou um espírito obsessor disfarçando-

-se de tal, pela energia do ser, que, no primeiro caso, segundo ela, o extraterrestre emanava energia de paz, quando em contato com ela. Pelo fato de essa pessoa estar muito ligada a estudos profundos sobre espiritualidade, ela tem dificuldade em lidar com questões do dia a dia, pois vive muito " do lado de lá", ou pensando no astral. Hoje, ela trabalha em um emprego ligado à segurança pública, o que fez ela "aterrar" um pouco, ficar mais ligada as coisas da Terra, o que fez bem a ela.

Observação do pesquisador: essa pessoa, no caso mulher, é suave e bonita. Teve contato com seu grupo familiar sobre espiritualidade e outros poucos grupos. Essa pessoa, pelo convívio natural com a sociedade, deve aprender a lidar com as questões do cotidiano (da Terra) e não ter vontade de ficar tanto ligada ao astral o tempo todo. Ela erroneamente pensa que espiritualidade não é conceito difundido da sociedade. Ela veio depois a perceber que estava equivocada, pois verificou que outros grupos também lidam com esse fato, de forma diferenciada, assim como Espiritismo, Umbanda, Rosacruz, grupos familiares e outros, apesar de alguns desses grupos só lidarem com esse fato da natureza de forma teórica. É preciso viver com a cabeça elevada ao céu, mas com os pés na Terra. O fato de ela nunca ter comido carne vermelha não é pressuposto para desenvolvimento do parapsiquismo. Pessoas que comem também podem desenvolvê-lo. O fato de ser pessoa de bons sentimentos não tem ligação com o parasiquismo, considerando que pessoas com bons e maus sentimentos podem desenvolvê-los, pois são capacidades naturais do ser humano. As capacidades parapsíquicas são só instrumentos, não o objetivo da vida e não têm relação com evolução, pois são capacidades naturais do ser humano. O objetivo da vida é ser feliz, amando e amando por ser feliz. Essa pessoa sente falta das saídas do corpo que seu grupo fazia em grupo junto à natureza, onde foram muito alegres e felizes. Não usavam nenhuma substância como ayuasca e outras para tal fim, que, inclusive, não são necessárias e, na minha opinião, só atrapalham.

Trigésima quinta pessoa:

Pessoa já adulta hoje. Desde que ela era muito pequena, o pai foi transferido pela empresa que trabalhava, um ano, para cada capital do Brasil (Para quem não é do Brasil, lembramos que o Brasil tem 27 capitais estaduais e, dentre elas, uma capital federal, capital do Brasil, que é Brasília). Assim, o pai dela *deixou o resto da família (pais e irmãos dele)* em um local do Brasil, que era sua origem, e foi com a família mais próxima, ou seja, esposa e dois filhos, morar um ano em cada uma das capitais do Brasil. *Portanto, mudou-se ao longo de 27 anos.* Essa pessoa, cujo comportamento analisamos, era um desses filhos. Pelo fato de não criar raízes, fruto de o fato do pai ser transferido para outra cidade a cada ano (portanto 27 anos, 27 capitais), ela guardou este comportamento de forma inconsciente, como correto, imitando esse comportamento depois de adulta. Então, depois que cresceu a trigésima quinta pessoa, imitando o comportamento de seu pai, viajava para cada local do Brasil em busca de emprego. Quando ela se casou, imitou novamente, de forma inconsciente, o comportamento paterno, deixando o marido em uma cidade e ela indo trabalhar em outra. Encontravam-se a cada 15 dias. Até que o marido se sentiu só e viu que ela tinha dinheiro e trabalho como prioridade, por imitar *inconscientemente* o comportamento de seu pai. Por esse motivo, o marido pediu o divórcio.

A mãe dessa pessoa analisada, junto do pai, chegaram a dizer que "não tinham filha", pelo fato de a filha se importar com dinheiro e trabalho e viver longe dos pais e vagar pelo país atrás de emprego. Sua mãe desencarnou. *O pai ficou viúvo e pediu para ela morar perto dele, para cuidá-lo.* Ela não quis e, *imitando o comportamento dele,* abandonou o idoso e foi atrás de dinheiro, vagando por cidades do Brasil. Depois, seu pai desencarnou, velho e idoso, sentindo falta da filha, com um dos filhos próximo somente.

A trigésima quinta pessoa fez o mesmo *comportamento inconsciente de seu pai*: foi para outras cidades atrás de emprego, imitando a atitude de seu pai. Após uma discussão que mudou a vida dela, viu que não poderia associar relacionamentos humanos com a preferência inconsciente que ela tem por dinheiro e emprego e bloqueou-se para relacionamentos. A pessoa sob análise tem uma personalidade muito infantilizada para idade, pelo fato de não ter crescido entre pessoas ao longo do tempo (27 anos de mudança em 27 cidades, praticamente um ano em cada cidade) e não ter tido as experiências de amadurecimento que o adulto com raízes tem e, portanto, não ter tido as experiências humanas que fazem um adulto amadurecer com as pessoas. Experiências que fazem adulto amadurecer são convívios humanos constantes. A mãe desta trigésima quinta pessoa era de uma linha espiritualista.

Depois que essa pessoa começou a ler livros espiritualistas da linha espiritualista de sua mãe, quando já adulta, começou a frequentar locais da linha espiritualista que era de sua mãe, o que parece ter lhe aberto novos horizontes, porque parece ter descoberto que há algo mais na vida do que trabalho e dinheiro. Casou-se novamente e tem filhos.

Hoje não sei se ela privilegia mais a família à trabalho. Antes, ela mesma se dizia egoísta, pois para ela o dinheiro e trabalho eram o que importavam. Antes, ela tinha se acostumado a não se apegar às pessoas, pois, ao longo de 27 anos, aprendeu assim com as mudanças de cidades. Apegou-se ao que viu em seu aprendizado: dinheiro e trabalho.

Observação do pesquisador: viemos a saber depois que essa pessoa e seu pai vieram de origem muito humilde e miserável financeiramente. Explicado por que ela, e antes dessa pessoa, seu pai se apegavam tanto ao trabalho. Talvez pelo medo inconsciente que seu pai tinha de voltar à miséria. Por isso, ele se apegou às ordens da empresa, mudando-se uma vez a cada ano, durante 27 anos, não mudando de emprego.

Este comportamento de seu pai, talvez para escapar da miséria que viveu, por sua vez, foi imitado por ela.

Lembremos que a época em que essa pessoa cresceu não havia internet. Portanto, não havia contato mais fácil com pessoas que "ficaram para trás" nas cidades que deixou.

Apesar de ver análises psicológicas simplistas de alguns profissionais de psicologia, que não se aprofundam na história particular da pessoa analisada para fazer suas investigações sobre o paciente, dando assim, lamentavelmente, explicações simplistas, verificamos que o comportamento em análise possivelmente pode ter raízes na tentativa de seu pai em recusar e se afastar da miséria de que viu na infância. Por isso, ele tinha esse emprego como prioridade e obedecia às ordens da empresa.

Comportamento paterno que foi imitado pela pessoa em análise, geração posterior.

Interessante como as pessoas agem de forma inconsciente sem perceber.

Antes de ler livros espiritualistas e mudar comportamento, esta trigésima quinta pessoa abandonou seus pais idosos, dizendo que não poderia cuidar deles, pois a preferência era para o trabalho e dinheiro, mudando de cidade. *Imitou, assim, o comportamento do seu pai com os pais dele.*

Interessante como as pessoas agem de forma inconsciente sem perceber se não meditarem sobre seu comportamento. Outra pessoa que conheci foi criada em uma comunidade onde era valorizado o patrimônio: dinheiro, imóveis e valores que cada pessoa tinha. Então, essa pessoa passava situações vexatórias, em público, inclusive, por tanto que falava sobre seu patrimônio, dinheiro, valores, bens e imóveis. Era motivo de piada em público.

Outra pessoa que conheci, desde a infância, viu seu pai correr atrás de mulheres a vida toda. Já quando adulta, tornou-se "cupido oficial da cidade", arranjando casais e encontros para todos, pois fixou inconsciente que a felicidade da vida são relacionamentos conjugais.

Interessante o que fica guardado no inconsciente e que, se uma pessoa não refletir, age em função dele. Conheço uma pessoa que foi um filho muito amado pela família. Por este motivo tornou-se um excelente pai, porque, inconscientemente, queria imitar com seus filhos o comportamento de amor que recebeu.

Lembremos que não somos robôs escravos do inconsciente. Podemos modificar nosso comportamento a qualquer momento, conhecendo nossas atitudes e analisando-as.

Lembremos que cada comportamento nosso também depende de nos conhecermos e, assim, conhecendo a nós mesmos, poder modificar nosso comportamento com nossa vontade.

Interessante analisar que temos que PARAR, meditar e analisar nossos SENTIMENTOS e pensamentos para tomar novos rumos.

Por isso, a meditação diária é fundamental para o bem-estar, para verificar "o que estou sentindo???" É óbvio que, com esse comportamento de autoanálise, somado a análise de bagagens reencarnatórias, podemos mudar nossos sentimentos e, assim, nosso comportamento a cada instante. Basta analisá-lo.

Interessante como somos seres que associam sentimentos a pensamentos.

Primeiramente, sentimos para depois pensar. O filho amado lembra do sentimento de amor que teve, pensa e relembra imagens desse amor: beijos, brincadeiras com os pais, afeto, e depois toma atitudes com esse amor.

Uma sugestão para educar uma criança é rigor e afeto.

Assim, uma sugestão é associar as capacidades da criança com amor. Por exemplo, quando a criança está fazendo lição de casa, quando ela lição de Matemática, Português, Artes, ou outra, deve elogiá-la: "nossa, como meu (minha) filho (a) é inteligente, acerta tudo! Que orgulho tenho de você!" Com beijos e abraços sinceros ainda melhor. Então, a criança associará o exercício de Matemática, Português, Artes, com afeto, com tato, com carinho, e se eximirá, terá vontade de aprender mais. Deve ser compreendida com carinho quando erra e saber que errar faz parte do aprendizado. O afeto associado à educação e, depois, à compreensão que esse afeto somado, ao conhecimento, pode ser difundido para outras crianças, pode mudar civilizações para melhor. Inconscientemente, a criança associará afeto à educação.

Se mudarmos os sentimentos, mudamos os pensamentos. A grande vantagem que temos é que podemos modificar-nos a cada segundo, construindo nosso caminho, pois somos co-deuses.

Por isso, é importante meditarmos diariamente: o que estou sentindo?

Por que estou sentindo?

Às vezes, na meditação, é só deixar o silêncio da mente vir, que a resposta chega.

Aí modificamos o comportamento para melhor.

Toda pessoa tem livre arbítrio para mudar suas atitudes. Por isso, é importante analisar seus sentimentos diariamente, deixando a mente em silêncio por meio da meditação, para sentir e analisar seus sentimentos e não agir como um robô. Importante dizer que as pessoas não são robôs, agindo só em função do que aprenderam inconscientemente, mas uma parte provém do meio em que vivem, outra grande parte nasce com ela, provém de suas experiências reencarnatórias. O modificar está a nosso alcance a cada momento. Para isso, pare, ouça o silêncio, que é sábio, e deixe vir a intuição.

Sobre resolver questões familiares, recomendamos novamente acupuntura, que relaxa e equilibra; homeopatia, que trabalha o emocional que, se bem tomado, pode ter resultados; grupos de apometria, para verificar o que pensa cada corpo espiritual de cada pessoa e ajudá-lo a discernir, por exemplo; e constelação familiar. No entanto, essas técnicas e terapias têm que ser feitas por pessoas experientes e bem-intencionadas, não por oportunistas em busca de dinheiro ou que usam essas técnicas para exercer poder ou aparecer, como já vi, infelizmente, no caso de um grupo de apometria, muito iniciante e bagunçado, e uma suposta consteladora familiar que realizava resultados positivos, mas exercia poder sobre as pessoas do grupo e estava "de olho" no dinheiro das pessoas. Não se trate em grupos de apometria e constelação que envolvam dinheiro. Acupunturistas e homeopatas cobram por seu trabalho, o que é justo, mas muitos fazem, por preços sociais, seus atendimentos uma vez por semana para quem não pode pagar

Trigésima sexta pessoa:

Pessoa que faz parte de um grupo espiritualista que se diz secreto e discreto. O grupo frequentado por ela tem muitos traumas provindos da perseguição religiosa no Ocidente, onde Estado era misturado com religião. Ou seja, havia uma religião oficial do Estado. Quem não fosse da religião oficial do Estado era perseguido, torturado, tinha seus bens tomados pela inquisição. Assim, o grupo espiritualista dessa pessoa diz-se secreto e discreto, para proteção de perseguições. Essa pessoa pratica a caridade, ajuda outros anonimamente, com poucos sabendo dos atos de caridade.

Observações do pesquisador: após o século XIX, quando a democracia se espalhou no Ocidente, penso não ser necessário o estudo de espiritualidade de forma secreta, mesmo porque os 600 anos de inquisição já passaram, e temos que lutar para que nunca mais voltem, em e com qualquer religião, teocracia ou ditadura seja o nome que queiram dar. Como já dito nesta obra, esquerda e direita são visões infantilizadas de ver a realidade, pois o que importa são as atitudes das pessoas. Assim, uma ditadura vinda de uma teocracia, ditadura de esquerda ditadura de direita, é sempre a mesma coisa: tortura, morte, violência e boca calada.

Trigésima Sétima Pessoa:

Espírito evoluído reencarnado. Rapaz bom de bom coração e com bons sentimentos, sente prazer em ajudar o próximo. Desenvolveu o parapsiquismo com práticas antigas e esotéricas de sua família. Vê as capacidades parapsíquicas só como um fato, não como o centro da vida, pois é sábio. É discreto e alegre. Esta pessoa tem dificuldade em lidar com o mundo material: contas a pagar, cobrar dinheiro em sua profissão. Profissão que conseguiu após muito esforço se formando em faculdade conhecida. Tem vergonha de cobrar valores dos clientes/pacientes.

Observação do pesquisador: o fato desta boa pessoa, bom rapaz ser discreto e alegre faz-nos lembrar que as vezes as pessoas muito espalhafatosas que precisam sempre chamar a atenção com gritos, vozeirão, são ocos como tronco velho. As vezes os sábios são discretos. Esta pessoa desenvolveu as capacidades parapsíquicas, mas as vê só como instrumentos, não como objetivo de vida, pois há pessoas imaturas que veem o paraspiquismo como um brinquedo ou pior, acham-se poderosas por isso, o que é risível e infantil. A trigésima sétima pessoa tem dificuldade em cobrar valores com sua profissão honesta, formado em faculdade conhecida na área de saúde. Mais um exemplo de pessoa espiritualizada que não sabe lidar com o dinheiro no mundo material e, por isso, prejudica a si mesmo e a outros sem querer, pois no mundo material há contas a pagar. Esta pessoa obviamente não cobra por nada por trabalhos espirituais em benefício do próximo, mas na sua profissão, na área de saúde, usa alguns conhecimentos para ajudar os pacientes.

Trigésima Oitava Pessoa:

Pessoa que tem alegria de viver. É profissional renomado em sua área de atuação, sendo profissional liberal formado em universidade renomada. Não se apega a coisas materiais. Ligado muito a espiritualidade. Seus pais eram Rosacruzes. Diz-se ser ligado desde a infância a um extraterrestre extrafísico, entidade esta que o protege, segundo ele. Diz ter presenciado a presença do extraterrestre, desde a infância através de fenômenos que familiares seus presenciaram. Esta pessoa faz preces e o que ele chama de "decretos" para curas e acontecimentos em benefício do próximo. Passa alegria às pessoas através da música. Promove reuniões semanais em sua casa onde faz evocações e fortes preces. Nestas reuniões há uma energia de paz e força no bem a ponto de as pessoas saírem das reuniões renovados e leves. Nestas reuniões ele estudava vários segmentos espiritualistas, desde yoga, Vedas, Espiritismo, Rosacruz e outros.

CAPÍTULO XXIII

HISTÓRIAS SOBRE A MEDIUNIDADE

A mediunidade deve ser levada a sério. Deve-se, por várias técnicas, saber deixar o pensamento elevado e tranquilo, para poder ter boa sintonia. Fazer o OOOOMMMM, com a boca, como os monges budistas tibetanos fazem, é excelente para acalmar e ter boa sintonia, pois faz vibrar a caixa craniana, causando relaxamento, bem-estar e melhor sintonia de pensamento.

No entanto, apensar de toda seriedade que envolve a mediunidade, há situações que, muitas vezes, são engraçadas. Relato, a seguir, situações que conheci em algumas pessoas, sem mencionar nomes, para respeitar sua privacidade, mas que são, no mínimo, interessantes, além de verdadeiras.

O Neonazista Mulato[53] e a Mediunidade:

Há coisas que só existem no Brasil: conheci um rapaz já adulto que me contou que, na adolescência, foi neonazista. Era mulato neonazista. Triste, mas é verdade, por incrível que pareça.

Era um rapaz mulato claro, como a maioria da população brasileira tem pais, avós e bisavós de várias etnias, independentemente da cor da pele. Assim, este rapaz tinha mãe negra e pai branco mestiço, ou que, na boa mistura do Brasil, saíram com cor de pele negra e outra branca. Na adolescência, diz ele, fase difícil, inven-

---

[53] Para quem não é do Brasil, a palavra "mulato" significa aquele que é mestiço de branco com negro, assim como caboclo é mistura de índio com branco, e cafuzo é mistura de negro com índio. No Brasil, cada pessoa é fruto de uma infinita mistura que nem há classificação possível, independentemente da cor da pele. No Brasil, todos somos mulatos ou descendentes de mulatos, independentemente da cor da pele, e o mulato e a mestiçagem são tão intensos que é motivo de orgulho nacional, assim como a cultura africana e indígena que pertence a toda sociedade, como samba, capoeira, candomblé e Umbanda. Diferentemente dos países anglo saxões (EUA, Canadá, Inglaterra, por exemplo), onde havia pouca mestiçagem, e essa era rejeitada, no Brasil, ela ocorreu de forma intensa, a ponto de o antropólogo e Senador Darcy Ribeiro dizer: "os negros deixaram de ser eles, para sermos nós". Uma professora que tive, norte-americana, disse-me, segundo ela, que não existe racismo no Brasil. Discordo dela, pois, lamentavelmente, existe racismo, mas é muito diferente do racismo nos EUA, que tem outra formação sociológica e antropológica. Esse autor é descendente de mulatos com orgulho e tem herança genética de dois locais da África segundo teste de DNA.

tou que era neonazista. Triste. Triste pela ignorância em relação às atrocidades cometidas pelo nazismo, triste por ser mulato e não saber o que Hitler poderia ter feito com ele e sua família. Hoje, ele, adulto, disse que foi uma fase infantil na adolescência e que isso, hoje, para ele, é fase de um passado longínquo e imaturo. Hoje ele é um profissional qualificado.

Relata ele que, nessa fase de adolescência, começou a comer alimentação mais leve. Começou a ver "coisas". Nos ambientes que ele andava nessa fase da vida, bares, começou a ver espíritos que andavam nesses ambientes. Eram espíritos de nível mais baixo: alcóolatras, prostitutas. Ele, na época, de origem humilde, não possuía conhecimento e não sabia o que estava acontecendo e relatava às pessoas que andavam com ele, que também viviam em bares e afins, o que via. Era visto como estranho. Até que um dos membros da gangue disse a ele: "meu amigo disse que se você continuar a dizer que está vendo estas coisas ele não anda mais com você". Ele, com bom humor, disse: *se ele soubesse quem anda com ele!*

Engraçado e triste. Tragicômico.

Isso relata que atraímos seres da mesma frequência vibratória. Os amigos dele atraiam seres extrafísicos de um nível muito baixo. Neste caso, seres de baixa frequência vibratória. Fato triste pela baixa sintonia, mas engraçado pelo bom humor que o rapaz teve com a frase.

Depois deram o nome de um local espírita para este rapaz frequentar e, então, ele começou a frequentá-lo, amadureceu, soube lidar com a mediunidade e, hoje, adulto, é profissional qualificado, tem uma família e abandonou as ideias imaturas da adolescência.

Prof. Octávio Melchíades Ulysséa e a Mediunidade – Um Grande Homem, Uma Grande Obra:

O prof. Ulysséa foi um homem notável pela construção que fez, educando gratuitamente milhares de pessoas na da faculdade espírita em Curitiba/PR/Brasil. Deu bolsas a milhares de pessoas que não podiam pagar pelos estudos, desde crianças até adultos em pós-graduações. É uma pessoa que fez a função do Estado, educando praticamente todo o bairro Santo Inácio em Curitiba/PR. Bem de raciocínio espírita, de quem não dá atenção para o dinheiro, mas doa a outros. Além de ter levado reveses de pessoas que confiava, usou, inclusive, os próprios recursos financeiros para auxiliar milhares de pessoas gratuitamente nas Faculdades Integradas Espírita (Unibem), onde fiz pós-graduação em Parapsicologia, curso reconhecido pelo MEC. A faculdade possui excelentes pós-graduações voltadas as áreas humanas e naturais.

Conversei com o prof. Ulysséa uma única vez antes de seu desencarne, mas sua fama o precedia. O prof. Ulysséa tinha mediunidade muito aguçada (via níveis de frequência bem sutis). Segundo um professor meu da pós de Parapsicologia, o prof. Ulysséa era uma pessoa que via níveis de frequência mais sutis que vários médiuns. Lembremos que as capacidades parapsíquicas independem da moral. Fenômeno é só fenômeno. Com o professor, havia moral e ética com sua mediunidade. Segundo me falaram, Ulysséa sabia lidar com suas capacidades com tranquilidade, sem vaidade ou fantasia, mas com naturalidade.

Uma das histórias que soube do Ulysséa pitoresca é que ele estava ao lado de uma pessoa, e essa pessoa disse a ele: *"eu tenho medo destas coisas de espírito, de gente que já morreu"*. Nisso, um espírito ao lado do Ulysséa disse: *"quando eu era vivo, eu também tinha"* (risos).

Aí se vê a naturalidade que devemos encarar o fenômeno do extrafísico.

CAPÍTULO XXIV

ARTIGOS

Seguem artigos escritos por mim, que mais ou menos resumem o que escrevi neste livro. Escrevi-os enquanto estava escrevendo este livro, para o "blog" dos meus amigos Dalton Campos Roque e Andréa Silva, excelente casal que trabalha sobre espiritualidade em Curitiba. Penso ser importante ler estes artigos para reforçar o que foi dito neste livro.

Sobre este primeiro artigo, quero deixar clara minha admiração por Divaldo Pereira Franco, por seu esforço pela humanidade, seu empenho e sua linda história de vida em prol da humanidade. Divaldo, a você meu pleito de gratidão e admiração, pelas milhares de pessoas que beneficiou!

Ao Waldo Vieira, minha admiração pelo seu esforço em prol da humanidade.

À Umbanda e às religiões afro-brasileiras, obrigado pelas obras de Amor e caridade que estão espalhadas pelo Brasil.

Vamos aos artigos para reflexão:

"Apologia Do Karma E Medo, Como Técnica De Dominação E Castração – Diferente De Noção Do Deus Interno Em Nós

Frequentei grupos em que o karma era irrelevante. Eles sabiam que existe o karma (lei de ação e reação), mas não era o ponto principal abordado pelo(s) grupo(s). O ponto principal eram as infinitas possibilidades que cada um de nós tem, as milhares de possibilidades de alcançar o Deus interno. Vamos contar uma história para se entender por que em grupos espiritualistas do Ocidente se faz apologia do karma e de nossa suposta inferioridade: "era uma vez, num pequeno continente chamado Europa, onde há 1.700 anos atrás, o Estado mesclou-se com religião. Aí então, quem não pensasse de acordo com o religião oficial do Estado era perseguido, torturado. Só havia divino em quem ocupasse altos cargos de hierarquia: Papas, bispos, reis que diziam ser divinos, por isso governavam. A população era vista como pecadora e acima de tudo culpada. Havia muita culpa. Além disso, muitos pesquisadores independentes, foram queimados na inquisição, por este motivo, perdeu-se a noção que há seres vivos em outros níveis de frequência e que isso era parte da natureza, mais um reino, como o reino animal, vegetal e mineral e como é padrão na natureza, este reino interage com os demais reinos. Não havia mais neste pequeno continente a noção de que seres vivos em outro nível de frequência era parte da natureza, como é a fotossíntese, oxigênio e o sol nascendo todos os dias. Este fato da natureza era visto com medo ou algo distante ou sublime: inferno, céu. Perdeu-se, também. neste pequeno continente, a noção que há um Deus em cada um de nós.

Em outros locais mais próximos, como o Egito, outrora, pequenas castas sabiam que era fato da natureza seres vivos em outros níveis de frequência: humanos desencarnados e seres nos ares, mares e em outros planetas, mas este conhecimento não passou à massa neste pequeno lugar chamado Europa, porque no Egito e Grécia, antes da Igreja, antes destes 1.700 anos, tal conhecimento básico ficava restrito a poucos grupos, também para dominar a população egípcia e grega e fantasiar este fato da natureza. O tempo passou, e 500 anos atrás os habitantes do pequeno continente Europa, dominaram armas de fogo e invadiram dois continentes enormes, África e Américas, onde havia milhares de modos de se lidar com este fato da natureza. Então os invasores provindos deste pequeno continente, impuseram seu trauma a estes dois grandes continentes." Impuseram também, sua falta de noção que há um Deus interno em cada um de nós (corpo Crístico) e que este Deus pode ser alcançado agora." Essa história breve mostra-nos, porque o hoje é assim. Por isso o hoje é assim com 5 (cinco) noções que relato abaixo. Por isso história explica o hoje. Havia falhas também nos outros dois grandes continentes, como dominação e hierarquia? Sim. Mas muito de sua diversidade com o fato da natureza espiritualidade se perdeu. Mesmo pesquisadores espiritualistas independentes, carregam o que o inconsciente coletivo do Ocidente nos legou com o trauma europeu para as Américas e África. São eles, cinco heranças repetidas no Ocidente como herança inconsciente de religião, usada como dominação de Massa:

1)Somos inferiores.

2) Apologia do karma e toda uma hierarquia em torno dele (mais karma e menos karma).

3)Obsessão

4) Sempre ter o aval de alguém divinal (geralmente desencarnado dito superior, amparador etc.), fazendo as vezes do santo católico, para que o que você diga tenha aceitação.

5) Separação forte entre nós e o divino. O desencarnado superior é divino, nós não. Somos culpados, inferiores, separou-se nós do divino. Nós não somos divinos segundo a cultura ocidental. Ser encarnado é ser inferior. Tamanha a separação que as pessoas se referem a espiritual somente sobre os desencanados superiores, nós não.

Essas heranças passaram ao protestantismo e ao Islã também, pois são posteriores ao Catolicismo (Catolicismo é mistura de Estado + Igreja resultando em crença oficial do Estado). Há coisas muito belas em ambos, mas estas cinco heranças também estão presentes.

E se eu te contar que há outra forma de ver este fato da natureza, espiritualidade que não seja só através do karma e obsessão, mas sim através das infinitas possibilidades positivas que você pode aprender em você? Muito falam em karma, e aquele que errou e que somos inferiores. Herança de dominação de massa. O repertório sempre é esse: ele errou e está sofrendo as consequências. Ou sofreu muito e venceu. E se eu te disser que há outros modos de ver espiritualidade? Alguém lembrou de alguém que acertou e é feliz por este acerto? Que sente prazer em ver as belezas da vida e as infinitas potencialidades dentro de si? E se eu te disser que somos divinos? E se eu te disser que o divino em você pode ser alcançado agora? Se eu te disser que o universo é um banquete onde podemos saborear diversas maravilhas descobrindo nossas potencialidades interiores? Não há necessidade de só ver em função de karma e obsessão o fato da natureza espiritualidade.

Não contribui em nada, tampouco, a cultura da inferioridade: "planeta de provas", "nível baixo do planeta", "somos inferiores", "somos culpados". Não! Somos deuses!!! Somos criados para ser co-deuses!!

Na verdade, você é divino e tem capacidade de alcançar este divino agora. Não é preciso fazer apologia do karma. Liberte-se. Alcançar o Deus interno é algo muito prazeroso!! Alcançando o Deus interno você amará e então não precisa se preocupar com o karma, pois ele perde o sentido. Os orientais sabem disso há séculos.

Estou cansado de ouvir estas cinco repetições ditas acima, até mesmo de pesquisadores espiritualistas independentes, repetições herdadas inconscientemente do Catolicismo para dominar a massa, repetições de séculos de comportamento, mesmo que estes pesquisadores não percebam isso, estão tentando se adaptar ao inconsciente coletivo do Ocidente, até mesmo para serem aceitos. Por que não chegar a um grupo e dizer que cada um é Deus? Porque dirão que quem falou isso não é humilde e toda aquele discurso de autoflagelação meritória para dizer que se é humilde. Chega disso! Quero ouvir sobre coisas positivas de todas as potencialidades que cada um de nós tem e o Deus interno de cada um, cocriador da criação. Até a neurolinguística trabalha assim. Ressalte as coisas positivas, ao invés de reprimir as negativas.

A Igreja passou uma noção ao longo dos séculos, que só se é divino se é perfeito, e isso não é verdade. Sendo humanos como somos, podemos alcançar o divino em nós e isso pode ser muito prazeroso. Tal noção era passada para que as pessoas pensem que o Papa é perfeito (infalibilidade Papal) assim era mais fácil dominar.

Como disse acima, conheci grupos onde o karma era irrelevante, grupos com encarnações no Oriente. Porque para estes meus amigos era irrelevante o karma? Porque você descobrindo as potencialidades interiores, corre a favor do rio da vida, você é parte da criação e foi feito para acertar e correr a favor do rio da vida, o que é prazeroso com as imensas potencialidades que temos em nós.

Há livros espiritualistas que deveriam se chamar "1.000.000 de formas de se ferrar com o karma". Há milhares de histórias de pessoas que erraram e estão quitando o karma de milhares de formas diferentes. Mas, mudando de ângulo, alguém já falou sobre aquele que acerta? Alguém já falou naquele que encontrou o Deus interno? Não para alguns livros!!! Pois, para alguns, somos inferiores, culpados e é meritório falar isso. É claro que os livros que falam sobre nossa inferioridade e karma, tem também uma variedade de lições preciosas, lições técnicas e sobre superação, Amor, perdão e outras, aprendi muito com estes livros, mas há mesclado em alguns deles, as cinco ideias fortes no Ocidente mencionadas acima, inconscientemente sem perceber. Proponho uma mudança de ângulo, uma mudança de foco, que vi em outros grupos espiritualistas ligados ao Oriente e gostei: Ao invés de pensarmos em karma, que tal pensarmos nas milhares de forma de acertar e que formos criados para isso agora? Que tal pensar que somos deuses e não inferiores? Que tal pensar nas milhares de forma de acertar? As milhares de formas de alcançar o Deus interno? O prazer em alcançar o Deus interno? Pensar que somos criados para andar de acordo com o rio da vida e isso pode ser feito facilmente e prazerosamente. Somos feitos para isso! Para apreciar de infinitos modos o banquete que é o universo. Somos divinos, não inferiores!

O karma existe mas, quando se anda a favor do rio da vida, não precisa se preocupar com ele. E se tenho karma de encarnações passadas perguntaria: se você achar o seu EU superior vai conseguir produzir Amor, aí não precisa se preocupar com karma.

Sobre a herança do Catolicismo como dominação de massa, é o que falei nos 5 itens acima: você tem quer ter o aval de outrem que é divinal ou ligado com o divino (sic) – no caso dos grupos espiritualistas do Ocidente o espiritual é visto como estando fora de si e um desencarnado dito "superior", "amparador", "guia". Esta falha de dependência no Ocidente, de ter um líder para seguir, que inconscientemente faz as vezes do santo católico.

Tamanha é a noção de substituição do desencarnado visto como santo católico e que o divino é ele e está fora de nós, que em alguns grupos espiritualistas do Ocidente as pessoas chegam a imitar o comportamento do "líder" ou fundador, ícone. Imitam porque veem nele o santo católico, o divino, ele é certo, ele é ligado com o amparador, espírito superior, que faz as vezes do santo católico: herança inconsciente do Catolicismo – você tem que pensar e seguir o Papa que é santificado, e é ligado com a santificação, você não é santificado... seu inferior! (sic).

Você vai passar a eternidade inteira com você, não com o Papa, bispo, padre, pastor, extraterrestre, espírito, médium. Não precisa ter dependência psicológica de outrem.

Além disso, você tem uma vantagem sobre o espírito, dito superior: você pode interagir em um meio que ele não pode: o material. Você pode sair em corpo mental e ir até ele, mas ele não pode ter corpo físico. Portanto ajude-o a criar o melhor para todos. Não tenha dependência. Tenha parceria, amizade, companheirismo e igualdade. Cocrie com ele.

Pior que dependência de outrem, é alguém ficar encantado com os fenômenos parapsíquicos e santificar estes fenômenos naturais, gerando relação de submissão e dependência com médium de efeitos físicos, ou por causa da telepatia, pré cognição, vidência e clarividência, clariaudiência, fenômenos naturais. Válido lembrar que as capacidades parapsíquicas são só instrumentos. Esse conhecimento técnico no Ocidente é muito válido, sempre digo, se houvesse a junção do conhecimento técnico que o Espiritismo tem somado com a noção que o zen Budismo tem que o Deus interno de cada um pode ser alcançado agora, seria perfeito! Não precisa ter a noção que precisa passar milhares de encarnações até chegar à perfeição e só assim se é divino como erroneamente se divulga por alguns.

Quando tive experiências com alguns professores e grupos que não tinham noção de submissão e dependência com desencarnado dito superior, ou amparador, havia entre nós encarnados, e os desencarnados que tinham bom nível de consciência, uma relação de parceria, amizade, companheirismo e acima de tudo de igualdade. Nós nos víamos como iguais. Eles sabiam que havia um Deus em nós e nós neles. Não havia hierarquia em relação ao karma (mais evoluído e menos evoluído, tem mais karma ou menos karma), pois prevalecia a noção que todos podemos ter a capacidade de produzir Amor. Tal situação ocorria em grupos orientais, ou com reencarnações mais ligadas ao Oriente. Nem se falava quase em karma, apesar de saber que ele existe. E quando se falava não era de forma pesada.

Não precisa ver sempre em função do que fez no passado o seu hoje. É melhor valorizar suas infinitas potencialidades para plantar o que há de bom.

Falar sempre em karma/obsessão e dizer que a pessoa está limitada pelo seu karma é limitá-la. São importantíssimos os grupos de desobsessão, com apometria ou não, pois beneficiam milhares de pessoas, principalmente em casos graves e extremos. O que quero dizer, é que não é necessário somente ver espiritualidade em função disso. Cristalizou-se toda uma visão e técnicas em torno do karma e de que somos inferiores. Como disse, fundamental os grupos de desobsessão, mas, e se eu te disser que você é divino e pode alcançar este comportamento agora, e que há milhares de formas de alcançá-lo? E se eu disser que isso pode ser muito prazeroso? Se eu te disser que você não precisa ficar preocupando-se com karmas passados, mas nas infinitas possibilidades de produzir Amor e isso pode ser muito prazeroso? Que tal vermos nas infinitas possibilidades que cada um de nós tem? Como disse, o universo é um delicioso banquete para apreciarmos e testarmos nossas infinitas capacidades.

Os três movimentos herdeiros diretos do Catolicismo: Espiritismo, Umbanda, e conscienciologia tem muitos vícios inconscientes do Catolicismo sem se aperceberem: há pessoas que imitam o comportamento do Divaldo Franco, do pai de Santo e do Waldo Vieira. É culpa destes três ícones? Óbvio que não!!! Os três contribuíram de forma maravilhosa para humanidade, entre seus defeitos e qualidades que todos temos. É que tal dependência de outrem está no inconsciente do Ocidente. Eu auxilio e frequento os três grupos, pois nos três há muita coisa em prol da humanidade e muita coisa positiva, aprendi questões positivas demais com os três grupos, mas esta herança de ver inconscientemente o ícone como santo católico, o que tem contato e está mais perto do divino, existe, não em todas as pessoas destes grupos, mas uma parte de pessoas em cada grupo.

Os grupos espiritualistas ocidentais, pré-Catolicismo, pré junção do Estado com a religião, dos que sobrevieram a 1.700 de perseguição no Ocidente como a Rosacruz, que ressurgiu no iluminismo, na Europa, mas antes foi ensinada no Egito, mesmo sob a invasão dos persas e romanos, não tem tanto esta dependência de outrem, projeção do santo católico justamente por terem passado um tempo afastados da Europa. Os outros ocidentais pré-Catolicismo, que sobreviveram a inquisição tem esta dependência como o pessoal da Wicca, por exemplo? Não sei. Não os conheço em profundidade. Talvez tenham um pouco porque para alguns sacerdotes antigos era interessante se auto divinizarem, associando espiritualidade, lei natural, como algo divino fora do alcance, para exercer poder sobre a população, como fazia o clero católico, mas imagino que entre eles essa dependência de outrem seja muito menor que no Catolicismo ou nos pós-Igreja.

Mais nefasto que dependência, é apologia do sofrimento, como algo meritório, é dizer que sofreu para quitar o karma: "olhem para mim, eu sofri, sou merecedor". Apologia do sofrimento meritório: "sangrou na cruz", "coroa de espinhos".

Há lugares que falam " Para quitar o karma tem que ficar aqui", pior "tem que seguir minhas ordens". Já vi em alguns lugares, o karma ser usado como forma de ameaça: "se não fizer isso ou ficar aqui, trabalhando seu karma pode ser pior". Na verdade, o trabalho pelo bem, pode ser feito em qualquer parte do universo, onde haja conhecimento que é saber o que está fazendo, e Amor.

Vou contar um segredo: é você e o universo!! É o modo particular que você vê o universo. Você é um cocriador, co-Deus, e pode alcançar o corpo Crístico que é um dos principais corpos espirituais agora!! Não precisa dizer que precisa passar milhares de encarnações para isso, ou que tem que sofrer, ou que somos inferiores para mostrar humildade. Somos divinos!!! Não precisa tampouco se adaptar a grupos. Quando se está em um grupo, é natural que a pessoa imite o comportamento dos demais para ser aceito. Na verdade, o essencial, é o modo particular como você vê o universo, você é um co-Deus! Cada ser é um co-Deus e é o modo natural e único como você vê o universo que importa.

O karma existe, mas não precisa fazer apologia do karma, muito menos usar seus conceitos para impor medo, inferioridade ou dominação às pessoas. Conheci pessoas que passaram 40 anos vivendo em função de um Espírito porque projetavam neste espírito a figura do santo católico: perfeito, diáfano, o divino. Tamanha a dependência que chegavam a imitar o comportamento do médium, como dito acima. Dependência psicológica, pois para o Ocidente, o desencarnado "superior" é divino. Nós não, segundo a péssima herança ocidental. Esclareço: se alguém, seja ele espírito, extraterrestre, médium, ou quem seja, tiver nível de consciência bom, ele vai querer que você alcance o Deus interno (corpo Crístico) para ele alcançar o dele, e vocês compartilharem suas experiências.

Em relação a apologia do karma como dominação, criou-se uma hierarquia em torno do karma: "eu tenho mais você tem menos", "sou superior, você é inferior", "só posso quitá-lo na próxima encarnação". "Temos que passar milhares de encarnações para chegar à perfeição, ou ao Divino". Prefiro a visão oriental que o maior bandido ou o melhor homem, tem Deus agora e pode alcançá-lo e se ele se direcionar para suas capacidades interiores, como ficar com a mente no presente, pode expandir sua luz própria.

É saudável, também, pesquisar vários grupos que lidam com espiritualidade, fato da natureza. Ideal é chegar em cada grupo sem pré-concepções como faz a antropologia. A antropologia pede que dispamos de nossas concepções para observar cada grupo sem a nossa cultura, o nosso julgamento, as nossas noções. Melhor que isso: deve se ir a cada grupo com a mente limpa, com a mente em silêncio para ver a realidade, e não ver a realidade através do seu filtro. O Budismo faz esta proposta de ver a realidade com a mente limpa para não macular a realidade com suas pré-concepções. Discordo e concordo com todos os meus amigos espiritualistas e não há mal nisso. Pois no diferente se cresce. Eu tive uma experiência de vida, eles tem outra, porque somos diferentes. É natural, tivemos experiências diferentes e no diferente se cresce. O diferente é saudável, porque se vê novos modos de ver, e assim se cresce. Portanto grupos diferentes são riqueza, desde que todos tenham técnica (saber o que se está fazendo) e ética (amar).

Vejo que nos espiritualistas da atualidade, há muito conhecimento técnico: saída do corpo, chakras, ectoplasma, incorporações, milhares de técnicas para fazer projeção astral etc., no entanto, é impressionante como se perdeu no Ocidente a noção de que cada um é um Deus e as milhares de formas de alcançar este Deus, bem como como isso pode ser prazeroso. Tudo isso por dominação de massa. Há muita técnica, que são instrumentos úteis, mas se perdeu o essencial, que somos parte da criação, co-deuses e que o Deus interno pode ser alcançado agora de forma muito prazerosa.

No Ocidente, repito, perdeu-se a noção de que há um Deus interno e esse Deus pode ser alcançado agora e isso é muito prazeroso. Não há necessidade de fazer apologia do karma, autoflagelação ou autopunição.

Voltando a pesquisar história para saber por que o hoje é assim, o Oriente só foi invadido pela Europa, e seu trauma cultural, no século XIX, então conseguiu preservar mais que a África e Américas, sua cultura e mais que isso: a noção que há um Deus interno em cada um de nós e esse Deus pode ser alcançado agora!!!

Então, será que alguém pode falar de alguém que acertou que é feliz? Sim! Pode falar de alguém que acertou sem sofrer ou fazer apologia do sofrimento? Sim! Pode-se falar nas potencialidades interiores? Sim!!

Se quiser alcançar o prazer de ter o Deus interno, veja livros que ensinam o alcance do EU SUPERIOR, Deus interno, pelo silêncio da mente, mantendo a mente no presente, para alcançar o corpo Crístico. São eles, o livro *A Fonte Interior* de Kathleen Vande Kieft. Este livro é maravilhoso e me fez muito bem, outras escolas são o Budismo e suas vertentes, destacando-se o zen-Budismo, Gangaji (com vídeos com legendas em português no YouTube,), livro *O Poder do Agora* de Eckhart Tolle, Osho e seus livros, dentre outros. O Deus interno é que é o importante e você pode alcançá-lo agora, e isso é prazeroso e forte.

Dentre estes, um dos modos muito prazerosos de alcançar o Deus interno é ficar com a mente no presente, como propõe livro *A Fonte Interior* já mencionado. Este livro é disponível em PDF na net.

Há outras milhares de formas de alcançar o Deus interno. Não precisa fazer apologia do karma!

Há falhas, dogmas, medo também entre os orientais. Mas é óbvio que por uma questão cultural as cinco heranças mencionadas mais acima não ficaram tão fortes no Oriente, para o bem da humanidade.

O Budismo, como se sabe, não faz apologia do karma, sua intenção é descobrir as potencialidades interiores. Que você tenha muito prazer em sua descoberta interior e espalhe esta alegria pelo mundo!!!"

Estevão.

....

Estelionatários de Luxo

Além de advogado, sou parapsicólogo, portanto, cientista que estuda a natureza com critério, buscando resultados que tenham procedência através de comprovações, provas e fatos que se repitam em diversos locais, com o mesmo método usado por diferentes cientistas, para assim ter comprovação destes fatos.

Assim, alerto aos amigos, que tenho visto modismos oportunistas-estelionatários em relação a espiritualidade, tal qual aquele cozinheiro que querendo valorizar sua culinária, pega pratos antigos e conhecidos e soma duas folhas de alface e dá nomes diferentes em francês para valorizar a iguaria e cobrar mais por ela, dizendo que só ele, cozinheiro, conhece, e somente ele pode preparar aquele prato antigo com cara de novo patenteando-o como se novo fosse.

Assim, tenho visto métodos para alcançar o EU superior conhecidos de várias civilizações há milênios, métodos que podem ser feitos por qualquer um gratuitamente, serem patenteados por oportunistas que lhe dão novos nomes em inglês, compram a patente deste método e dizem que só eles podem ensiná-lo, claro, a preços astronômicos (risos).

Não estou aqui criticando a diversidade de métodos e grupos que existem em lidar com o fato da natureza espiritualidade, questão que incentivo e acho salutar desde que haja Amor e técnica. Só estou alertando que há estelionatários de luxo, usando nomes pomposos para métodos conhecidos há milênios tentando "privatizar" estes métodos. O grande erro está em dizer às pessoas que só eles podem aplicá-lo e sob pagamento.

Os melhores grupos são aqueles que ensinam a pessoa a alcançar-Se, mas nunca depender de outrem. Ensinam a alcançar-Se, alcançar a Si mesmo, e interagir com o fato da natureza espiritualidade com independência e ética. – em relação a espiritualidade, me refiro ao reino da natureza, como o reino animal, vegetal e mineral, onde há seres vivos em outro nível de frequência, mas também a outra situação: o Deus que está dentro de você. Crie independência!!"

Estevão

....

Religioso Diferente De Religião.

Sentimento Interno Religioso Diferente de Religião

Olhar para beleza da natureza e pensar "que maravilha, a criação".

Ver uma paisagem e sentir a harmonia do belo. Pensar o que faz a ligação de cada átomo formar o cosmos. Encantar-se com a beleza do mar e com o nascer do sol, são sentimentos religiosos e não dependem de religião alguma. Religião são coisas dos homens, numa tentativa de "privatizar" Deus, de dizer que Deus está submetido a uma crença ou grupo para manipular este grupo. Há muita beleza, no entanto, quando uma pessoa, com ou sem religião, ou de qualquer religião, emite pensamentos belos de fé. Um dia essa pessoa vai descobrir que estes bons pensamentos e sentimentos não dependem de religião alguma.

Ela descobrirá que para ter estes sentimentos não precisa de livros, líderes. Que ela pode sentir-se bem em ler um livro pertencente a uma religião, mas um dia vai perceber que não é o livro, mas sim o sentimento que ela tem sobre isso.

Aí descobrirá que para ter este sentimento não precisa de tudo que foi posto à sua volta: líderes, pastores, padres, pois isso são invenções políticas dos homens. Há, é verdade, alguns locais como Igrejas, centros espíritas, templos budistas, e outros onde realmente a energia mental é maior pelo acúmulo e concentração de energia--pensamento-sentimento boa. No entanto, é incorreto, malandro e desonesto dizer aos frequentadores que só se pode ter estes sentimentos se frequentar aquele lugar, aquela religião. Isso é "sacanagem" psicológica, tentativa de sequestrar as pessoas psicologicamente, para que elas se tornem submissas e refém destes sentimentos, achando então, que só poderão encontrar estes bons sentimentos no líder, grupo ou local.

O verdadeiro mestre deve ensinar o discípulo a alcançar-SE a alcançar o Deus interno em si, alcançar as potencialidades interiores, a ser ele e o universo e ensinar que ele, estudante, é um co-Deus e o correto, é a visão única que ele e cada um, tem do universo. É você e Deus e, você também é um Deus, e isso é muito prazeroso e gostoso. Divirta-se com suas potencialidades interiores gerando prazer de viver e crie independência.

É você e o universo!!

Mantenha a mente em silêncio no presente.

Muita paz!"

Estevão

....

Observação e reflexão sobre esse último artigo: ser humano é um ser emocional. Antes tem uma emoção e depois o raciocínio. Exemplo: uma pessoa feliz por ser católica começa a justificar o mundo e as barbáries da Igreja na Idade Média, porque ama ser católico. Uma moça do movimento feminista, tão importante na atualidade para proteção da mulher, fica chocada com casos de estupro que ouve e acha que todo o homem é estuprador e fica justificando o mundo em função disso. O rapaz que teve benefícios sociais por determinado político justifica seus erros com corrupção por gratidão ao político, confundindo o aperfeiçoamento social positivo com "eu aceito tudo vindo do político".

Assim, quando você aceitar uma barbárie para justificar uma atitude boa ou benéfica, medite, deixe a mente em silêncio, reflita, para ver se você não está justificando o mal por um bem que obteve.

....

Segue artigo escrito em inglês no final de outubro de 2020 e enviado a vários cientistas e revistas científicas. Deixarei este artigo em inglês para que amigos de língua inglesa possam fazer pesquisas éticas com as reflexões e os dados.

OBSERVAÇÕES, PESQUISAS E ANOTAÇÕES SOBRE ESPIRITUALIDADE

Em seguida, traduzo o artigo para a língua portuguesa:

HISTORIC ANALYSIS: WHY TODAY IS LIKE THIS – WHY SPIRITUALITY TODAY CAN BE EXPLAINED FOR SCIENTISTS LIKE A FACT OF NATURE, NOT A BELIEF:[54]

"And yet it moves" This was the phrase Galileo Galilei (1564–1642) spoke in front of the inquisition, ensuring his observation of nature, verifying that the Earth moves around the sun.

Science consists of scientists analyzing how nature works and how man can interact with nature with evidence that can be repeated by several experiments in different locations with similar results.

I think the first thing to teach people and scientists is why spirituality and extra physical beings could be studied by science is to show that´s not a belief but a *fact of nature*. The best thing to do is to show a historic perspective why today is like this: in the small continent like Europe the emperor Julius Caesar killed the druids who used to handle with spirituality like a fact of nature. After this, when religion mixed with State, the church completed the bad service with more than 1.700 years of persecution to everybody who used to know it´s a fact of nature. Back in time again, *before* the 1.700 years of persecution this knowledge used to be restricted to small and elite groups in different people around the world: Mayans, Egyptians, at Babylonia, Persia etc. After this european trauma which decimated wise people for centuries, 500 years ago, europeans invaded too large continents where people used to handle in so many different ways with this fact of nature spirituality: Africa and Americas, bringing the european trauma to this big continent which people used to know living beings in other level of frequency is a fact of nature. In western and european only in the end of 19th century, the knowledge of living beings in other levels of frequency like a fact of nature was studied again in public, with Allan Kardec, Blavatsky and The Society for Psychical Research (SPR)

---

[54] This article was sent to the Bigelow Institute of Consciousness Studies (BICS) for the "best" evidence for life after death, competition of essays promoted by that Institute in the year 2021.

Although the trauma, a good thing was that in Americas and Africa the Indian's ways to handle with this fact of nature still is alive. I hope this historic perspective could help people and scientists to understand a fact of nature.

The extra physical is just other kingdom of nature which Interact with other kingdoms: the animal, vegetable and mineral kingdom. The extra physical is a kingdom of nature which thousands of species like the other kingdoms. It was treated like a religious way because after the political persecution, there was not knowledge about this kingdom of nature.

The Global Consciousness Project by Roger Nelson at Princeton university[55] and other scientists are about measure intensity of thoughts with equipments. I go further: the use and creation and popularization of devices that see and hear extra physical beings at another level of frequency. In my book I prove for 5 (five) evidences that the extra physical being shapes the fetus together with DNA as if it were a form and that this is a fact of nature.

This fact of nature, living beings at another level of frequency, it was treated as something religious because there was no technical knowledge in the west that this was just another kingdom of nature like the animal, vegetable and mineral kingdom and how it is natural in nature, interacts with other kingdoms.

Everybody knows that there is transcommunication researches with this objective. Maybe we can use the Random Number Generator to communicate with extra physical beings. It is necessary to create specific equipments for this purpose and popularize them as radio and TV are popular today. Today home appliances are used for transcommunication research and this is incorrect. I sent my book in PDF and physically to almost every university all around the world. I also sent a project for the construction of these equipments to places where there is a machine called Stellarator, which maybe may be useful in the construction and popularization of these devices. Furthermore, according to my personal experiences, what amounts to a disembodied spirit (living being with the body composed of atoms and that cannot be seen or heard, because the human beings captures a very limited level of frequencies) is the natural

---

[55] http://noosphere.princeton.edu/

state of living beings in some planets. NASA equipments do not catch or see them because these equipments/machines capture a limited level of frequency. This research must be popularized. In fact, I think that there IS ALREADY financial and scientific and technical investment in some parts of the world to explain in the media that extra-physical beings are just another realm, kingdom of nature, and that they were treated in a religious way, because there was no technical knowledge. I think that there is ALSO investment in the creation and popularization of these equipments that see extra physical beings, and popularization of this equipments as radio and TV are popular today. (I launched my book in 2011 and sent the book since then for hundreds of universities and research centers, and I sent the projects since 2013).

I reaffirm, I don´t talk about beliefs. I talk about a fact of nature that was treated like a belief. Beyond it´s not a belief, it is an examination how nature works. In my book and to many different works around the world there´s to many evidences of this fact of nature. It´s very very necessary to give to scientists a historical perspective why today is like this. I have talked with scientists who realized it but has no historical knowledge about why this facto f nature were seen like a religious way. To think living beings in other level of frequency is a belief, not a kingdom of nature which interact with others, block to many researches.

Spirituality, unlike religion, is a fact of nature and therefore exploitable by tests and experiments.

Today exists several different groups around the world which deal with spirituality such as Umbanda, Rosicrucian, Masonry, Spiritism with "apometria", IIPC, Logosophy, Theosophy, independent family groups and many others; in these areas there is a rich field of study for this new generation of scientists.

To give the notion that spirituality is a fact of nature (like photosynthesis, oxygen, sunrise) and we have a lot of different groups which handle with it, to give the notion (fact of nature) and that the richness of humanity is the diversity, when each group work with different parts of this fact and in other way and anyone is the owner of truth, and for facts of nature is not necessary doctrines, institutions, hierarchies. The doctrines are the interpretation people made about this fact of nature.

Everyone knows by the example of Galileo Galilei, I told above, that there was a split and trauma in western civilization between religion and science. Religion was seen as a technique of mass manipulation through its beliefs and dogmas, using emotional issues to "hijack people" psychologically, through the most basic feelings such as fear of death, hope, guilty and manipulating people to think that only their group has the solution to such human feelings. All this is different from internal religious feeling, where everybody can privately enjoy the perfection of life and contemplate nature, as it does not require any doctrine or religion.

Each person could have their religion or indeed have no religious belief. The internal *religious feeling* is wonderful and respectful in all people of all religions or without religions.

It is interesting to note that scientists should not want to assert what any doctrine says as it would lead to pre-conceived issues which could influence research, thereby discrediting it. The best researcher is one who evaluates with free will of mind and checks how nature works, so as to interact with it. This happens today with research on stem cells. So, this is the way the search should be on spirituality. It can be made from simple questions such as, for example, weighing a medium before and after a session, noting results to see if there was weight loss by ectoplasm (substance cell exhale) or if the decrease in weight is part of the natural metabolism. So, from this point there are better conditions and results for the group and research sessions in Spiritism centers and other places, which work with spirituality, as the facts of nature become the object of the research.

The engineer Hernani Guimarães Andrade[56] gave rise to a whole generation of great Spiritism researchers

---

[56] Famous Brazilian scientist author of more than ten books and many different articles. After talking with Mrs. Suzuko Hashizume, Dr. Hernani´s assistent, I translated several books written by Dr. Hernani Guimarães Andrade, as well as the book "Biological Organizing Model" by Prof. Carlos Alberto Tinoco. I sent them for analysis to native English speakers to verify the necessity of revision, but they told me that the translation needs revisions since in the works of these great authors there are neologisms. I need someone to proofread the translations I have in English for later publication by whoever owns the copyright. Even without revising them, I passed some translations that I made to Dr. Rupet Shaldrake for language analysis. I emphasize that the translations took me months and that I have no intention

about this fact of nature: spirituality. He was in regular contact with universities and independent researchers such as Prof. Carlos Alberto Tinoco (Unibem), Alexander Moreira Alves (UFJF), Sérgio Felipe de Oliveira (USP), Sonia Rinaldi as well as with hundreds of other researchers. His friend and co-collaborator Dr. Benrjee (University of Rajasthan-India) and Ian Stevenson (University of Virginia, USA) bequeathed along with these others, studies which could confirm through research on reincarnation that there are intelligent living beings on other levels of frequency. Who knows, from here on, if we can build devices/machines, to see these levels, which are often more subtle and whether we could actually see these living beings at these levels of frequency. These devices could well become as popular as today's radio and TV like I said.

The intent of this research should not assert that X or Y did this or what doctrine says, but should consider the facts, their nature and criticize them, as well as agreeing and disagreeing with the research already done, as is always the case with new research findings. My researches should be criticized too. We have the research of the parapsychologist Hernani, on which we seek to improve on my book, five pieces of evidence of the existence of a living being composed of atoms which has a human form, thinks and feels, in the shape of the fetus in each pregnancy, proving its existence and reincarnation as a fact of nature:

We have five pieces of evidence of BOM's (Biological Organizing Model) existence, as above, from page 61 of my book "Stem Cells, Test-Tube Babies and the Law: Where Life Is-A Legal, Jurisprudential and Scientific Parapsychological Analysis" in the chapter "Logic and Research":

1)Acupuncture by traditional Chinese medicine, and "Do In", an eastern massage technique, recognizes that there is an energetic body, which forms the fetus. This energetic body is the presupposition of their applications and its body is independent from the Central Nervous System; pre-existing and in the form of the fetus. It is a body composed of atoms, so that it cannot

of making any financial gain with such works, but rather to encourage research with agreements and disagreements, as is natural in the scientific media, for the benefit of humanity.

be seen by our common senses, because the human senses (vision and audition) capture very limited frequency levels. Another experience that confirms the thesis of the existence of MOB is the experience of Kim Bong Han, Korean scientist, who injected radioactive phosphorus into one of the acupuncture points and, following his trajectory through the body, found that it corresponded, strictly, to the meridians network, and not to the nervous system, being, therefore, systems that are integrated but independent. Studies carried out by researcher Pierre de Vernejoul, transcribed in his article "Nuclear Medicine and Acupuncture Message Transmission", transcribed in "The Journal and Nuclear Medicine", Volume 33, number 3, of March 1992 -p. 409 to 412 -(free translation: Nuclear Medicine and the Transmission of the Acupuncture Message, transcribed from "The Journal of Nuclear Medicine)[57], describes that Vernejoul injected 99m radioactive technetium (technetium) (below) (quantity 0.05 ml) at patients' acupuncture points, just as Han did, and followed the isotope absorption through a gamma chamber. Vernejoul found that the radioactive product migrated along the route of the classical Chinese acupuncture meridians, covering a distance of 3 to 5 cm / min. The injection of the isotope at random points in the skin and in the venous and lymphatic systems would not have produced similar results, suggesting that meridians constitute a distinct morphological pathway, thus confirming the conclusion that Kim Bong Han did[58].

2) Research by the British Neuropsychiatrist Peter Fenwick and Sam Parnia, show people in surgery, in which they feel out of body and see objects on the roof and ceiling during the surgery; these objects were unknown to doctors and all the people there, dropping the hypothesis, of such feeling being caused by the lack of cerebral oxygenation and the patient's unconscious telepathy with the medical staff.

3) Research carried out in 40 years of travel around the world by the Canadian psychiatrist Ian Stevenson, Professor at the University of Virginia-USA, who inves-

---

[57] "Nuclear Medicine and Acupuncture Message Transmission", from "The Journal and Nuclear Medicine", Volum 33, number 3, de March 1992 – p. 409-412.

[58] "Nuclear Medicine and Acupuncture Message Transmission", from "The Journal and Nuclear Medicine", Volum 33, number 3, de March 1992 -page 409 to 412.

tigated more than 3,000 cases of children: they said that they could remember past incarnations, showing people with birthmarks, which occurred in the same place where they said as children that trauma occurred in earlier life (being shot, for example); showing that the BOM affected psychologically and energetically by the trauma, prints in the fetus as a form, its brands. One of the books by Dr. Ian Stevenson, which explores birthmarks, is "Where Reincarnation and Biology Intersect" (1997-Library of Congress.pg. 73). See specifically the chapter "Birthmarks and Birth defects". Also note Stevenson discards the other possibilities, affirming the reincarnation, in his book "TWENTY CASES SUGGESTIVE OF REINCARNATION".

4) Research done by the Parapsychologists Hernani Guimarães Andrade[59] and Carlos Alberto Tinoco, proving that there is a "Biological Organizing Model" form of the fetus.

5) The evidence of genetics has already concluded that the DNA is not enough to form the fetus during pregnancy, as DNA is information and requires "someone" enabled to activate it. However, who can activate this information with your psyche, but the Biological Organizing Model in every pregnancy? Thus we have the various pieces of research demonstrated above which show solid evidence of living creatures on other levels of frequency. Several groups today deal with this and it is a vast field of study. Spiritism through Allan Kardec is one of them. It takes time and Spiritisms are not to be fooled by the notion that "everything is already proven" but in fact need to analyze each piece of research, including mine, criticizing them where necessary.

But we can think: if reincarnation is a fact of nature that could be proven why population grow? What we see by the observation of nature is that a)the human population in extra physical is too much higher that physical ones b) Some species in extra physical with Evolution could reincarnate like humans c)In some planets what's equivalent to a disembodied (without body) human in

---

59 ANDRADE, Hernani Guimarães. Book: Espírito, Perispírito e Alma. Ed. Didier, 2001, pg. 3. From ("Tiller, W.A.-Some Energy Field Observations of Man and Nature" -The Kirlian Aura, New York: Anchor Press Doubleday, 1974. p.127-135)

the natural way of them and could reincarnate in this planet because the interchange between planets occurs all the time d)some physical beings from other planets can reincarnate here.

About the affirmations above, status, as occurred with Einstein, crystallizes knowledge and people are afraid to challenge what people with status have said. With science and Hernani Guimarães Andrade this must occur differently because despite the admirable status he has for all his research and for the person he is, the greatest praise for this great scientist, whom I admire so much, is to evaluate his research with the appropriate criterion each time it advanced, whether one agreed or disagreed with him. This should be done with my research too and any scientific research. By doing so, I am sure that the great parapsychologist will be very happy. In science we have to question and ask all the time, agreeing and disagreeing, evaluating and redoing studies with better resources and becoming more advanced each time and place. Up to now the great research Hernani has made, demonstrates reincarnation as fact of nature, combined with a number of scientists whose results interlock with this, as described above. Some of them are unaware that there is a relationship with reincarnation, as researcher Vernejoul made clear independently, but everything point for reincarnation like a fact of nature.

So let's research and construct and popularized equipments/machines explaining in media why we can see living beings in other level of frequency."

Estevão Gutierrez Brandão Pontes

Lawyer, Postgraduate Studies in Consciousness with Emphasis on Parapsychology by Spiritist Integrated Faculty (Unibem) from Curitiba/PR-Brazil, post graduate in Public Law by Uniasselvi SC and other two pos graduations in public law. Author of the book "Stem Cells, Test-Tube Babies and the Law: Where Life Is-A Legal, Jurisprudential and Scientific Parapsychological Analysis" "available physical and in pdf archive, among other libraries, in many different sectors at Universities and Courts and Supreme Courts in many different countries.

Tradução para o português do artigo anterior:

"ANÁLISE HISTÓRICA: POR QUE HOJE É ASSIM – POR QUE A ESPIRITUALIDADE HOJE PODE SER EXPLICADA PARA OS CIENTISTAS COMO UM FATO DA NATUREZA, NÃO UMA CRENÇA:[60]

"E ainda assim se move" Essa foi a frase que Galileu Galilei (1564-1642) proferiu diante da inquisição, garantindo sua observação da natureza, verificando que a Terra se move em torno do sol. A ciência consiste em cientistas analisando como a natureza funciona e como o homem pode interagir com a natureza com evidências que podem ser repetidas por vários experimentos em diferentes locais com resultados semelhantes. Acho que a primeira coisa a ensinar às pessoas e cientistas é porque a espiritualidade e os seres extrafísicos podem ser estudados pela ciência é mostrar que isso não é uma crença, mas um fato da natureza. O melhor a fazer é mostrar uma perspectiva histórica porque hoje é assim: no pequeno continente como a Europa o imperador Júlio César matou os druidas que costumavam lidar com a espiritualidade como um fato da natureza.

Depois disso, quando a religião se misturou ao Estado, a Igreja completou o "mau serviço" com mais de 1.700 anos de perseguição a todos que sabiam que espiritualidade era um fato da natureza. De volta no tempo, antes dos 1.700 anos de perseguição, esse conhecimento costumava ser restrito a grupos pequenos e de elite, em diferentes povos ao redor do mundo: maias, egípcios, na Babilônia, Pérsia entre os índios e tantos outros povos. Depois desse trauma europeu que dizimou sábios por séculos, Há 500 anos atrás, os europeus invadiram continentes muito grandes (África e Américas e depois Ásia) onde as pessoas costumavam lidar de tantas maneiras diferentes com esse fato da natureza espiritualidade: África e Américas, trazendo o trauma europeu (inquisição e negação da espiritualidade porque na Europa quem lidava com isso foi perseguido) para esses grandes continentes (África e Américas) onde as pessoas conheciam que os seres vivos em outro nível de frequência é um fato da natureza.

---

[60] Este artigo foi enviado para o Instituto Bigelow de Estudos da Consciência (BICS em inglês), para competição de artigos de melhor evidência de vida após a morte, promovida pelo instituto no ano de 2021.

No Ocidente e na Europa apenas no final do século XIX, o conhecimento dos seres vivos em outros níveis de frequência como um fato da natureza voltou a ser estudado em público, com Allan Kardec, Blavatsky e The Society for Psychical Research (SPR).

Apesar do trauma, uma coisa boa foi que nas Américas e na África ainda está viva a forma do índio lidar com esse fato da natureza. Espero que essa perspectiva histórica possa ajudar pessoas e cientistas a entender um fato da natureza. O extrafísico é apenas mais um reino da natureza que interage com outros reinos: o reino animal, vegetal e mineral. O extrafísico é um reino da natureza que milhares de espécies como os outros reinos. Foi tratado como uma forma religiosa porque após a perseguição política, não havia conhecimento sobre este reino da natureza.

O Projeto de Consciência Global de Roger Nelson na Universidade de Princeton e outros cientistas tratam de medir a intensidade dos pensamentos com equipamentos. Vou além: o uso e criação e popularização de aparelhos que veem e ouvem seres extrafísicos em outro nível de frequência. Em meu livro comprovo por 5 (cinco) evidências de que o ser extrafísico molda o feto junto com o DNA como se fosse uma forma e que isso é um fato da natureza. Esse fato da natureza, seres vivos em outro nível de frequência, era tratado como algo religioso porque não havia conhecimento técnico no Ocidente de que este era apenas mais um reino da natureza como o reino animal, vegetal e mineral e como é natural em natureza, interage com outros reinos.

Todos sabem que existem pesquisas em transcomunicação com esse objetivo. Talvez possamos usar o Gerador de Números Aleatórios para nos comunicarmos com seres extrafísicos. É necessário criar equipamentos específicos para este fim e popularizá-los, como o rádio e a TV são populares hoje em dia. Hoje, os eletrodomésticos são usados para pesquisas de transcomunicação e isso é incorreto em minha opinião. Enviei meu livro em PDF e fisicamente para quase todas as universidades do mundo. Enviei também um projeto para a construção desses equipamentos para locais onde existe uma máquina chamada Stellarator, que talvez possa ser útil na construção e popularização desses dispositivos. Além disso, de acordo com minhas experiências pessoais, o

OBSERVAÇÕES, PESQUISAS E ANOTAÇÕES SOBRE ESPIRITUALIDADE

que equivale a um espírito desencarnado (ser vivo com o corpo composto de átomos e que não pode ser visto ou ouvido, pois o ser humano capta um nível muito limitado de frequências) é o estado natural dos seres vivos em alguns planetas. Os equipamentos da NASA não os captam ou os veem porque esses equipamentos/ máquinas capturam um nível limitado de frequências.

Esta pesquisa deve ser popularizada. Na verdade, acho que JÁ EXISTE investimento financeiro e científico e técnico em algumas partes do mundo para explicar na mídia que os seres extrafísicos são apenas mais um reino, reino da natureza, e que eram tratados de forma religiosa, porque não havia conhecimento técnico. Acho que há TAMBÉM investimento na criação e popularização desses equipamentos que enxergam seres extrafísicos, e a popularização desses equipamentos como rádio e TV são populares hoje em dia. (Lancei meu livro em 2011 e enviei o livro desde então para centenas de universidades e centros de pesquisa, e enviei os projetos desde 2013).

Reafirmo, não falo de crenças. Falo de um fato da natureza que foi tratado como uma crença. Além de não ser uma crença, é um exame de como a natureza funciona. No meu livro e em muitos trabalhos diferentes ao redor do mundo há muitas evidências desse fato da natureza. É muito necessário dar aos cientistas uma perspectiva histórica do porquê hoje é assim. Conversei com cientistas que perceberam isso, mas não têm conhecimento histórico sobre por que esse fato da natureza foi visto como uma forma religiosa. Pensar os seres vivos em outro nível de frequência é uma crença, não um reino da natureza que interage com os outros, bloqueio para muitas pesquisas. A espiritualidade, ao contrário da religião, é um fato da natureza e, portanto, explorável por testes e experimentos.

Hoje existem vários grupos diferentes ao redor do mundo que tratam da espiritualidade como a Umbanda, Rosacruz, Maçonaria, Espiritismo com "apometria", IIPC, Logosofia, Teosofia, grupos familiares independentes e muitos outros; nestas áreas há um rico campo de estudo para esta nova geração de cientistas. Para dar a noção de que a espiritualidade é um fato da natureza (como fotossíntese, oxigênio, nascer do sol) e temos muitos grupos diferentes que lidam com isso, dar a noção (fato da natureza) e que a riqueza da humanidade é a diversidade, quando cada grupo trabalha com partes diferentes deste fato e de outra forma e qualquer um é dono da verdade, e para os fatos da natureza não são necessárias doutrinas, instituições, hierarquias. As doutrinas são a interpretação que as pessoas fizeram sobre esse fato da natureza.

Todo mundo sabe pelo exemplo de Galileu Galilei, eu disse acima, que houve uma divisão e um trauma na civilização ocidental entre religião e ciência. A religião era vista como uma técnica de manipulação em massa por meio de suas crenças e dogmas, usando questões emocionais para "sequestrar as pessoas" psicologicamente, através dos sentimentos mais básicos como medo da morte, esperança, culpa e manipulação das pessoas para pensar que só o seu grupo tem o poder. solução para tais sentimentos humanos. Tudo isso é diferente do sentimento religioso interno, onde todos podem desfrutar privadamente da perfeição da vida e contemplar a natureza, pois ela não requer nenhuma doutrina ou religião. Cada pessoa poderia ter sua religião ou, de fato, não ter nenhuma crença religiosa. O sentimento religioso interno é maravilhoso e respeitável em todas as pessoas de todas as religiões ou sem religião.

É interessante notar que os cientistas não devem querer afirmar o que qualquer doutrina diz, pois isso levaria a questões preconcebidas que poderiam influenciar a pesquisa, desacreditando-a. O melhor pesquisador é aquele que avalia com livre-arbítrio e verifica como a natureza funciona para interagir com ela. Isso acontece hoje com as pesquisas com células-tronco. Então é assim que deve ser a busca da espiritualidade. Esta pesquisa pode ser feita a partir de perguntas simples como, por exemplo, pesar um médium antes e depois de uma sessão, anotar resultados para ver se houve perda de peso por ectoplasma (substância exalada pela célula) ou se a diminuição do peso faz parte do metabolismo natural. Assim, a partir daí, há melhores condições e resultados para o grupo e sessões de pesquisa em casas espíritas e outros locais, que trabalham com espiritualidade, pois os fatos da natureza passam a ser objeto de pesquisa.

Assim, a partir daí, há melhores condições e resultados para o grupo e sessões de pesquisa em casas espíritas e outros locais, que trabalham com espiritualidade, pois os fatos da natureza passam a ser objeto de pesquisa. O engenheiro Hernani Guimarães Andrade[61] deu origem a toda uma geração de grandes pesquisadores espíritas sobre esse fato da natureza: a espiritualidade. Manteve contato regular com Universidades e pesquisadores independentes como o Prof. Carlos Alberto Tinoco (Unibem), Alexandre Moreira Alves (UFJF), Sérgio Felipe de Oliveira (USP), Sonia Rinaldi e centenas de outros pesquisadores. Seu amigo e colaborador Dr. Benrjee (Universidade do Rajastão-Índia) e Ian Stevenson

(Universidade da Virgínia, EUA) legou junto com esses outros estudos que poderiam confirmar através de pesquisas sobre reencarnação que existem seres vivos inteligentes em outros níveis de frequência. Quem sabe, daqui para frente, se podemos construir dispositivos/máquinas, para ver esses níveis, que muitas vezes são mais sutis e se realmente poderíamos ver esses seres vivos nesses níveis de frequência. Esses dispositivos podem se tornar tão populares quanto o rádio e a TV de hoje, como eu disse. A intenção desta pesquisa não deve ser afirmar que X ou Y fez isso ou o que a doutrina diz, mas deve considerar os fatos, sua natureza e criticá-los, bem como concordar e discordar da pesquisa já realizada, como sempre acontece com novas pesquisas. resultados da pesquisa. Minhas pesquisas também devem ser criticadas.

Temos a pesquisa do parapsicólogo Hernani, na qual buscamos aprimorar em meu livro, cinco evidências da existência de um ser vivo composto de átomos que tem forma humana, pensa e sente, na forma do feto em cada gravidez, comprovando sua existência e reencarnação como um fato da natureza: Temos cinco evidências da existência do MOB (Modelo Organizador Biológico), conforme acima, da página 61 do meu livro no capítulo "Logica e Pesquisa":

---

[61] Após conversa com Sr.ª Suzuko Hashizume, assistente do Dr. Hernani, traduzi gratuitamente para língua inglesa vários livros do Dr. Hernani Guimarães Andrade, bem como o livro *Modelo Organizador Biológico*, do Prof. Carlos Alberto Tinoco. Passei-os para análise a nativos de língua inglesa para verificarem a necessidade de revisão, mas disseram-me que a tradução precisa de revisões já que nas obras destes grandes autores há neologismos. Preciso de alguém que revise as traduções que tenho para língua inglesa para depois publicação por quem tenha os direitos autorais. Mesmo sem revisá-las passei algumas traduções que fiz ao Dr. Rupet Shaldrake para análise do idioma. Ressalto que as traduções me consumiram meses e que não tenho a intenção de ganho financeiro algum com tais obras, mas, sim, incentivar pesquisas com concordâncias e discordâncias como é natural no meio científico, para o bem da humanidade.

1) A acupuntura pela medicina tradicional chinesa, e o "Do In", uma técnica de massagem oriental, reconhece que existe um corpo energético, que forma o feto. Este corpo energético é o pressuposto de suas aplicações e seu corpo é independente do Sistema Nervoso Central; pré-existente e forma do feto. É um corpo composto de átomos, de modo que não pode ser visto pelos nossos sentidos comuns, pois os sentidos humanos (visão e audição) captam níveis de frequência muito limitados. Outra experiência que confirma a tese da existência do MOB é a experiência de Kim Bong Han, cientista coreano, que injetou fósforo radioativo em um dos pontos de acupuntura e, seguindo sua trajetória pelo corpo, verificou que correspondia, estritamente, à rede de meridianos, e não ao sistema nervoso, sendo, portanto, sistemas integrados, mas independentes. Estudos realizados pelo pesquisador Pierre de Vernejoul, transcritos em seu artigo "Nuclear Medicine and Acupuncture Message Transmission", transcrito em "The Journal and Nuclear Medicine", Volume 33, número 3, de março de 1992 -p. 409 a 412 – (tradução livre: Nuclear Medicine and the Transmission of the Acupuncture Message, transcrita de "The Journal of Nuclear Medicine), descreve que Vernejoul (1) injetou 99m de tecnécio radioativo (tecnécio) (abaixo) (quantidade 0,05 ml) em pontos de acupuntura dos pacientes, assim como Han fez, e seguiu a absorção do isótopo através de uma câmara gama. Vernejoul verificou que o produto radioativo migrou ao longo da rota dos meridianos da acupuntura clássica chinesa, percorrendo uma distância de 3 a 5 cm/min. A injeção do isótopo em pontos aleatórios na pele e nos sistemas venoso e linfático não teria produzido resultados semelhantes, sugerindo que os meridianos constituem uma via morfológica distinta, confirmando assim a conclusão de que Kim Bong Han fez[62]

2) Pesquisa do neuropsiquiatra britânico Peter Fenwick e Sam Parnia, mostram pessoas em cirurgia, as quais se sentem fora do corpo e veem objetos no telhado durante a cirurgia; esses objetos eram desconhecidos dos médicos e de todas as pessoas ali presentes, descartando a hipótese, de tal visão dos objetos ser causado pela falta de oxigenação cerebral e pela telepatia inconsciente do paciente com a equipe médica.

---

[62] "Nuclear Medicine and Acupuncture Message Transmission", transcrito no "The Journaland Nuclear Medicine", Volum 33, number 3, de March 1992, p. 409-412.

OBSERVAÇÕES, PESQUISAS E ANOTAÇÕES SOBRE ESPIRITUALIDADE

3) Pesquisa realizada em 40 anos de viagem ao redor do mundo pelo psiquiatra canadense Ian Stevenson, professor da Universidade da Virgínia-EUA, que investigou mais de 3.000 casos de crianças: elas diziam que conseguiam se lembrar de encarnações passadas, mostrando às pessoas marcas de nascença, que ocorriam no mesmo local em que diziam quando crianças que um trauma ocorreu na vida anterior (ser baleado, por exemplo); mostrando que o MOB afetado psicologicamente e energeticamente pelo trauma, imprime no feto como forma, suas marcas. Um dos livros do Dr. Ian Stevenson, que explora marcas de nascença, é Where Reincarnation and Biology Intersect (1997 Library of Congress.pg. 73) (Onde Reencarnação e Biologia Interagem). Consulte especificamente o capítulo "Marcas e defeitos de nascença". Observe também que Stevenson descarta as outras possibilidades, afirmando a reencarnação, em seu livro VINTE CASOS SUGERITIVOS DE REENCARNAÇÃO.

4) Pesquisa feita pelos parapsicólogos Hernani Guimarães Andrade[63] e Carlos Alberto Tinoco, comprovando que existe um "Modelo Organizador Biológico" que forma o feto.

5) As evidências da genética já concluíram que o DNA não é suficiente para formar o feto durante a gravidez, pois o DNA é informação e requer "alguém" habilitado para ativá-lo. No entanto, quem pode ativar esta informação com sua psique, senão o Modelo Organizador Biológico em cada gravidez? Assim, temos as várias pesquisas demonstradas acima que mostram evidências sólidas da existência de criaturas vivas em outros níveis de frequência. Vários grupos hoje, lidam com isso e é um vasto campo de estudo. O Espiritismo através de Allan Kardec é um deles, dentre muitos outros ramos como a Umbanda, Rosacruz dentre outros. Os espiritualistas em geral não se devem enganar pela noção de que "tudo já está provado", pois na verdade precisam analisar cada pesquisa, inclusive a minha, criticando-as quando necessário.

Mas podemos pensar: se a reencarnação é um fato da natureza que pode ser comprovado, por que a popula-

---

[63] ANDRADE, Hernani Guimarães. Livro: Espírito, perispírito e alma. Ed. Didier, 2001, pg. 3. Retirado de ("Tiller, W.A.-Some Energy Field Observations of Man and Nature" -The Kirlian Aura, New York: Anchor Press Doubleday, 1974, pp. 127-135).

ção cresce? O que vemos pela observação da natureza é que a) a população humana em extrafísico é muito maior que a física b) Algumas espécies em extrafísico com a evolução podem reencarnar como humanos c) Em alguns planetas o que equivale a um espírito desencarnado (sem corpo) é o estado natural deles e podem reencarnar neste planeta porque o intercâmbio entre planetas ocorre o tempo todo d) alguns seres físicos de outros planetas podem reencarnar aqui. Isso são observações pessoais minhas frequentando vários locais espiritualistas.

Sobre as afirmações acima, o status, como ocorreu com Einstein, cristaliza o conhecimento e as pessoas têm medo de contestar o que as pessoas com status falaram. Com a ciência e com Hernani Guimarães Andrade isso deve ocorrer de forma diferente, pois apesar do status admirável que ele tem por todas as suas pesquisas e pela pessoa que é, o maior elogio a esse grande cientista, que tanto admiro, é avaliar sua pesquisa com a devido critério cada vez que a ciência avança, concordando ou discordando dele. Isso deve ser feito com minha pesquisa também e qualquer pesquisa científica. Ao fazer isso, tenho certeza de que o grande parapsicólogo ficará muito feliz, e eu muito mais humilde também. Na ciência é preciso questionar e perguntar o tempo todo, concordando e discordando, avaliando e refazendo estudos com melhores recursos e avançando cada vez mais. Até agora, a grande pesquisa que Hernani fez demonstra a reencarnação como um fato da natureza, combinada com vários cientistas cujos resultados se entrelaçam com isso, conforme descrito acima. Alguns deles desconhecem que existe uma relação com a reencarnação, como o pesquisador Vernejoul deixou claro de forma independente, mas tudo leva para noção que reencarnação é fato da natureza.

Então vamos pesquisar, construir e popularizar equipamentos explicando na mídia porque podemos ver os seres vivos em outro nível de frequência."

Estevão Gutierrez Brandão Pontes

advogado, Pós-graduado em Estudos da Consciência com Ênfase em Parapsicologia pela Faculdades Integradas Espírita (Unibem) de Curitiba/PR, pós-graduado em Direito Público pela Uniasselvi SC e outras duas pós-graduações em direito público. Autor do livro Células-Tronco, Bebês de Proveta e Lei: Onde Há Vida -Uma Análise Legal, Jurisprudencial e Científica Parapsicológica" -1 Edição, J. M. Livraria Jurídica, 2011, Curitiba/PR, disponível físico e em arquivo PDF, entre outras bibliotecas, em diversos setores de Universidades e Tribunais em muitos países diferentes.

....

Entrevista dada ao *Jornal Gotas de Luz*, n. 6, produzida pelo Centro Espírita do Infante, localizado na Rua Vila de Este, n.º 56, 4430-569, Vila Nova de Gaia, Portugal, em 22 de setembro de 2015. (Sítio: http://ceinfante.blogspot.com.br/2015/09/jornal-gotas-de-luz-n-6.html). Coloquei esta entrevista na obra, pois penso que ela pode gerar reflexão e amadurecimento e porque trata de temas que abordei no livro. Entrevista intitulada "ESPIRITISMO E PARAPSICOLOGIA"[64]

"ESPIRITISMO E PARAPSICOLOGIA

Estevão Pontes é advogado, pós-graduado em Direito Público e em Estatutos da Consciência com Ênfase na Parapsicologia. É autor de diversos artigos jurídicos e sociais, bem como do livro "Células tronco, bebês proveta e Lei: Onde Há Vida – Uma Análise Legal, Jurisprudencial e Científica Parapsicológica", disponível na internet e em várias universidades e Tribunais ao redor do mundo.

Gotas de Luz (GL): Uma das coisas que me chamou a atenção para o seu livro é que concilia o Direito e Espiritismo. Como acha que estas duas áreas têm convivido e como podem evoluir?

Dr. Estêvão Pontes (EP): Na verdade meu livro enfoca Direito e espiritualidade, esta última, fato da natureza como o são, a fotossíntese, o oxigénio o nascer do sol dentre outros. O Espiritismo é um dos grupos que lida com este fato da natureza espiritualidade.

Muitos grupos trabalham de forma diferenciada com este reino da natureza que é o espiritual e com os seres neles não só o Espiritismo: a Rosacruz, Umbanda, Maçonaria, Candomblé, Gnose, Teosofia, grupos independentes, IIPC, pesquisadores independentes.

---

[64] Fonte: Jornal gotas de luz nº 6. Centro Espírita do Infante. Data: terça-feira, 22 de setembro de 2015. (Sítio: http://ceinfante.blogspot.com.br/2015/09/jornal-gotas-de-luz-n-6.html).

O Espiritismo é um destes grupos. A grande vantagem da humanidade está na diversidade. Após esta explicação, digo que existem milhares de espécies de seres vivos em outros níveis de frequência (plano espiritual), não só humanos desencarnados. Se você começar a ver o plano espiritual como um reino da natureza, o que realmente é, e que este reino interage com outros reinos mineral, vegetal e animal, fica mais fácil a compreensão.

Pelas nossas observações todos os reinos da natureza se interagem, portanto natural que espiritualidade também interaja com os demais. Para se lidar com este reino da natureza é preciso ter técnica (que significa saber o que está fazendo) e ter ética (amar).

Assim, é você e o universo, não precisando de nenhum grupo para estudar este fato da natureza. A natureza pertence a cada um de nós, pois fazemos parte dela. Partindo deste esclarecimento inicial, esclareço que o fato da natureza espiritualidade deve ser trabalhado junto com o Direito pois ambos fazem parte da vida em sociedade.

GL: *No entanto, no seu livro, o termo "Espiritismo" é apenas referido 2 vezes. Remete sempre para a sua área, a Parapsicologia. Pode explicar um pouco do cruzamento destas áreas para leitores que frequentam centros espíritas?*

EP: *A Parapsicologia é ciência reconhecida pela "American Association for Advencment of Science" desde 1969. Como qualquer ciência, ela estuda a natureza. espiritualidade (seres vivos em outro nível de frequência) pelas várias comprovações que se somam demonstra-se fato da natureza. A grande pergunta que a ciência deve fazer é: 1) como a natureza trabalha, 2) como o homem pode interagir com a natureza. Para se ter comprovações deve-se: a) repetir a mesma experiência em diversos locais do mundo e b) se obter os mesmos resultados.*

A Parapsicologia não tem intenção de afirmar doutrinas ou conceitos. Ela parte de observações de como a natureza trabalha. O Espiritismo proposto por Kardec, também tem essa intenção. Aí está o ponto positivo de ambas.

É errado ver a obra de Kardec como algo santificado, parado. Deve-se questionar sempre. Não se pode também usar conceitos do século XIX, como por exemplo chamar o índio de "selvagem". Este é um conceito do homem europeu do século XIX, completamente ultrapassado pela antropologia do século XXI. Ver o índio como selvagem é o que a cultura da época, no continente europeu aceitava e Kardec e a obra eram frutos daquilo que a sociedade do seu local (Europa) e sua época (séc. XIX) entendiam.

Se Kardec estivesse aqui, ele como grande pesquisador, quereria que as pessoas pesquisassem a natureza, comparando resultados, entrevistando pessoas, duvidando, questionando.

O problema é que alguns veem pesquisa em espiritualidade como algo estanque com uma mentalidade católica inconsciente de que não se pode duvidar, questionar e que temos que santificar, pessoas, pesquisadores.

Na Parapsicologia se deve pesquisar, verificar resultado, publicá-lo e ver se pessoas chegaram a um mesmo resultado para que então, possa verificar o fato da natureza.

Quero que as pessoas pesquisem este fato da natureza de diversas formas e não fiquem com uma mentalidade católica medieval, vendo a obra de Kardec, como algo santificado que não pode ser questionado. As pessoas verificando que há vários grupos que lidam com este fato da natureza e não só o Espiritismo, podem ver diferentes modos de lidar com isso e crescer como pessoa. Fiz isso a vida toda.

Não é necessário também fazer apologia do karma. Melhor falar em Amor do que em karma, melhor falar em construir positivo, do que falar em castigo como se estivesse falando o conceito medieval inquisitorial de pecado, o movimento espírita tem que se ater a isso. Por isso gosto da visão oriental que há um Deus em cada um de nós e que não se precisa ficar fazendo apologia da culpa (pecado) e inferioridade.

A Parapsicologia estuda os diversos grupos que lidam com este fato da natureza, o Espiritismo e as centenas de outros, e as capacidades psi que são capacidades inerentes a todo ser humano (telepatia, vidência, precognição, experiência fora do corpo etc.)

GL: *Durante muito tempo, pelo menos 4 tipos de células (tronco-embrionárias, germinais-embrionárias, tronco adultas, e embrionárias de carcinoma) competiram pela atenção dos cientistas. Desenvolvimentos recentes têm trazido algum otimismo à área, já para não falar dos lucros financeiros astronómicos das empresas que promovem estas pesquisas. Qual o seu balanço de toda esta excitação* em torno das células-tronco tanto em termos de progresso científico como do progresso moral da sociedade que recebe esta possibilidade.

EP: *Percebi que quando saíram as primeiras informações sobre células tronco, havia muito otimismo. Precisamos, no entanto, ter esperança e fazer mais pesquisa, pois o que se percebe é que as pesquisas estão em fase de teste em todo mundo. Houve resultados positivos como em um hospital em Porto Alegre – Rio Grande do Sul – Brasil, onde conseguiu-se que uma moça com as mãos paralisadas voltasse a mexê-las. Outras situações as pesquisas geraram tumores. Percebo que tudo está em fase de testes ao redor do mundo e temos que ser otimistas. Devemos desconfiar também de pessoas que neste momento prometem milagres com células tronco, pois lamentavelmente há os que pensam em lucrar a qualquer custo. Por isso diria a uma pessoa: se você tem uma paraplegia e quer ser objeto de testes com células tronco, torço por você e espero que tudo dê certo, mas tenha consciência que a ciência ainda está pesquisando.*

GL: *A fonte dos dilemas éticos na questão das células-tronco está essencialmente na sua origem. Defende a teoria concepcionista, ou seja, o embrião é apenas uma célula, pelo que pode ser usado para investigação. Explica isso pelo facto do MOB não estar ainda associado ao embrião. Mas como justifica que isso derrogue todo o estatuto moral do embrião (como por exemplo muitos acharem que o embrião já é dotado de dignidade humana)?*

EP: *O que a teoria concepcionista diz, é que há vida a partir da concepção. Nas minhas pesquisas, a partir da inserção no corpo da mulher no caso da reprodução assistida e relação sexual natural.*

É justamente a partir deste ponto, de onde começa a vida, que comecei a pesquisa. Queria saber se o MOB, (Modelo Organizador Biológico-ser extrafísico que pensa e sente e tem o corpo composto por átomos – espírito), já está ligado quando está em laboratório congelado. Pelas minhas pesquisas, entrevistas, que fiz com três sensitivos, esclareceram-me pelo que viram em outro nível de frequência, que só há ligação, na reprodução assistida, após a inserção no corpo da mulher.

Assim naquela célula em laboratório, não há vida, segundo minhas pesquisas. Quero que mais pessoas pesquisem sobre isso. Quero gerar pesquisa.

As reações daquela célula congelada são como de uma célula normal. Assim a destruição da célula congelada em laboratório, para o espírito, é como a destruição de uma roupa em seu guarda roupas, fazendo-se uma analogia simples, sendo que ele pode vestir outro que demonstre melhores condições genéticas, moleculares etc. Não há ligação do espírito com embriões congelados, segundo entrevistas que fiz.

GL: Como olha para a necessária destruição de inúmeros embriões na investigação em células-tronco? Até agora não existe nem fundamento científico nem necessidade prática de produzir embriões in vitro ou por clonagem para obter células-tronco.

EP: O pesquisador japonês Shinya Yamanaka, conseguiu regredir células da pele até conseguir que elas voltem a ser células tronco. Penso que no futuro não será mais necessária a utilização de células tronco provindas de embriões, portanto.

Como disse, se o embrião está em laboratório, não há ligação do espírito, só ocorrendo após a inserção dele no corpo da mulher, segundo minhas entrevistas.

Desta forma não precisará mais destruir embriões, estes se congelados, são apenas células, não espíritos encarnados.

GL: O potencial das células-tronco poderem gerar neurónios coloca-lhe desafios éticos e jurídicos?

EP: Se as células-tronco ajudarem na regeneração neuronal será algo maravilhoso para humanidade. Parkinson, Alzheimer, são doenças presentes hoje devido à má alimentação, sedentarismo e outros fatores e, causam muita infelicidade ao doente e aos que o circundam. Se nas células-tronco não há ninguém ligado que se recente com sua destruição, penso que é positivo o seu uso, se ele se mostrar eficaz para combater doenças neurológicas.

GL: Como deve o movimento espírita abordar estes temas quer em palestras quer em cursos específicos?

EP: Incentivando a pesquisa. Mas pesquisa não só em livros, mas irem a campo ver como trabalha este fato da natureza espiritualidade. Entrevistando médiuns, comparando respostas, pesando médiuns após sessões mediúnicas para ver se houve perda de peso com ectoplasma ou se houve perda natural de peso por exemplo. Acho que todo centro espírita deveria ter uma sala de pesquisa. Estas *pesquisas devem ser utilizadas para esclarecer, comprovar, discordar, criar massa crítica e no que forem úteis para ajudar a sociedade.*

GL: *Como e por que se interessou por este tema?*

EP: *Fiz a pós-graduação em Parapsicologia nas faculdades espírita em Curitiba/PR. Adorei. Durante o curso soube que tinha que fazer monografia para apresentá-la ao final. Queria fazer pesquisa com fato da natureza, não queria repetir só o que os livros dizem. Por isso saí a campo fazer entrevistas, que era o tipo de pesquisa que estava ao meu alcance. Foi na época em que o Supremo Tribunal Federal, Corte Máxima do Brasil, estava decidindo onde haveria vida ou a partir de quando haveria vida nos embriões congelados. Sabia das pesquisas de Hernani Guimarães Andrade e verifiquei que ele reuniu pesquisas que comprovavam que o Espírito molda o feto junto com o DNA. A partir disso saí a campo pesquisar. Hernani é um grande pesquisador, daquele tipo que diz "adoraria se você discordasse de mim, pois incuti em você a vontade de pesquisar a natureza. Vamos descobrir?" e pessoa maravilhosa, como descrevem os que o conheceram encarnado. Todos deveriam ler seus livros.*

Mandei meu livro para vários locais do mundo que me pediram, outros eu doei, inclusive Universidades, tribunais e bibliotecas portuguesas e para países de língua portuguesa e outros. Espero que nossos amigos portugueses pesquisem e concordem e discordem e critiquem meu livro.

CAPÍTULO XXV

ENCANTAMENTO COM A PSI E A INFANTILIDADE

Há um segmento de pessoas na internet, em alguns países, que estudam as capacidades parapsíquicas, que veem essas capacidades como um brinquedo com as quais ficam encantados, mas não veem um fim ético no fenômeno.

O fenômeno sem ética é apenas um brinquedo na mão de uma criança displicente. No Tibete, no Brasil e na Índia, como o parapsiquismo sempre foi associado à ética, as pessoas sabem que fenômeno sem ética é vazio.

Projetos com o parapsiquismo para criar guerra é infantil e pode ser uma grande armadilha para quem assim age e para o pesquisador. Se alguém estiver criando a guerra, você pode e deve defender-se, MAS, principalmente, é muito mais eficaz parar a guerra com o Amor, com um método que explicarei adiante, para não aumentar a frequência do ódio que é prejudicial para todos, mesmo que não crie guerra.

Algumas pessoas com visão muito curta criam guerra para roubar petróleo, vender armas, dentre outros fins, mas dizem evitar a guerra. Agem como a empresa que se oferece para remover pichações, mas, ao mesmo tempo, vende latas de *spray* no balcão. Assim age também quem usa as capacidades parapsíquicas para fins bélicos, como tentaram fazer na Guerra Fria. Devemos pensar e agir diferente: muitas vezes, por diálogo e irradiação de bons pensamentos de PAZ, pensamentos bons direcionados que se resolva o melhor para todos, pode chegar-se a uma solução muito mais eficaz e ajudar a ter mais PAZ.

O homem comum pode não querer a guerra com suas próprias intenções e propósitos. Quando ele quer guerra, ele provavelmente foi submetido a sentimentos como ódio e vingança direcionados por pessoas que querem a guerra. Por isso temos que selecionar na mídia, o que ver e ouvir com nossa capacidade de ligar ou desligar a televisão quando pensamentos são direcionados para o ódio.

Defender-se é uma necessidade, mas usar parapsiquismo para guerra é uma estupidez vinda de pessoas que não entendem como a espiritualidade funciona. O amor pode impedir ataques, mesmo antes de alguém tente cometer algum ataque. Por isso, tente irradiar pensamentos de amor (lembre-se de alguém que você ama) para aquele(s) que você acha que pode cometer o absurdo que é um ataque terrorista, por exemplo, como Al Qaida, Bildbergs, George Walker Bush, empresas petrolíferas, Boko haram, Rússia, EUA, China, serviços secretos dos vários países, por exemplo. O resultado será muito melhor em impedir esses atos de violência. Frequências vibratórias mais altas (amor, compaixão) neutralizam baixas frequências de pensamento (ódio). Usar mentalização de cores como o dourado enviado a estes locais pode ajudar muito.

É preciso que o pesquisador parapsíquico não seja impressionado com brinquedos psíquicos, como algumas pessoas fazem na internet, submetendo-se a papéis infantis e ridículos, pois demonstram que veem as capacidades parapsíquicas como brinquedos, não as usando para um fim maior para humanidade, como irradiar pensamentos de paz a locais em conflito, ou pessoas que causam conflitos, como as ditas acima. Lembre-se que, quando uma pessoa sofre, todos sofrem. Não aumente o ódio, bloqueie-o com uma maior frequência de resistência no Amor, que é muito mais eficiente para bloquear ataques.

Alguns pesquisadores parapsíquicos, em alguns países, ainda estão envolvidas com fenômenos, tratando-os como brinquedos, mas não conseguiram entender o que é espiritualidade. Experimente a experiência que contei anteriormente, como irradiar pensamentos bons para locais que precisam, e você terá resultados muito melhores para impedir o mal.

É muito importante também que estudiosos dos vários segmentos espiritualistas não divulguem pela internet, ou em outros meios de comunicação, as pesquisas parapsíquicas usadas durante a Guerra Fria, ou outros conflitos bélicos. Isso não leva a nada. Só incentiva mais guerra e faz pessoas infantilmente encantadas com o fenômeno incentivarem e divulgarem parapsiquismo como meio de destruição. Essa é a armadilha pela qual algumas civilizações sucumbiram no passado.

Na verdade, se quiser combater uma pessoa ou um grupo que você sente como ameaçador, mentalize positivamente Amor, como o Amor maternal e Paz por ele: Amor de mãe, afeto, carinho. Pensamento é energia e chegará até ele. Energia positiva de pensamento bloqueia a negativa.

CONCLUSÃO

Os grupos mais felizes que conheci são aqueles que não veem divisões como "encarnado e desencarnado", enviado para Terra em uma missão, como se fôssemos jogados em um plano diferente (divisão forte entre físico e extrafísico), e que não tinham hierarquias para fins didáticos: "Espírito inferior ou superior" ou outros grupos têm: "10% serenão, 20% serenão, 30% serenão etc." Esse é um modo de se ver as coisas, mas se torna inútil se as pessoas os distorcem para exercer hierarquia uns sobre os outros (encarnados ou desencarnados) e relação de inferioridade uns a outros.

Os grupos e pessoas mais felizes são aqueles que têm a noção de que há um Deus em cada ser. Pela compreensão, pela meditação, pela compaixão e mantendo a mente no presente, pode-se alcançar esse Deus agora, assim como o Budismo e os orientais têm essa noção. Esses grupos, que assim agem, vendo mais as potencialidades que todos temos, têm, geralmente, mais ligação com o Oriente e reencarnações com o Oriente. Grupos mais ligados ao Oriente que conheci não tinham essas divisões entre inferior ou superior, encarnado e desencarnado. Essas divisões para eles não existiam, porque eles se sentiam parte da espiritualidade agora! Ver da forma como foi explanada anteriormente, encarnado/desencarnado e 10% serenão, 20% serenão é uma forma de ver a vida, mas não é útil para trazer felicidade, em minha opinião. Os dois grupos que pensam nessa divisão, Espiritismo e IIPC, trouxeram-me muitos benefícios e beneficiaram milhares de pessoas, bem como todas as outras instituições fundadas e incentivadas por Chico Xavier e Waldo Vieira, mas penso que esses noções acima, dos dois grupos, devem ser revistas, pois é mais útil ensinar a pessoa que há um Deus nela mesmo agora. Sempre digo: se houvesse o conhecimento técnico que o Espiritismo e o IIPC têm sobre o plano extrafísico, como fato da natureza, associado com a noção que os orientais têm de que há um Deus interno, seria perfeito.

A função da vida não é ficar vendo tudo em função do karma. Ele existe, logicamente (lei da ação e reação), mas se você Ama profundamente, não precisa preocupar-se com ele, pois beneficiará a si e aos outros.

A escola IIPC e o Espiritismo tem ótimas soluções em prol da coletividade e humanidade, mas possui os vícios inconscientes do Catolicismo relatados anteriormente.

Lembre-se: você vai passar a eternidade inteira com você. Não vai passar com pastor, extraterrestre, padre, médium, espírito ou quem quer que seja. Por isso, não tenha uma noção de dependência ou inferioridade, mas, sim, de igualdade. A melhor religião que existe é a SUA religião. É a religião ou espiritualidade que você constrói indo a vários locais religiosos ou espiritualistas e colecionando conceitos do que é bom em lidar com o fato da natureza espiritualidade e métodos para crescer em cada local, refutando o que é ruim. Você fará a sua noção do universo voltado ao bem coletivo.

É importante que o leitor perceba que a ideia "melhor que" ou "o meu grupo é melhor que o seu" é tipicamente ocidental. Por que não pode haver vários melhores? Por que não pode haver várias formas boas e diferenciadas de lidar com um fato a natureza como espiritualidade? Não procure o "melhor grupo" porque ele não existe. Procure os vários melhores, porque, com o diferente, você aprende mais uma forma de ver e, então, você cresce. A ideia errônea "o meu é melhor" gerou muitos problemas, inclusive guerras. É hora de deixar de ser infantil e aprender quanta riqueza há no diferente. É você e o universo, e a diversidade que há no universo é um delicioso banquete para você experimentar. O universo é uma delícia!!

Na verdade, é você e o universo!! Doutrinas são modos de entender este universo. Superior a doutrinas, é sua impressão pessoal sobre o universo, sempre com ética, e ética é amar.

Que este livro ajude alguém! Muita PAZ.